本书的出版得到了北京市社会科学基金项目"整体性治理视阈下京津冀协同发展评估及影响因素研究"（18GLC057）"和国家社科基金项目"大数据时代京津冀区域政府信息资源整合与共享模式研究"（19CZZ020）的经费支持。

| 光明学术文库 | 政治与哲学书系 |

# 京津冀区域协同治理评估及影响因素研究

蒋敏娟 | 著

光明日报出版社

图书在版编目（CIP）数据

京津冀区域协同治理评估及影响因素研究 / 蒋敏娟著. -- 北京：光明日报出版社，2022.4
ISBN 978-7-5194-6736-4

Ⅰ.①京… Ⅱ.①蒋… Ⅲ.①区域—行政管理—评估—研究—华北地区②区域—行政管理—影响因素—研究—华北地区 Ⅳ.①D625.2

中国版本图书馆CIP数据核字（2022）第148747号

## 京津冀区域协同治理评估及影响因素研究
### JINGJINJI QUYU XIETONG ZHILI PINGGU JI YINGXIANG YINSU YANJIU

| | |
|---|---|
| 著　　者：蒋敏娟 | |
| 责任编辑：石建峰 | 责任校对：阮书平 |
| 封面设计：中联华文 | 责任印制：曹　净 |

出版发行：光明日报出版社
地　　址：北京市西城区永安路106号，100050
电　　话：010-63169890（咨询），010-63131930（邮购）
传　　真：010-63131930
网　　址：http://book.gmw.cn
E - mail：gmrbcbs@gmw.cn
法律顾问：北京市兰台律师事务所龚柳方律师

印　　刷：三河市华东印刷有限公司
装　　订：三河市华东印刷有限公司

本书如有破损、缺页、装订错误，请与本社联系调换，电话：010-63131930

| | | | |
|---|---|---|---|
| 开　　本：170mm×240mm | | | |
| 字　　数：251千字 | | 印　张：15.5 | |
| 版　　次：2023年1月第1版 | | 印　次：2023年1月第1次印刷 | |
| 书　　号：ISBN 978-7-5194-6736-4 | | | |
| 定　　价：95.00元 | | | |

版权所有　　翻印必究

# 序　言

　　京津冀区域位于环渤海地区的中心，包括北京、天津两个直辖市及河北省 11 个城市，它们在地理空间上相互连接，经济和文化交往频繁，长期的交流互动使得该区域客观上形成了一个统一的经济体。改革开放以来，京津冀区域经济发展迅速，与长三角和珠三角两大经济区一起，被称为中国三大人口和社会经济活动的聚集区，是我国重要的政治、经济、文化、科技和对外交流中心，也是促进区域协调发展和参与国际竞争合作的重要平台。伴随着区域经济的快速发展，京津冀地区不平衡的问题越来越突出，北京、天津、河北三地的差距进一步拉大，大城市病、生态环境污染等各类公共问题还未彻底解决，迫切需要三地加强合作，共同解决跨域治理难题。从历史上来看，京津冀区域从 20 世纪 80 年代就开启了区域合作的进程。然而，受"行政区经济"等地方优先发展理念的裹挟及市场经济发展不成熟等因素的制约，京津冀区域的合作一直以来呈现出松散、随机的态势，协同治理未取得实质性进展。

　　党的十八大以来，以习近平同志为核心的党中央作出了京津冀协同发展的重大战略部署。2014 年 2 月 26 日，习近平总书记在北京主持召开座谈会，专题听取京津冀协同发展汇报，强调实现京津冀协同发展是一个重大国家战略，要坚持优势互补、互利共赢、扎实推进，加快走出一条科学持续的协同发展道路。2015 年 4 月 30 日《京津冀协同发展规划纲要》正式出台。自此，京津冀三地开启了全面深化改革的"加速度"，逐步向协同化、系统化稳步推进。

　　本书对 2014 年以来京津冀区域协同治理的成效进行了全面的评估、反思与展望。在融合治理理论、协同治理理论及整体性治理理论的基础上，提出了分析京津冀协同治理成效的评估框架和解释框架。利用社会网络分析、数据可视化、问卷调查和访谈等方法剖析了京津冀协同治理的现状及面临的制约性因素。在此基础上，借鉴国外跨域协同治理的经验，从优化网络关系结构、深化协作互动机制、促进结构和功能整合等维度提出了京津冀区域协同治理的优化路径。

综合来看，本书在深入研究以上议题的基础上得出了以下结论：

（1）《京津冀协同发展规划纲要》出台以来，京津冀协同发展取得了重大的进展与成效。在中央强势引导下规划体系和顶层设计日趋完善，随着国务院京津冀协同发展领导小组以及京津冀地方层面相应的协同领导小组及各类专项工作小组的成立，京津冀区域协同推进的主体逐渐明确；各类合作对接机制、协同机制不断完善，交通、生态、产业等重点领域的协同发展取得显著成效。但是相对于区域协同的长期战略目标而言，目前的京津冀协同，仍在一定程度上存在重宏观轻微观、重规划轻落实、重投入轻结果、协同实践分散化、各领域推进不均衡、体制机制障碍难破除等问题。具体表现为：第一，区域治理目标较为粗犷、针对性不足。区域宏观规划与各类分项规划虽渐成体系，但缺少相应的微观落实对接机制和明确实现路径；政策体系"微循环"不畅的状况仍较为普遍。第二，区域治理的主体逐渐多样化，但多元主体参与治理的网络格局尚未形成。京津冀区域内主要的治理主体仍然是政府，民间投资和社会组织参与较少；政府缺少对民间主体参与协同的政策鼓励和支持。就政府内部而言，推进主体仍以发改系统为主，其他政府部门参与相对较少，政府部门间协同不足。第三，各领域协同推进不均衡，交通、产业对接进展相对明显，公共服务、要素资源一体化和创新发展等方面推进相对缓慢。第四，区域协同治理机制零散而不健全，未建成体系化的协调机制，纵向上由于高级别领导小组运作非常态化，实行的是"一事一议制"导致协调效果难以保证；横向协同机制不健全，特别是缺少三地高层领导持续参与推动的协调机制，导致一些深层问题难以突破解决。现有的"合作协议式"的协作行为又经常因为领导人变动，缺乏约束监督机制等原因而落空。

（2）从整体性治理的角度看，京津冀协同发展受多方面的因素影响。一是网络关系结构中的显性因素，包括利益、目标和资源。京津冀三地政府是平行的关系，彼此之间相互独立，各自都有各自的利益。且三地在区域合作治理的过程中存在地位不平等及目标不一致的现象，导致京津之间达成有效协调机制的困难很多，即使在三方政府高层彼此签订多份合作协议的情况下，基于共赢的协同机制依然难以落地。同时，京津冀区域内经济发展差距大，且经济活动同质化严重，也容易引起资源单向流动与聚集的"虹吸效应"，严重影响区域之间的合作与协调。二是协作互动机制中的隐性因素，包括社会资本、信任与文化。京津冀区域社会资本发展不充分，一定程度阻碍了区域协同治理网络的深化。由于地处首都及周边，具有特殊的区位，政府力量比较强大且政治敏锐性较强，相对于非政府组织的发育和公民社会的参与，政府的态度较为谨慎，因而缺乏扶持其发展的积极性和动力，导致该地区各种社会组织的发育和发展也相对滞后，难以和政府及企业形成三方互动，进而承担推进区域协调发展的职能。且在京津冀的协同发展过程中，由于历史的和制度的多重因素，信任关系尚未完全建立起来。由于缺乏信任机制，诸如怎样投入、谁先投入、投入多少等协同治理成本问题难以协调。同时，京津冀面临市场经济文化缺乏、行政文化较浓，竞争文化盛行、合作文化缺乏的困境，亦在很大程度上遏制了合作的持续与深化。三是整合功能下的共享因素，包括体制、制度与信息共享平台。整体性治理的前提在于主体共识达成，而制度是合作共识的理性表达，它可以防范和化解合作冲突，并加速整体性治理的整合进程。"分灶吃饭"的财税体制、GDP考核与官员晋升制度都从不同程度上抑制了区域合作的产生，最后区域信息共享渠道和平台的缺乏导致各部门不能有效地从其他部门快速地获得有用的业务信息，政府之间的协同合作因此受到极大的限制。

(3) 提出了京津冀协同治理进一步改革创新的路径。第一，激发显性因素表达，优化网络关系结构。较为紧迫的，主要有三点。首先，建立有效的利益协调与保障机制，将京津冀政府维系在一个共同逐利、平等享受利益的空间中；其次，统筹区域发展规划，制定清晰平衡的目标体系，通过为区域整体发展提供引导或框架，引导利益相关者的行为并实现共同的目标；最后，要建立公平有效的跨区域协调的资源分配机制。解决这一问题的一个可行办法是将资源分配与合作行为挂钩。考虑建立实体性的跨区域资金管理机构，将分散于各个职能部门的区域资金和权力加以统合，建立专门的区域发展基金，用于解决跨行政区域或特定领域的事务。同时还应遵循市场规律引导资源要素的自由流动。

第二，注重隐性因素培育，深化协作互动机制建设。一是要培育社会资本，实现多元治理。面对社会力量薄弱的现状，首要任务就是要培育社会力量，并积极保障参与机制的畅通。二是加强政府与市场的互动，发挥市场机制的作用。只有市场主体活跃起来，协同发展才具有可持续性。京津冀地区国有经济比重大，政府管理部门密集且层次较高，要打破这种格局，需要大力培育市场主体，发挥非公有制经济的冲击力，激发市场活力。三是要塑造基于平等、信任和互惠的合作文化。从京津冀协同发展的侧重点来看，当前京津冀协同发展过于侧重推动产业协同、交通一体化和生态联防联控等"硬件"方面，而文化、制度和法律等"软件"方面的治理并未得到深入展开。这种重"硬件"轻"软件"的治理理念会导致协同治理效益低下，治理效果难以持续。

第三，加大共享因素供给，促进结构和功能的整合。体制、制度和信息共享平台等共享因素的有效供给，有利于整合功能的发挥与协同效应的实现。在宏观架构上，既要促进多元主体之间横纵向互动制度的衔接、配套，又要通过制度保障主体之间的正式互动机制与非正式互动机制的互补以发挥协同作用；在具体内容上，政府应营造有利于激发多元主体协同治理的外部环境，借助现代信息技术构建区域信息共享平台，建立与区域协同发展相适应的体制和机制，如建立跨区域的协同治理机构、构建基于功能分区的绩效考核制度、建立京津冀区域协同治理的法律法规机制等。

本书的出版得到了北京市社会科学基金项目"整体性治理视阈下京津冀协同发展评估及影响因素研究"（18GLC057）和国家社科基金项目"大数据时代京津冀区域政府信息资源整合与共享模式研究"（19CZZ020）的经费支持。希望本书能够对推动京津冀协同发展做出应有的贡献，同时也希望能为相关研究人员提供参考。由于作者水平有限，书中难免有疏漏和不足之处，恳请读者批评指正。

**2021年10月18日**

# 目 录
## CONTENTS

**绪 论** ·········································································· 1
  第一节　研究背景与研究意义 ··················································· 1
  第二节　国内外相关研究述评 ··················································· 4
  第三节　研究思路与研究框架 ·················································· 19
  第四节　研究方法及可能的创新 ················································ 22

**第一章　核心概念界定及相关理论分析** ·············································· 25
  第一节　相关核心概念界定 ···················································· 25
  第二节　京津冀区域协同治理的理论基础 ········································ 29

**第二章　京津冀区域协同治理的历程及演进** ········································· 43
  第一节　京津冀区域概况 ······················································ 43
  第二节　京津冀跨域协同治理的历史进程 ········································ 45
  第三节　新阶段京津冀协同战略目标的提出及重大意义 ···························· 55

**第三章　京津冀协同治理的特征与趋势：基于 652 份合作协议的文本分析** ············· 61
  第一节　京津冀府际合作特征与趋势的描述统计分析 ······························ 62
  第二节　京津冀政社合作特征与趋势的描述统计分析 ······························ 67
  第三节　京津冀整体性治理合作网络结构演变特征分析 ···························· 72

## 第四章　京津冀协同发展阶段效果的问卷调查评价 …… 82
第一节　京津冀协同发展阶段性成效综合评价 …… 83
第二节　京津冀重点领域协同发展评价 …… 86
第三节　京津冀其他领域的协同进展情况 …… 90

## 第五章　京津冀协同治理的总体评价：主要成绩与困难 …… 97
第一节　京津冀跨域协同效果评估：主要成绩 …… 97
第二节　京津冀协同治理中的主要问题 …… 126

## 第六章　关键变量集合下的京津冀跨域协同治理影响因素分析 …… 143
第一节　网络关系结构中的显性因素：利益、目标和资源 …… 143
第二节　协作互动机制中的隐性因素：社会资本、信任与文化 …… 149
第三节　整合功能下的共享因素：体制、制度与信息共享平台 …… 153

## 第七章　国外跨域协同治理的经验借鉴 …… 158
第一节　世界级都市圈发展的经验借鉴 …… 158
第二节　欧盟区域协同治理的发展经验 …… 171
第三节　国外跨域协同治理的经验启示 …… 185

## 第八章　京津冀区域协同治理的优化路径 …… 192
第一节　激发显性因素表达，优化网络关系结构 …… 192
第二节　注重隐性因素培育，深化协作互动机制建设 …… 198
第三节　加大共享因素供给，促进结构和功能的整合 …… 204

## 结论与展望 …… 212
第一节　主要结论 …… 212
第二节　未来展望 …… 214

**附录　调查问卷** …… 216
**参考文献** …… 223

# 绪　论

## 第一节　研究背景与研究意义

### 一、问题的提出

随着世界经济进入深度调整时期，我国经济社会也面临着全方位、深层次、多领域调整创新的历史使命。城市群作为各国参与全球竞争和国际分工的新的区域单元，对国际竞争力和全球经济新格局有着深刻的影响，[①]已经成为各国参与国际经济竞争与合作的主体形态。京津冀协同发展和一体化使京津冀承担起"接南促北""带动中西"的重任，同时，京津冀作为中国三大城市群之一，发挥着非常重要的作用，京津冀的协同不仅促进了三地发展水平的提高，对于提高整个北方地区乃至全国的综合实力和竞争力也具有重要的战略意义。从历史发展来看，京津冀协同的概念提出由来已久，早在1981年京津冀地区就成立了全国最早的地区经济合作机构——华北经济技术合作区。此后，环渤海地区市长联合会、环京经济技术合作区市长专员联合会的成立都在组织结构上推进了京津冀的区域合作，但由于三地行政区分割，华北经济技术合作区撤销后的十年间，京津冀的合作发展几乎停滞。直到2004年，京津冀都市圈、京津冀城市群、首都经济圈等区域协同发展的概念相继

---

[①] 李峰. 雄安新区与京津冀协同创新的路径选择［J］. 河北大学学报（哲学社会科学版），2017, 42（6）：63-68.

提出，京津冀才重新回到了共同发展的轨道，但共同发展的理念缺乏推进机制和具体行动，成效微乎，三地发展不平衡的情况没有得到根本改变。党的十八大以后，习近平总书记多次在不同的场合发表讲话，表达了中央对京津冀一体化发展的期待和决心。

2014年2月26日，习近平总书记明确提出了京津冀协同发展的指导思想、基本原则、总体思路和主要任务，标志着京津冀协同发展正式上升为国家重大发展战略。2015年3月，伴随着《京津冀协同发展规划纲要》（以下简称《纲要》）的正式出台，京津冀协同发展进入实质性的落实阶段。根据《纲要》规划，京津冀协同发展分为三个阶段：短期—中期—长期。短期目标是到2017年，北京的非首都功能疏解有明显进展，实现"中心—外围"向"双城驱动"转变；中期目标是到2020年，京津冀区域要在交通、产业、生态、公共服务等领域取得突破或重大进展，实现"双城驱动"向"三轴四区"转变；长期目标是到2030年，进一步优化首都核心功能，形成"多节点网络"的空间形态，京津冀协同发展格局基本形成。那么在京津冀协同上升为国家战略以来，京津冀协同发展取得了哪些进展？是否完成了近期和中期的目标？其协同治理过程中受到哪些因素的影响和制约？如何继续深化和推动京津冀协同发展？本书试图从理论和实践层面对这些问题进行深入的探讨。

## 二、研究的意义

### （一）理论意义

本书将从整体性治理的视角对京津冀协同治理进行研究。自20世纪90年代末以来，针对新公共管理造成的"碎片化"，整体治理理论（holistic governance）应运而生并逐渐发展成为一种新的政府治理模式。英国学者希克斯（Perri 6）认为，整体治理的特点是协作与整合，强调政府不仅要整合政府内部各部门的机构和职能，还要整合政府、私营部门和社会组织的力量。[①] 整体

---

① PERRI 6, LEAT D, SELTER K, STOKER G. Towards Holistic Governance: The New Reform Agenda [M] New York: Palgrave, 2002: 12-38.

治理强调以合作共赢为基础，以协调整合机制为核心的价值理念，注重治理问题的预防、治理过程的优化和治理效果的提高，借助现代信息技术整合不同层次的治理结构与功能。同时注重总体战略和全局思维，倡导从分权到集中、从局部到整体、从碎片化到一体化的治理。整体治理理论最初是在整合政府内部各部门职能的基础上提出的。随着这一理论的发展，它开始关注政府与政府、政府与非政府组织以及私营部门之间的合作。整体性治理不仅代表着后公共管理时代的新的改革取向，同时也是一种综合性的理论分析框架，对治理转型期间跨界区域治理和府际关系协调和整合有着重大的借鉴意义。具体来看，其理论意义表现在以下三方面。

(1) 整体性治理理论已经成为国内外学术界和实务界关注的前沿领域。本研究在西方整体性治理理论的视阈下探讨京津冀协同发展问题，可以在一定程度上扩展和深化整体性治理理论，促成整体性治理理论在解决跨域协同问题上的新理解与新思考。

(2) 本书将提供系统化的京津冀协同的体制机制设计，为其他城市群的协同治理提供理论参照。

(3) 有助于深化国家治理体系和治理能力现代化的相关理论。区域治理是国家治理体系的一个重要方面。在区域治理层面探索京津冀协同战略的实施和区域治理体系的构建，是关系到国家治理体系建设和治理能力现代化的重要理论问题。

## (二) 实践意义

全球经济一体化、国家和区域间的竞争加剧、区域政治安全等全球性社会经济发展趋势迫使传统治理向区域协同治理模式转变。[①] 作为中国三大经济区之一，京津冀与长三角、珠三角相比具有显著的区域性特点，它既是中国政治中心也是民族文化的聚集地。就协同一体化程度而言，京津冀不仅与世界上典型的大都市区相比存在着较大的差距，同时也落后于长三角和珠三角区域。习近平总书记强调，"实现京津冀协同发展，是面向未来打造新的首都

---

① 杨爱平. 论区域一体化下的区域间政府合作——动因、模式及展望 [J]. 政治学研究，2007 (3)：77-86

经济圈、推进区域发展体制机制创新的需要，是探索完善城市群布局和形态、为优化开发区域发展提供示范和样板的需要，是探索生态文明建设有效路径、促进人口经济资源环境相协调的需要，是实现京津冀优势互补、促进环渤海经济区发展、带动北方腹地发展的需要，是一个重大国家战略"[1]。在京津冀协同发展规划出台的七年之际，对京津冀协同发展的成效及问题进行评估，并对其背后的影响因素进行深层次、系统性的探讨，提出从整体性治理角度整合和优化地方政府协作活动，为京津冀协同发展规划的顺利推进，实现长期、稳定、有效的协作，具有重要的现实指导意义。

（1）京津冀协同具有区别于其他区域协同的特殊的政治意义，在当前的改革背景下，能否有效推进京津冀协同发展，关系到疏解非首都功能的政策目标能否有效实现。

（2）京津冀协同发展，是落实国家区域均衡发展战略的必然要求。京津冀区域地理位置和政治地位特殊，其与其他城市群之间、区域内部城市之间的不均衡发展问题不仅制约了京津冀区域经济的进一步发展，而且不利于国家区域均衡战略的实现。因此，推进落实京津冀协同发展，是落实国家区域均衡和推进城镇化发展战略的必然之举。

# 第二节 国内外相关研究述评

## 一、国外相关研究现状

### （一）区域治理相关研究

在区域治理方面，西方学界主要围绕集中治理还是分散治理而展开[2]，并

---

[1] 京津冀协同发展新步伐 [R/OL]. 人民网—理论频道, 2017-02-22.
[2] YOUNG D R. Consolidation or Diversity: Choices in the Structure of Urban Governance [J]. The American Economic Review, 1976, 66 (2): 378-385.

由此形成了传统区域主义、公共选择理论和新区域主义三个主要的流派。

**1. 传统区域主义视角的研究**

传统区域主义（regionalism）又称区域主义或大都市政府，起源于20世纪的美国，该理论视角主要针对城市化过程中的郊区化、地方政府碎片化以及可持续发展等经济社会问题提出相应的解决思路和方法。传统区域主义的倡导者推崇以结构重组的方式解决地区的碎片化问题，认为管辖区域的合并有助于区域公共事务的解决。大量分散化的小政府应该被以单一、功能完善的大都市区政府所取代，实施综合性和协调性的规划并采取一体化的权威行动以应对复杂的跨界公共问题，满足日益增加的行政区相互依存的需求。贝卢斯等学者认为，"大都市地区的福利只能通过一个整合的政府结构来实现，在这个结构中，市政决策正式集中在一个单一的管辖区"。① 传统区域主义者在大都市区治理体制上主要有三种代表性观点：①合并，中心城市与周边城市或邻近城市合并。②创建一个拥有广泛权力和自治权的双层大都市社区。上层都市区政府的任务主要集中于区域性问题，如空气和水污染控制、废物处理、区域土地利用规划等，而诸如街道照明、当地公园和运动场、垃圾处理等地方性事务主要交由下层地方政府处理。③城市和县域重组。例如，19世纪中后期，纽约都市圈内包括费城、旧金山和纽约在内的一些主要城市建立了市郡合并（city-county consolidation）的区域政府。

传统地区主义的区域治理基于这样的逻辑：支离破碎的政府致力于追求自身利益，无法解决各种日益复杂的区域矛盾，导致效率低下、公共服务不平等，缺乏对该地区的普遍关注等。这导致了"有组织的混乱"，如无计划的发展、缺乏基本资源、缺乏管理能力和专业能力、在公共问题上缺乏协调一致的行动、责任混淆、种族和社会隔离、金融不平等和财政剥削等。② 他们认为合并是最好的解决方案，并主张建立一个区域性大都会政府，以规划区域

---

① WARREN R O. Government in Metropolitan Regions: A Reappraisal of Fractional Political Organization [J]. National Civic Review, 1967, 56 (2): 119.
② 奥斯特罗姆, 比什, 埃莉诺·奥斯特罗姆. 美国地方政府 [M]. 井敏, 陈幽泓, 译. 北京: 北京大学出版社, 2004: 65-68.

发展并提供以区域发展为中心的公共产品和服务。① 集权化的大都市区政府不仅可以统一行动，提供更公平的公共服务和更大的区域政府能力，还可以为公众带来民主化的利益，提高民选或任命官员的素质。② 可见，传统区域主义主张区域治理体制应该是一种典型的一元化体制。

**2. 公共选择理论视角的研究**

传统区域主义的观点遭到了公共选择理论学者的质疑。他们认为市场经济下的政府在社会活动中同样反映出"经济人"的理性特性③，即只追求自身利益的最大化，导致政府规模和财政支出呈刚性增长，但公共事务治理能力却不一定得到提高。美国的诸多大都市治理的实践证明，将市县合并成单一政府的自上而下权威模式是失败的。④ 庞大的区域性政府就像一个巨人一样，很难做到因地制宜和灵活反应，还有可能忽视辖区内一些弱势群体或者种族群体的经济与文化需求，不能做到社会与经济资源的公平分配。⑤ 分散的城市治理体系比一个大规模的大都市区政府更好，因为它更民主、更高效。它允许居民在提供不同服务和不同税收水平的多个行政管辖区选择住所。⑥ 地方政府的"碎片化"与其说是一种需要纠正的缺陷，还不如说是一种难得的优点。因为不同地方政府之间的竞争提供了一种"类市场机制"，这是改善政治回应性、提高政府效率和优化公共服务的关键机制。因此他们大多数支持多中心或多核心政治体系。每个中心在复杂的系统中发挥着不同的作用，可以通过地方政府间协定、公私伙伴关系、职能转移、区域联合会等处理区域问题。"从整体经济福祉帕累托最优的角度来看，只有在以相同的总成本提供

---

① LEFEVRE C. Metropolitan Government and Governance in Western Countries: A Critical Review [J]. International Journal of Urban and Regional Research, 1998, 22 (1): 9-25.
② HAWKINS B W, Ward K J, Becker M P. Governmental Consolidation as a Strategy for Metropolitan Development [J]. Public Administration Quarterly, 1991, 15 (2): 255-267.
③ 缪勒. 公共选择理论 [M]. 初春学, 等译. 北京: 中国社会科学出版社, 1999: 4.
④ 文森特·奥斯特罗姆. 美国地方政府 [M]. 井敏, 陈幽泓, 译. 北京: 北京大学出版社, 2004: 76-77.
⑤ SAVITCH H. V. Rescaling for Global World [J]. Progress in Planning, 2010 (73): 11-16.
⑥ FRISKEN F, NORRIS D F. Regionalism Reconsidered [J]. Urban Affairs, 2002, 23 (5): 467-468.

更多的公共服务同时没有造成其他服务减少的情况下,区域一体化才是合理的。"①

与传统区域主义的观点相比,公共选择并不是关注如何通过结构重组完善政府,而是强调从政府与社会的关系角度寻找突破,打破政府在治理公共事务上的垄断地位,倡导分权化竞争的市场机制模式,让企业与社会组织等多元主体参与提供公共服务,赋予公众更多自主选择权,从而更好地回应公民的需求,提高公众的满意度。因此区域内若有许多不同的地方政府存在管辖权彼此重叠,就能通过相互竞争产生很高的效率,更好地满足公民的需求。这种理论是政治经济学在区域治理领域研究的应用,主张建立多中心或多核心的政治体系,从多元中心体制出发设计区域治理的组织模式,给予公民更多选择权来处理区域公共事务。但是该学派过多强调分权化的竞争,导致多元主体之间的合作未得到足够的重视。

### 3. 新区域主义视角的研究

新区域主义视角是传统区域主义和公共选择理论视角的综合,试图在"政府干预"为主的传统区域主义和"市场主导"为主的公共选择理论之间找到平衡点。② 新区域主义认为解决跨域协同治理问题应该综合运用竞争与合作两种机制。传统区域主义强调的是科层制基础上的单中心集中治理,而新区域主义强调在地方政府、社会组织、商业机构和非营利组织之间建立战略性合作伙伴关系的重要性,通过持续的社会实践和集体行为,解决该区域的可持续发展和平衡发展问题。因此,新区域主义(new Regionalism)也被称为"区域协同治理理论"(regional collaborative governance theory),它是传统区域主义和公共选择之间相互对话的结果,主张在解决大都市地区问题时必须同时使用"竞争"和"合作"两种制度。合作可以使这些地区在全球经济中更具竞争力。相对于传统区域主义,新区域主义强调治理而非管理、跨部门而

---

① SAMUELSON P A. The Pure theory of Expenditures [J]. Political Economy, 1954, 36 (4): 387-389.
② SAVITCH H V, VOGEL R K. Paths to New Regionalism [J]. State and local Government Review, 2000, 32 (3): 158-168.

非单一部门、协作而非协调、过程而非结构、网络化结构而非正式结构。① 解决区域公共问题有三种切实可行的方式,一是多层次政府,即由不同层次的政府提供不同范围的公共服务;二是建立区域职能合作或地方政府间合作协议的方法;三是综合网络方法,通过建立由不同层次和不同主体构成的合作协议网络促进区域协同治理。② 诺曼·D. 帕尔默(Norman D. Palmer)认为,不同利益相关者之间的横向合作和交流将构建一个动态网络,促进整个经济和区域社会的经济发展、信息交流、政策调整以及自我学习和创新,通过区域协调和自发合作的过程,确保各利益相关者的权利在该区域得到充分合理的反映和保障,以此加强该区域的整体实力③。

从空间角度看,新区域主义者认为参与区域形成的城市之间、中心和外围地区之间以及城市、郊区和农村地区之间存在着相互依存的关系。它们会自发地支持和限制自己,一个区域的空间结构、边界和大小是暂时的、模糊的和有弹性的,并随着时间和紧急情况不断地重新定义。边缘地区可以成为中心地区,中心地区也可以成为边缘地区。现在,要清楚界定一个地区、一个市政中心或一个城市功能区的界限,变得越来越困难,边界往往跨越已经存在的职能或行政边界,甚至是随着经济、社会和文化而动态变化。基于此,区域不可能是单中心的结构,其必然形成多中心的空间结构。与旧的区域主义相比,新区域主义更强调不同部门及相关利益主体在横向水平层面通过自愿协商合作实现区域治理,而非依靠纵向指令、直接干预的方式达成区域的一体化。

### (二) 城市群内府际合作相关研究

一直以来区域治理的关键主体是政府,因此研究区域治理必须对府际合作的相关研究也给予必要的关注。从研究内容来看,当前国外府际合作的相

---

① WALLIS A D. The Third Wave: Current Trends in Regional Governance [J]. National Civic Review, 1994, 83 (3): 290-310.
② SAVITCH H V, VOGEL R K. Paths to New Regionalism [J]. State and Local Government Review, 2000, 32 (3): 158-168.
③ NORMAN D P. The New Regionalism in Asia and the Pacific [M]. Toronto: Lexington Books, 1991: 1-19.

关研究主要关注三方面：合作方式、合作困境和合作策略。

**1. 府际合作方式的相关研究**

在城市群内部府际合作方式方面，克里斯滕森（Christensen）认为，城市群中主要存在以下形式的政府间合作：信息交流、联合学习、相互审查和评论以及联合规划、联合融资、联合行动、联合开发和合并。① 艾丽斯·沃克（Alice Walker）等人列举了二十五种区域政府间合作形式，主要包括正式政府间协议、建立区域政府、境外管辖权、建立政府间服务特区、联盟大都会政府的建立等。② 尼古拉斯·亨利（Nicholas Henry）在其著作《公共行政与公共事务》中指出，美国各州之间的关系主要由政府间条约协调，通过州际条约明确各州在合作伙伴关系中应该享有的权利和承担的责任。在政府间条约的框架内还设置了具体合作机制，如政府间协定、市政协会和市政委员会等。③ 戴维·卡梅伦（David Cameron）非常重视区域治理中的府际沟通，他认为在区域治理过程中，公共事务存在诸多跨部门的情况，政府间的权限逐渐模糊，因此我们应该改善政府间的关系，通过相互讨论进行协调与合作，鼓励更好的协商和交流，以实现有效的公共治理。④ 戴维·H. 罗森布鲁姆（David H. Rosenbloom）则强调可以通过创建公共机构，建立公共权力机构权威，制定管理服务规则，以维护区域秩序，实现和促进区域共同利益。⑤ 文森特·奥斯特罗姆（Vincent Ostrom）等学者认为，美国大都市区地方政府管理过程中存在的府际冲突，可以依靠由联邦政府或者州政府等高层级的政府予以协调，上级政府通过总体规划和政策协调来实现信息交流和治理的协调，

---

① BLAIR R, JANOUSEK C L. Collaborative Mechanisms in Interlocal Cooperation A Longitudinal Examination [J]. State and Local Government Review, 2013, 45（4）：268-282.
② REYNLODS L. Intergovernmental Cooperation, Metropolitan Equity, and the New Regionalism [J]. Wash. L. Rev, 2000（9）：93-160.
③ HENRY N. Public Administration and Public Affairs [M]. N.J：Pearson Prentice Hall, 2003：163-167.
④ CAMERON D. The Structures of Intergovernmental Relations [J]. International Social Science Journal, 2001, 53（167）：121-127.
⑤ ROSENBLOOM D, KRAVCHUK R, CLERKIN R. Public Administration：Understanding Management, Politics, and Law in the Public Sector [M]. New York：Mc Graw-Hill, 2002：231-233.

最终实现资源互补、利益分配和叠加的协同发展效应。① 综合来看，西方学者提出的府际合作的方式主要有两方面：一是通过纵向权力关系实现协同与合作，二是通过横向的交流与沟通建立府际协议、州际协议，构建多元协同治理机构等方式来实现合作。相比于前者，后者是更多学者所倡导的。

**2. 府际合作困境生成原因方面的研究**

在府际合作困境方面，很多西方学者都注意到了资源和利益要素在影响府际合作方面的重要性。例如，比特·奥图尔（Peter O'Toole）指出，资源的有限性和制度的约束会阻碍各级政府和部门之间的合作，只有更好地协调组织理性和集体理性的关系才能改进政府部门间的合作。② 城市群内部的城市具有相对独立性和竞争性，在资源和市场限制的情况下，如果缺乏有效的引导和控制，必然会陷入无序的恶性竞争，同时以行政区划为单位的绩效考核制度也抑制了府际合作的产生。③ 汉斯·约阿希姆（Hans Joachim）从区域产业竞争的视角进一步解读了这一城市群协同困境问题。他强调工业和基础设施的竞争很容易引发城市群政府之间的紧张关系。基于经济和政治利益方面的考虑，城市政府通常不会愿意放弃早期工业建设的投资，这样的结果是造成了大量区域内的产业同构，并进一步加剧了对人才、资本、技术和原材料的激烈竞争，这严重阻碍了区域政府间关系的协调。④ 威廉·安德森（William Anderson）从理性经济人的角度指出，城市群内部的各城市政府是理性的具有特定利益诉求的经济人，各城市政府在博弈策略选择上的冲突会使得城市政府间的合作共识难以有效达成。每个城市都会谋求更好、更多地实现自身利益。⑤ 总的来说，在是否采取合作行动的决策上，合作主要受利益引导，当合

---

① OSTROM V. Local government in the United States [M]. San Francisco: Ics Press, 2008: 68-72.
② BOLLEYER N. Intergovernmental Cooperation. Rational Choices in Federal Systems and Beyond. [M] Oxford: Oxford University Press, 2009: 57-58
③ MEIJERS E. Polycentric Urban Regions and the Quest for Synergy: Is a Network of Cities More Than the Sum of the Parts? [J] Urban Studies, 2005, 42 (4): 765-781.
④ JOACHIM. Cultural Clusters and the Post-industrial City: Towards the Remapping of Urban Cultural Policy [J]. Urban and Mobility Studies, 2013 (3): 507-532.
⑤ ELMAN C, ELMAN M. Progress in International Relations Theory: Appraising the Field [M] Cambridge, MA: MIT Press, 2003: 114-118.

作成本大于合作收益时，合作困境不可避免。

**3. 府际合作策略的研究**

史蒂芬森（Stevenson）和波克森（Poxson）认为，为了实现城市群等区域协调发展的目标，需要对现有的碎片化的政府管理体制进行必要的变革，推动各地方政府间开展联合治理。① 通常来说，城市群内政府间关系的协调应经历三个阶段：①行政区划的适应阶段。调整和合并过于分散的行政区域。②职能整合阶段。通过有效的政府间行政协议和行政合同，明确每个协调主体的权利和责任，避免权责不清。③建立伙伴关系的阶段。在相关政策议题的指引下，建立不同的伙伴关系，整合资源，发挥协同作用，发展新的伙伴关系，解决区域公共问题，以增强整个区域的竞争力。② 尽管诸多学者都强调合作协议和合作备忘录等机制在府际关系中的作用，但是也有学者强调，仅仅基于城市群内政府间有效合作的谈判和备忘录是不够的，因为城市群发展中各自逐利的趋势将导致政府间的冲突频繁。鉴于这种情况，有必要制订城市群总体规划，以确保政府间的战略合作。在城市群发展总体规划的宏观导向下，城市政府可以制定自己的区域发展政策，这样可以有效避免政府间政策冲突，促进城市群协调发展。③

## 二、国内相关研究现状

### （一）区域治理及府际合作的相关研究

#### 1. 区域治理的相关研究

区域治理这一概念从西方国家引进，众多学者对其进行了研究。杨毅、

---

① KANTOR P. Varieties of City Regionalism and the Quest for Political Cooperation: a Comparative Perspective [J]. Urban Research and Practice, 2008, 1 (2): 111-129
② CAMPBELL R W, GLYNN P. Intergovernmental Cooperation: An Analysis of Cities and Counties in Georgia [J]. Public Administration Quarterly, 1990, 14 (2): 119-141.
③ AXELROD R, KEOHANE R O.. Achieving Cooperation Under Anarchy: Strategies and Institutions [J]. World Politics, 1985, (1): 226-254.

李向阳等提出，区域治理是指通过建立公共机构、形成公共权威、制定管理规则、维护区域秩序以及通过政治安排在某一地区满足和促进区域共同利益而开展的活动和过程。它是该区域各行为主体共同管理该区域各种事务的各种方式的综合。[①] 程栋、周洪勤等提出，区域治理就是将治理机制应用到区域公共事务中来，协调区域主体的集体行动。区域治理可以认为是基于某种联系的区域空间内，依托一定的区域组织框架，政府、企业、居民和社会组织等利益相关的区域主体根据正式或非正式的制度安排，通过持续互动和充分协商的方式来解决公共问题的过程。[②] 陈瑞莲、杨爱平等认为区域治理是指政府、非政府组织、私人部门、公民及其他利益相关者为实现最大化区域公共利益，通过谈判、协商、伙伴关系等方式对区域公共事务进行集体行动的过程。区域治理具有三个基本特点：一是多元主体形成的组织间网络或网络化治理；二是强调发挥非政府组织与公民参与的重要性；三是注重多元弹性的"协调"方式来解决区域问题。[③] 丁煌指出，有效的问责机制可以更好地促进跨区域治理多主体伙伴关系的合作。他从政治问责、法律问责、行政问责、专业问责等角度探讨了跨区域治理问责机制的构建，强调要以有效问责促进政府间合作。[④] 还有的学者提出，随着治理环境的变化，跨区域治理已成为一种重要方式。如林水吉深入分析了跨区域治理的本质和特点，提出了跨区域治理的战略途径：包括以催化式领导突出跨区域问题的重要性，建立区域网络治理结构，创建共享信息平台，完善利益协调和补偿机制等。[⑤] 还有的学者直接将跨区域治理简化为"跨域治理"，如张成福、李昊城等学者提出跨域治理是多元主体的合作治理，是指政府、企业、非政府组织和公民社会等两个或两个以上的治理主体，在追求公共利益和公共价值的基础上参与和共同管

---

[①] 杨毅，李向阳.区域治理：地区主义视角下的治理模式 [J].云南行政学院学报，2004（2）：50-53.

[②] 程栋，周洪勤，郝寿义.中国区域治理的现代化：理论与实践 [J].贵州社会科学，2018（3）：123-130.

[③] 陈瑞莲，杨爱平.从区域公共管理到区域治理研究：历史的转型 [J].南开学报（哲学社会科学版），2012（2）：48-57.

[④] 丁煌，叶汉雄.论跨域治理多元主体间伙伴关系的构建 [J].南京社会科学，2013（1）：63-70.

[⑤] 林水吉.跨域治理：理论与个案研析 [M].台北：五南，2012：78-81.

理公共事务。这种治理关系的实现可以基于法律授权、地理接近、业务相似性或治理对象的特殊性,通过政府、企业之间的互动、协商,实现公共事务治理的良好绩效。①

**2. 府际合作的相关研究**

国内关于府际合作的相关研究也主要集中在府际合作的困境、动机和策略等方面。例如,通过考察中国城市群政府间合作的现状,陈剩勇等指出中国城市群政府间合作存在的主要问题是:合作体系标准化程度低,缺乏正式的区域合作组织,信息交流和沟通不畅等。尽管城市群中的所有政府在合作方面都有明确的共识,这些问题导致政府间合作效率低下,无法适应城市群的快速发展,并在此基础上提出了有效的合作策略。② 杨振山等提出组织机制和管理模式是影响城市群府际合作的主要原因。城市群内涵盖不同级别和层次的城市政府主体,由于级别各异、地位不同,导致区域内信息的不对称和政策的不协调。③ 张紧跟从交易费用的角度指明了府际关系的本质即交易互利,只有通过交易实现双方利益最大化,才能调动双方合作的积极性。此外,他还建议通过有效的制度建设和网络化治理结构来降低交易成本。④ 张可云将博弈分析方法应用于区域经济合作,强调利益是冲突和政府间合作的根本因素。他认为,区域经济经历了一个非互惠竞争与合作的过程。在这一过程中,各个政府都会在衡量自身利益的基础上做出采取合作或不合作的策略选择,以实现各自的利益为目的。⑤ 基于此,府际合作更有可能发生在那些可以让各方都获得利益的公共事务上,如基础设施建设、交通运输、市场一体化等。除此之外,则是那些必须合作的领域,如环境污染、公共卫生和公共安全应

---

① 张成福,李昊城,边晓慧. 跨域治理:模式、机制与困境 [J]. 中国行政管理,2012 (3):102-109.
② 陈剩勇,马斌. 区域间政府合作:区域经济一体化的路径选择 [J]. 政治学研究,2004 (1):24-34.
③ 杨振山,程哲,蔡建明. 从国外经验看我国城市群一体化组织与管理 [J]. 区域经济评论,2015 (4):143-150.
④ 张紧跟. 当代中国地方政府间横向关系协调研究 [M]. 北京:中国社会科学出版社,2006:36-39.
⑤ 张可云. 区域经济一体化:追求理想的共赢格局 [J]. 区域经济评论,2015 (6):5-7.

对等①。何精华提出府际合作治理的六种政策工具：府际协商论坛、公共信息交换平台、府际利益相关方人员的情感交流、设置专项管理团队、成立政策规划咨询小组、签订公共服务协议等。② 此外还有学者指出，城市群内府际合作的达成需要重塑治理组织结构、完善利益整合机制、通过利益共享夯实府际合作根基。③ 针对一些地方政府合作积极性不足的情况应该积极借助"纵向嵌入式治理机制"发挥中央政府在府际合作中的协调作用。④

### （二）有关京津冀协同发展的研究

京津冀协同发展的话题成为近年来国内学术界研究的热点，并涌现出大量学术成果。通过梳理相关研究文献可以发现，相关研究主要集中在三方面。

#### 1. 京津冀协同发展障碍及影响因素的分析

孙久文等认为市场经济发展不成熟、三省市政治地位不平等、中央政府相关政策不完善和三省市缺乏统一的规划系制约京津冀协同发展的根本原因。⑤ 张可云、蔡之兵从北京与首都、北京与天津、北京与河北的关系角度阐述了制约京津冀一体化发展的因素。⑥ 薄文广等认为京津冀协同发展困境背后的原因包括：京津冀不平等的政治经济地位、三地背后的利益、中央相关政策以及非政府力量发展迟缓。⑦ 魏进平、刘鑫洋等在回顾京津冀协同发展历程

---

① 杨龙. 地方政府合作的动力、过程与机制 [J]. 中国行政管理，2008（7）：96-99.
② 何精华. 府际合作治理：生成逻辑、理论含义与政策工具 [J]. 上海师范大学学报（哲学社会科学版），2011，40（6）：41-48.
③ 任晓林，葛晓龙. 近20年长三角城市群府际协作中集体行动的困境及其优化 [J] 广东行政学院学报，2020，32（6）：5-15.
④ 邢华. 我国区域合作治理困境与纵向嵌入式治理机制选择 [J]. 政治学研究，2014（5）：37-50.
⑤ 孙久文，李坚未. 京津冀协同发展的影响因素与未来展望 [J]. 河北学刊，2015，35（4）：137-142.
⑥ 张可云，蔡之兵. 京津冀协同发展历程、制约因素及未来方向 [J]. 河北学刊，2014，34（6）：101-105.
⑦ 薄文广，陈飞. 京津冀协同发展：挑战与困境 [J]. 南开学报（哲学社会科学版），2015（1）：110-118.

的基础上从行政、市场、生态和文化四个角度阐述了京津冀协同发展的困境。① 程恩富等认为，京津冀行政区划的级差效应、缺乏科学权威有效的协同发展管理机制、"诸侯"意识强烈等因素是影响京津冀协同的关键要素。② 马海龙认为京津冀区域治理推进的制约因素包括观念制约、区域规划缺位、现行体制的制约、区域治理协调机制尚未形成、非政府力量发育不足五方面。③ 曹海军等认为京津冀三地与中央形成的"三地四方"关系协调的最大阻碍是行政级别不对等，以及行政区划造成的本位主义思想是造成京津冀协同治理困境的主要原因。④ 因此，要解决当前区域协同治理的困境，中央政府还需要采取不同于长三角、珠三角等地的更强的领导模式。

**2. 京津冀特定领域的协同治理与发展研究**

京津冀的协同发展体现在多方面、多个领域，目前学术界较为关注的主要是产业合作、生态环境保护、交通和公共服务等领域。王喆和周凌一从区域多主体协同治理和区域政府间协同治理两方面出发，从体制机制层面探讨了京津冀生态环境协同治理的路径。⑤ 魏娜和赵成根基于协同治理理论，从协同依据、平台、内容和机制等关键问题入手对京津冀大气污染协同治理可行性进行研究。⑥ 韩兆柱以网络化治理为研究视角，倡导构建京津冀生态领域的府际合作网络，在政府、企业与社会组织等其他参与主体之间形成全方位治理网络。⑦ 齐喆等研究了交通领域的区域协同，主张构建一体化协调的区域治

---

① 魏进平，刘鑫洋，魏娜. 京津冀协同发展的历程回顾、现实困境与突破路径［J］. 河北工业大学学报（社会科学版），2014，6（2）：1-6，12.
② 程恩富，王新建. 京津冀协同发展：演进、现状与对策［J］. 管理学刊，2015，28（1）：1-9.
③ 马海龙. 京津冀区域治理：协调机制与模式［M］. 南京：东南大学出版社，2014：38-93.
④ 曹海军，刘少博. 京津冀城市群治理中的协调机制与服务体系构建的关系研究［J］. 中国行政管理，2015（9）：21-25.
⑤ 王喆，周凌一. 京津冀生态环境协同治理研究——基于体制机制视角探讨［J］. 经济与管理研究，2015，36（7）：68-75.
⑥ 魏娜，赵成根. 跨区域大气污染协同治理研究——以京津冀地区为例［J］. 河北学刊，2016，36（1）：144-149.
⑦ 韩兆柱. 京津冀生态治理的府际合作路径研究——以网络化治理为视角［J］. 人民论坛·学术前沿，2018（18）：75-85.

理体系。加快跨行政区域交通线路的建设,以及城市、城际轨道交通的建设;同时优化交通管理运营平台,实现三地统一协调、联合运营。周京奎,白极星主要探讨了京津冀公共服务一体化面临的障碍,设计了一个实现区域公共服务一体化的机制框架,并指出公共服务一体化是推进京津冀协同发展的重要保障,关系到京津冀人才、资本等要素能否"流得动"和"留得住"。① 魏玲玲、赵丽君等专门研究了京津冀劳动力市场一体化及实现路径。② 近年来还有学者加强了对京津冀协同创新方面的研究,提出京津冀三地协同创新还存在科技创新落差过大、创新要素流动不畅、创新主体互动不密切、创新链与产业链对接不紧密等问题。③

### 3. 京津冀协同治理的实现路径研究

李国平等在探讨京津冀协同发展动力机制、区域合作进程与市场一体化水平等问题的基础上,提出了要从构建多主体参与的权力治理框架,构建区域协同发展的运行机制等多方面推进京津冀区域治理。④ 崔晶提出要实现京津冀的协同治理首先必须要协调中央与京津冀地方政府之间的府际关系,并在区域层面建立一体化的信息网络,在体制机制方面主张建立跨域整体性协作治理组织,并构建区域联盟或城市联盟等多元的协作机制。⑤ 连玉明提出要推动京津冀协同治理必须从顶层设计出发,健全体制机制,打破由于行政区划阻隔造成的利益藩篱。⑥ 曹海军基于新区域主义的理论,提出京津冀的协同治理要进行制度创新,具体措施包括在中央层面成立高级别综合性区域发展议事协调机构、构建有利于政府间协作的区域治理平台、建立事权统一的区域

---

① 周京奎,白极星. 京津冀公共服务一体化机制设计框架 [J]. 河北学刊,2017,37(1):130-135.

② 魏玲玲,赵丽君. 京津冀劳动力市场一体化实现路径探析 [J]. 河北学刊,2020,40(2):153-159.

③ 田学斌,柳天恩. 京津冀协同创新的重要进展、现实困境与突破路径 [J]. 区域经济评论,2020(4):109-115.

④ 李国平,陈红霞,等. 协调发展与区域治理:京津冀地区的实践 [M]. 北京:北京大学出版社,2012:14-224.

⑤ 崔晶. 京津冀一体化发展中的地方政府整体性协作治理 [J]. 北京交通大学学报(社会科学版),2019,18(4):51-57.

⑥ 连玉明. 试论京津冀协同发展的顶层设计 [J]. 中国特色社会主义研究,2014(4):107-112.

规划体系和行政区划调整与兼并方案等。① 此外，还有学者从整体性的角度提出京津冀协同发展有必要整合京津冀区域经济社会的综合目标、提升其区域整体竞争力、建立区域利益协调机制、强化政府间协作机制、形成合理的产业空间结构、实现发展方式转型等。②

**4. 京津冀协同发展评价指标体系构建**

目前学界有关京津冀协同发展评价指标体系方面的研究主要有两类：一类是关注京津冀协同发展的整体和全局指标体系构建，另一类研究主要聚焦京津冀某一领域或产业的协同发展的指标体系。近年来，对京津冀整体协同发展的整体指标体系的研究逐渐增多，最具代表性的是首都经贸大学研究团队出版的《京津冀蓝皮书：京津冀发展报告》和北京大学首都研究发展所出版的《2019年京津冀协同发展报告》。③ 前者的主要贡献在于首次提出"京津冀协同发展指数"概念，在研究方法上主要采用层次分析法对生态、人口发展和企业发展等五个监测指标进行了分析。后者的研究贡献在于以2017年之前的相关事实数据为依据分析了京津冀协同在非首都功能疏解、交通一体化、生态环境保护、产业协同发展、创新共同体建设、体制机制创新上京津冀协同取得的进展，并在专题部分采用定量研究方法对京津冀协同创新水平进行了测度。张扬等人以系统论为基础，运用系统综合协同度模型，构建了京津冀五大发展子系统协同度的量化模型，测算了京津冀协调发展的整体协同度，结果表明，京津冀整体协同水平有待提高，京津冀协同发展的有序度呈现出极大的空间差异性，京津两地为有序度的最高值区，京保石和京唐秦为次高值区，其他区域则大多为低值区。④ 此外，还有一些学者根据十八届五中全会提出的"创新、协调、绿色、开放、共享"五大发展理念对京津冀协同发展

---

① 曹海军. 新区域主义视野下京津冀协同治理及其制度创新 [J]. 天津社会科学，2015（2）：68-74.
② 孙久文，邓慧慧，叶振宇. 京津冀区域经济一体化及其合作途径探讨 [J]. 首都经济贸易大学学报，2008（2）：55-60.
③ 李国平，等. 2019 京津冀协同发展报告 [M]. 北京：科学出版社，2019：20-25.
④ 张扬，王德起. 基于复合系统协同度的京津冀协同发展定量测度 [J]. 经济与管理研究，2017, 38（12）：33-39.

进程进行统计检测并对实施效果进行了分析。①

## 三、对国内外相关研究简略评价

上述国内外已有研究成果为本研究提供了丰富的参考资料和有力的论点支撑，开阔了本研究的视野。但是或受到文章立意的客观制约或由于受理论成熟度、文章主题范围等因素的影响，现有的研究成果在理论工具和研究内容上还存在进一步完善的空间。例如在研究工具的选择上，尽管有一些学者已经做出了从整体性治理的视角对京津冀协同发展问题进行研究的初步尝试，但是大都关注某个业务领域的协同，如韩兆柱对京津冀跨界河流污染②、公共服务均等化③及养老服务协同的研究④、杨志安等对京津冀地区的公共危机的研究⑤等。崔晶等对京津冀都市圈的整体性治理模式研究⑥侧重在优化路径上借鉴整体性治理的策略与机制，尚未从宏观上构建整体性治理的分析框架。同时在研究内容上受时空条件的限制，继《京津冀协同发展规划纲要》颁布后，对京津冀协同发展战略实施的进度、效果评估的研究最新的研究报告是北京大学首都发展研究院发表的《2019京津冀协同发展报告》。但是该书引用的数据停留在2017年，且主要侧重对不同领域的进展描述。在影响因素分析方面，目前多数学者对影响京津冀协同发展各类因素只是做了总体上的罗列概括，并未建构起合理的分析框架对其进行归纳性分析。因此，能否在理论整合的基础上建立周全的理论框架用以描述、解释京津冀协同治理的问题

---

① 刘政永，孙娜．基于五大发展理念的京津冀协同发展进程统计监测分析［J］．消费导刊，2018（24）：118-120.
② 韩兆柱，任亮．京津冀跨界河流污染治理府际合作模式研究——以整体性治理为视角［J］．河北学刊，2020，40（4）：155-161.
③ 韩兆柱，于均环．整体性治理视阈下京津冀基本公共服务均等化研究［J］．学习论坛，2018，34（1）：58-64.
④ 韩兆柱，邢蕊．基于整体性治理的京津冀养老服务协同发展路径研究［J］．中共天津市委党校学报，2019（1）：71-78.
⑤ 杨志安，李国龙，杨植淞．我国城市跨界公共危机与整体性治理——以京津冀地区为例［J］．辽宁大学学报（哲学社会科学版），2017，45（6）：68-76.
⑥ 崔晶．区域地方政府跨界公共事务整体性治理模式研究：以京津冀都市圈为例［J］．政治学研究，2012（2）：91-97.

成为制约京津冀协同发展研究的一大瓶颈。有鉴于此，本书对京津冀协同的进展进行全面的评估，以整体性治理为分析工具，搭建评估分析框架，并对影响京津冀协同发展的因素做全面、系统的分析。

## 第三节 研究思路与研究框架

根据本书的研究目的，将研究框架分为三个主要部分：评估框架、解释框架和对策框架。评估框架所要回答的问题是：京津冀协同发展上升为国家发展战略以来其协同发展的进展如何？有哪些成效与问题？解释框架所要回答的问题是：京津冀协同发展及区域治理过程中受到哪些影响因素的制约？最后对策框架是要根据前两个框架的描述、分析及诊断，开出解决京津冀协同发展问题的有效"药方"。

如前所述，本书拟以对京津冀协同发展战略的提出和落实的思考为切入点，在融合协同治理和整体性治理理论等理论的基础上构建了本书的理论框架。整体性治理被认为是继新公共管理以来，21世纪有关政府治理的大理论。作为一套系统建构的治理理论和理论指导下的具体制度安排，国外对整体治理的研究经历了从"整体政府"到"整体治理"的发展过程。就"整体政府"而言，其旨在解决政府各部门在提供公共服务方面存在的部门行政障碍，强调在不同政府部门及其职能之间建立横向联系和整合。随着网络和信息技术的发展以及公共部门"碎片化"问题的日益严重，希克斯等人提出了"整体性治理"理论。[1] 该理论以"跨界"合作与整合为特征，注重整体利益，强调政府不仅要整合政府内部各部门的机构和职能，还要促进政府与企业和非营利组织的合作，从而形成一个全面的治理网络。整体治理理论不仅为"超越碎片化"提出了可行的方向，而且为实现区域合作与共同治理的目标提供了现实的路径选择。从内涵上来说，整体性治理是多元主体基于共同的目标，基于协商、沟通等治理机制对跨界或跨部门的公共事务的治理。基于此，

---

[1] PERRI 6, LEAT D, SELTER K, STOKER G. Towards Holistic Governance: The New Reform Agenda [M]. New York: Palgrave, 2002: 12-38.

本研究提出整体性区域治理的四个维度，即治理目标、治理主体、治理客体、治理机制，并以此为分析框架分析和评估京津冀自上升为国家发展战略以来的协同绩效。其中，治理目标是不同行动主体为之奋斗的共同目标，治理主体是某一问题的利益相关者，治理客体是与治理主体所要合作解决的具体问题，治理机制本质上是一种协商机制，是协调多元主体处理公共事务的机制。

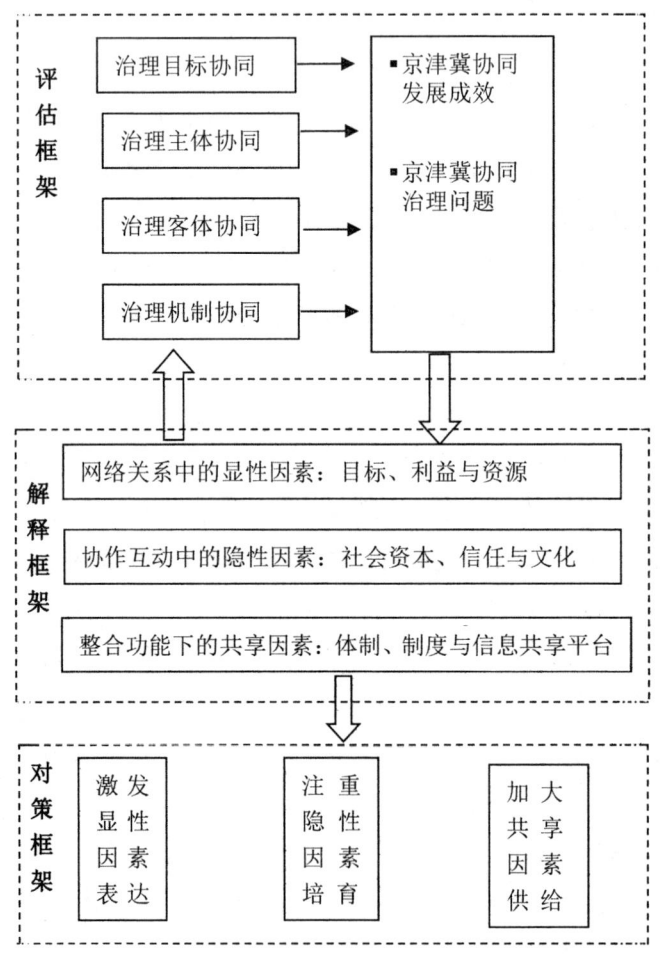

图1 研究框架与技术路线图

从整体性治理内在各要素的逻辑关系来看，作为一种从全局和整体的角度对政府组织进行有机协调与整合的治理范式，它包含三个关键变量：网络、协作和整合。整体性治理区别于以权威为纽带的传统科层制，强调应克服部门主义、过度专业化等弊病，建立跨部门的整体性的公共治理网络。从组织结构来看，"网络"是多元节点之间的平等合作关系，是内部组织矩阵的外延性扩展。一个网络就是一系列独立单位的非科层式集合体。① 区域是网络社会的一部分，区域内部结构不仅仅是垂直和平行的结构，也是一种复杂的网络结构，是包括政府在内的治理行动者之间的制度化关系，这样的区域网络结构要求区域治理的结构也不能是纵向单一的垂直结构，应该是开放式的多元网络式治理结构。"协作"则强调了整体性治理过程中的主体之间的互动性。互动是协作的重要保障，协作互动不仅是对整体性治理关系结构的维护，同时也是协同关系结构发挥协同效应的动态机制和桥梁，通过正式或非正式的互动机制，协作可以进一步优化网络关系结构并促进协同效应的持续发挥和协同效果的保障。而整体性治理中的"整合"是一种以公民和需求为基础的合作性整合，是对新公共管理理论强调市场化、分权化、竞争意识所造成的政府治理分散化、碎片化现象的回应。它涉及了三个层次，一是治理层级的整合、治理功能的整合以及公私部门的整合。② 基于对关键变量集合下整体性治理的不同理解，学界分析了利益、资源、目标、社会资本、信任、文化、体制、制度及信息共享等因素对区域治理的影响，根据这些因素的关联程度，本书根据其发生作用的机理及场域将其划分为三类，网络结构中的显性因素、互动机制中的隐性因素、整合功能下的共享因素三类，并由此构建本研究的解释框架③，以此为基础对京津冀协同发展的影响因素进行分析。最后在以上两个框架的描述诊断与解释下，构建了京津冀整体性治理的对策框架，见图1。需要说明的是在具体论证过程中，为探求跨域协同治理的经验，本书还对国外相关区域的协同治理进行了比较研究，但是为了体现和突出本书的整体

---

① RADIN B, WILSON R, ROMZEK B. New Governance for Rural America: Greating Intergovernmental Partnerships [M]. Lawrence: University Press of Kansas, 1996: 175-194.
② PERRI 6, LEAT D, SELTER K, STOKER G. Towards Holistic Governance: The New Reform Agenda [M]. New York: Palgrave, 2002: 29.
③ 本研究解释框架的构建参考了吴春梅、庄永琪在《协同治理：关键变量、影响因素及实现途径》（载于《理论探索》2013年第3期）中对治理理论、协同治理及整体性治理相关概念及影响因素的分析。在参考相关文献的基础上，本研究根据京津冀区域协同治理的特点对相关框架要素进行了修正。

建构逻辑，因此在该框架中并没有将这部分内容展示出来。

## 第四节 研究方法及可能的创新

### 一、研究方法

在研究方法上，本书采用了如下研究方法进行论证。

**1. 文献研究及文本分析法**

文献研究主要集中在整体治理、区域合作和政府间关系等理论上，提取理论要素，形成本研究的理论基础和分析框架，围绕整体治理理论，收集北京、天津、河北三地13个城市政府之间的正式合作协议作为分析的数据样本，进行相应的文本分析。当前府际协议被引入中国区域协作研究已经成为一种普遍的做法，[①] 它为我们研究地方政府的协同行动提供了一个可以进行测量和比较的维度。

**2. 调研访谈法**

按照京津冀协同治理的组织架构、协作机制和模式的特征，有重点地选择京、津、冀三地政府中从事区域政策制定和规划的相关领域的专家，及高校学者对京津冀协同发展的问题进行结构化或半结构化访谈，重点关注当前京津冀协同发展中的非协同效应以及合作协议签订后的情况，以补充文献研究的不足。

**3. 问卷调查法**

本书采用线上问卷调查法对京津冀协同发展的阶段成效进行评估，结合京津冀协同发展规划纲要的相关目标设计问卷，评估2014—2020年期间京津冀在有序疏解北京非首都功能，京津冀交通一体化、生态环境保护、产业升

---

[①] 马捷，锁利铭，陈斌. 从合作区到区域合作网络：结构、路径与演进——来自"9+2"合作区191项府际协议的网络分析 [J]. 中国软科学，2014（12）：79-92.

级转移等几个重要领域的发展情况，问卷发放对象涉及京津冀三地1000余名公务员、企事业单位工作人员及普通公众。

**4. 社会网络分析法**

社会网络分析法（social network analysis）是由社会学家根据数学模型、图论等发展起来的一种社会科学研究方法，用来分析社会行动者之间所构成的关系网络的结构、性质以及属性。社会网络分析法通过对网络中结点与结点之间关系的探讨，分析网络的结构和属性。该方法可以被较好地运用到区域协同治理领域，对区域内各个行为主体的互动行为和关系网络进行量化的及可视化的分析。本书运用社会网络分析法以京津冀13个城市为研究范围，城市群内各城市主体视为单独的网络节点，节点间的连线用以表示城市间的网络关系；其次，搜集2014—2020年京津冀城市群13个城市的合作协议作为实证样本，通过数据编码并借助社会网络分析工具UCINET软件分析京津冀城市群区域合作的各项指标，描述京津冀合作网络结构特征及演变趋势。

## 二、可能的创新

本书在对京津冀协同发展特征、趋势等分析的基础上，结合协同治理理论、整体性治理理论构建了京津冀协同发展的评估体系和影响因素分析框架。这一研究具有一些可能的创新点，主要体现在理论创新和方法创新两方面。

理论创新方面，本书是运用整体性治理理论对京津冀协同发展进行研究与探讨。在评估京津冀协同发展进展方面，不再仅仅关注交通、环保、公共服务、科技创新等领域的协同成效，而是从治理的视角出发从治理目标、治理主体、治理客体、治理机制四方面对京津冀协同治理的问题进行了理论结合实际的探讨。在分析影响因素部分，基于整体性治理理论，析出"网络、协作、整合"三个关键变量，构建了解释性框架，在分析时不仅仅是从理论到理论的演绎，同时对有关政策要求和实践因素亦给予了应有的关注。

方法创新方面，主要体现为两点。第一，对于区域协同发展的研究不再仅仅着眼于宏观经济指标，而是将合作协议作为研究的载体，刻画京津冀的协同发展状况；第二，采用社会网络分析法，借助点度中心度、中间中心度、密度的指标体系对京津冀城市群内城市主体之间的合作网络结构进行解读。社会网络分析法能够生动、有效地刻画区域地方政府之间协作网络的结构、特征及演进，从而突破以往无法刻画描述区域网络协作关系的困境。

第一章

# 核心概念界定及相关理论分析

科学研究最基本的载体是概念或概念体系。深入理解和系统地解释研究中涉及的相关概念和特征，将为更准确地界定研究对象和后续研究奠定坚实的基础。关于城市群的跨区域治理有很多理论。本章主要阐述了与区域协同治理密切相关的三个理论：治理理论、协同治理理论和整体治理理论，并指出了这些理论对区域协同治理的主要指导作用。通过概念梳理和理论阐述两方面的工作为后面的章节内容提供演绎基础与分析逻辑。

## 第一节 相关核心概念界定

### 一、区域治理

区域治理是区域内诸多行动者共同管理区域事务的各种方式的总和。[①] 它不是静态的，而是始终处于动态变化的过程中；它的不断发展和完善，促进了区域秩序有序程度的不断提高，体现了区域一体化的不断深化。美国学者道奇认为，区域治理应该关注五方面：①增长，区域治理的可视性和重要性应得到加强，并应成为区域发展的焦点；②该区域应对其面临的挑战进行诊

---

① SWEET A S, SANDHOLTZ W. European Integration and Supranational Governance [J]. Journal of European Public Policy, 1997, 4 (3): 297.

断，并就未来愿景和战略达成基本共识；③克服经济不平等和种族隔离必须是区域治理的优先事项。真正的区域治理不会在大都市地区产生巨大的经济和种族差异；④区域共同体氛围的塑造，争取社区领导人支持区域治理；⑤区域治理必须制度化，必须培养区域主义文化，同时发展人员和组织网络，以应对区域治理的挑战实现可持续发展。[1]

德国学者本茨（Benz）认为，有关区域治理尚未达成教科书式的统一定义，但可以从以下七方面进行解释：①区域规划和控制基于跨组织结构产生；②行动由制度化的"宪章"进行监管和协调；③在规划和定义机制时，各主体共同合作；④合作基于协商产生，在这一过程中，如果产生争议则由调解人和仲裁机构进行裁决；⑤应通过基于自律的网络、信任及畅通的沟通保持合作的持续性；⑥网络和控制结构既包括具有内部独立结构的各类组织，又包括由不同制度规范支配的主体行为；⑦区域治理的范围并不是由地理空间决定的，而是一个包含合作行为与功能的空间。Benz 的界定主要侧重从规划角度的解读，并强调了区域治理建立制度化、网络化的组织与机制，倡导交流、合作与协调的重要性。[2] 当代著名区域治理专家汉密尔顿（Hamilton）从公私伙伴关系的角度强调："区域治理是公私伙伴关系的合作过程。尽管公私伙伴关系不一定构成全面的区域治理，但正式或非正式的公私伙伴关系是区域治理的必要组成部分。"[3] 主张改变政府在区域公共物品生产与供给中的单一主体格局，以多元治理网络的方式为区域提供公共物品。孙柏瑛教授认为，区域治理是当代地方治理实践中广泛运用的一种治理形式。它是在大都市圈、中心城市和相邻城镇之间，或相邻地方行政区划之间，以跨地方公共事务管理和合作网络为基础形成的治理组织形式。[4]

在此基础上，本书认为区域治理是治理理论在区域中的应用，将治理范

---

[1] DODGE W. Regional Excellence: Governing Together to Compete Globally and Flourish Locally [M]. Washington: National League of Cities, 1996: 47-49.

[2] 洪世键. 大都市区治理——理论演进与运作模式 [M]. 南京：东南大学出版社，2009: 53.

[3] HAMILTON D. Developing Regional Regimes: A Comparison of Two Metropolitan Areas [J]. Journal of Urban Affairs, 2004, 26 (4): 455-477.

[4] 孙柏瑛. 当代地方治理：面向 21 世纪的挑战 [M]. 北京：中国人民大学出版社，2004: 55-60.

围限定在特定区域，区域治理中的区域边界没有定义，具有可变动性。有学者将区域治理分为宏观区域治理（如东盟、欧盟等由民族国家形成的组织联合体）、次区域治理（如新—柔—廖成长三角区等跨国界或跨境多边区域共同体）、中观区域治理（如京津冀、长三角等跨省行政区域的管理共同体）和微观区域治理（如长株潭城市群、武汉都市圈等省内行政区域的管理共同体）四类。这些区域在内部是具有同质性的、紧密联系在一起的共同体，之所以称其为一个区域是因为与其他区域相比具有较强的异质性。本书所指的区域治理主要关注的是中观层面的区域治理，是指基于一定的经济、政治、社会、文化和自然等因素而紧密联系在一起的相邻的地域空间内，依托政府、市场、非政府组织以及社会公众等各种组织化的网络体系，整合区域内外利益相关者的力量，建立正式与非正式的制度化安排，通过持续的互动、协商、合作的方式处理区域公共事务的过程。区域治理所要协商的是区域内各主体多方之间的关系。通常情况下，区域治理包含两个以上的行政区划，每个行政区都有各自的地方政府、企业、社会组织和居民，所要处理公共事务涉及所有相关行政区的区域主体结成的交错纵横的网络关系。

## 二、区域协同治理

"协同"一词源自古希腊语，意思是"协调与合作的科学"。协同学于20世纪70年代初由德国理论物理学家哈肯提出。他基于对激光理论的研究，在高层次上揭示了开放系统的运动机制和规律，即从混沌到有序、从有序到混沌。他认为自然界和人类社会中的一切事物都普遍存在有序和无序的现象。在一定条件下，二者还会相互转化。协同即一种自组织的有序状态。[①] 协同理论主要包括三个基本原理。

（1）协同原理，协同是协同理论的基本概念，是指协同所产生的总体效应或集体效应，即通过各个主体之间的交互与合作产生"1+1>2"的效应。它产生于复杂开放的大系统中。在一个系统中，当每个子系统或元素各自为

---

① 哈肯. 协同学——大自然构成的奥秘[M]. 凌复华，译. 上海：上海译文出版社，2013：9.

政、各行其是，这样的系统必然陷入无序状态，最终导致整体功能的崩溃。相反，如果系统中的各个子系统或要素能够协商与合作、达成一致，各种力量就会以相同的频率共振，形成整体大于部分之和的效果。无论在自然界还是在社会系统中，都存在协同效应，协同效应是系统有序结构形成的内在动力。

（2）支配原理也称伺服原理。协同系统的状态可以由一组状态变量来描述。这些状态变量随时间变化的快慢程度分为"快变量"和"慢变量"，其中"慢变量"是主导变量，快变量服从慢变量。当系统从无序达到有序的接近临界点时，"慢变量"就会越来越少，有时甚至只有一个或少数几个。这些为数不多的慢变量主宰着系统的命运，确定系统的宏观走向，表征了系统的有序化程度。

（3）自组织原理。它意味着在一定条件下，系统内的有序结构可以通过各种信息反馈和谈判进行组织和强化。自组织原理是协同的核心理论。与其他组织指令和组织能力来自系统外部的事实相比，自组织强调内部子系统可以在某些规则下实现默契并达成共识，而无须外部干预，可以自动形成特定的结构或功能，它具有内在性和自生性的特点。

基于协同学的概念，区域协同是指在区域间初始禀赋和比较优势存在差异的情况下，通过有序分工与合作，形成整体效应，促进整个区域的共同发展，最终实现区域内所有协作主体的整体利益最大化。[①] 所谓区域协同治理，是指在某一经济区域内，各级政府、企业、第三部门和公民根据一套正式规则和商定的非正式制度安排，通过对话、谈判、妥协和联合行动，调解区域内的利益冲突，从而实现权力的增值，最大限度地维护和促进区域公共利益。区域协同治理是一种系统思维或整体思维，将区域内的地方政府、共同上级政府、中央政府、企业、社会组织和公民个人视为区域利益的直接利益相关者，强调通过共同努力和协调行动，解决区域经济增长中面临的各种实际问题。因此，从协同主体的角度来看，它包括上级政府与下级政府的协同、地方政府与企业的协同、地方政府与民间社会的协同。由于主体的多元化，各

---

[①] 王得新. 我国区域协同发展的协同学分析——兼论京津冀协同发展 [J]. 河北经贸大学学报，2016, 37（3）：96-101.

种主体之间不仅仅存在垂直领导关系,更多的是网络化的关系。垂直领导关系可以通过行政命令进行控制,而网络化的关系则要求必须通过协商来解决问题。在整个区域内,各区域主体的局部利益与区域整体利益是相互依存的。协同治理尊重各主体的地方利益要求,因为整体区域利益不是抽象的,而是由地方利益整合而成的。没有地方利益的实现和区域内各地方的发展,就不可能有区域整体的发展和区域整体利益的提高,没有各部分的发展,就不可能有区域整体的发展。同样,没有地区的整体发展,没有地区内其他成员的支持,每个地方都不可能取得大的进步。因此,协同治理在尊重不同地方利益需求的同时,强调通过对话、沟通、谈判,形成区域成员一致同意的制度安排,化解利益冲突,使区域整体发展由无序走向有序。

## 第二节 京津冀区域协同治理的理论基础

### 一、治理理论

#### (一) 治理理论的内涵

20 世纪 80 年代末,伴随着世界范围内公共事务的复杂性和多元性,国际社会科学界开始对"治理"问题展开研究。梅里安(Merrien)总结了"治理"出现的重要依据:①传统的市场制和科层制遭遇危机;②传统的政府干预形式无法应对新的挑战;③世界范围内,尤其是发达经济体中出现了一种对新环境回应性更强的新形式。[1] 治理的出现是为了应对社会转型造成的各种不可治理性(ungovernability)的回应。正如俞可平所说,西方的政治学者和管理学家们之所以提出治理的概念,并主张用治理代替统治,是因为他们在

---

[1] MERRIEN F X. Governance and Modern Welfare States [J]. International Social Science Journal, 1998, 50 (155): 57-67.

社会资源的配置中既看到了市场的失灵,又看到了国家的失效。① 关于治理的定义,不同学者众说纷纭,其中较有代表性的是詹姆斯·N.罗西瑙提出的关于治理的内涵,他认为治理是"一系列活动里的管理机制。这些管理活动的主体未必是政府,也无须依靠国家的强制力量来实现"。② 格里·斯托克认为,与"统治"一样,治理作为一种政治过程,也是为了维护正常的社会秩序。然而,"治理"和"统治"至少有三方面的区别:①权威来源的不同。"统治"的权威来源于政府,但是"治理"所需要的权威不一定来自政府机构。②主体不同。"统治"的主体必须是社会的公共机构,"治理"的主体可以是公共机构也可以是私人机构,或者公共机构和私人机构的合作。③在管理过程中,权力运行的方向不同。③ "政府统治"始终是自上而下的,依靠政府纵向权威指令进行管理,而"治理"则是一个自上而下与自下而上双向互动的管理过程,既可以依靠等级制,也可以依靠市场和合作协商实现对公共事务的有效管理。联合国开发计划署(UNDP)将治理定义为"治理是公私机构管理其共同事务的诸多方式的总和。它是使相互冲突的或不同的利益得以调和并且采取联合行动的持续过程。它既包括有权迫使人们服从的正式制度和规则,也包括人们和机构同意的或以为符合其利益的各种非正式的制度安排"。④ 而全球治理委员会(The Commission on Global Governance)的定义则更为宽泛,该委员会在1995年发表的《我们的全球伙伴关系》的研究报告中对治理作出了如下界定:"治理是不同公共或私人机构和个人机构管理其共同事务的多种方式的总和。它是一个协调冲突或不同利益并采取联合行动的持续过程,不仅包括有权迫使人们遵守的正式制度和规则,还有人们接受或认为符合他们利益的各种非正式制度协议。"还有的学者对治理的定义做出了更

---

① 俞可平,引论:治理与善治[M]//俞可平.治理与善治.北京:社会科学文献出版社,2000:1-15.
② ROSENAU J N, CZEMPIEL E O. Governance Without Government: Order and Change in World Politics [M]. Cambridge, UK: Cambridge University Press, 1992: 51-67.
③ 格里·斯托克.作为理论的治理:五个论点[M]//俞可平.治理与善治.北京:社会科学文献出版社,2000:34-35.
④ UNDP. Our Global Neighborhood: Report of the Commission on Global Governance [M]. Oxford: Oxford University Press, 1995: 11.

多元的解读，例如罗兹认为治理至少有六种不同的用途：作为最小国家的治理、作为公司治理的治理、作为新公共治理的治理、作为"善治"的治理、作为社会控制系统的治理和作为自组织网络的治理。① 学术界不同观点的激荡与交锋，丰富了治理的内涵，推动了治理理论的研究与实践。虽然侧重点各有不同，但是对于治理的界定也有着共通点。

### （二）治理理论的特征

在罗兹看来，治理依赖于网络治理，其主要特征如下：第一，组织之间的相互依赖。治理改变了国家权力的边界，这意味着公共部门、私营部门和第三部门之间的边界变得模糊。第二，网络成员之间的持续互动。成员之间有一个共同的目标。为了实现这一目标，他们需要交换资源。第三，组织成员之间的博弈互动。这种互动植根于信任，并受网络成员同意的规则约束。第四，网络治理具有高度自治性，不受国家权力控制。② 斯托克认为，治理的本质在于它不仅仅依赖于政府的权力资源。他提出了关于治理的五个著名论点：①治理包括一系列复杂的机构和行动者，而不仅仅限于政府；②治理理论认识到，在处理社会和经济问题时，由于多主体协同处理同一公共事务，因此边界和责任是模糊的；③治理理论认为，参与集体行动的机构之间存在权力依赖；④治理是网络中行动者的自主治理；⑤治理理论认为，政府在处理问题时，关键不在于依赖基于权力的命令和权威，而在于使用新技术来控制和引导。③ 从这一角度来看，治理的特征可以归纳为四点：①治理涉及公共和私营部门，政府只是治理主体之一；②治理具有自发性和自我演进的特征；③治理是各方之间持续互动的过程，在持续对话和资源共享的基础上建立起治理体系；④治理过程的基础是协调而不是控制和统治。治理具有不同于市场和科层制的典型特征，如表1-1所示。

---

① RHODES R A W. The New Governance: Governing Without Government [J]. PoliticalStudies, 1996, 44 (4): 652-667.
② RHODES R A W. Understanding Governance: Ten Years On [J]. Organization Studies, 2007, 28 (8): 1243-1264.
③ STOKER G. Governance as Theory: Five Propositions [J]. International Social Science Journal, 1998, 50 (155): 17-28.

表1-1  治理模式与市场模式和政府科层模式的特征比较

| 特征维度＼模式 | 市场模式 | 政府科层模式 | 治理模式 |
|---|---|---|---|
| 基本关系 | 契约和财产权 | 雇佣关系 | 资源交换 |
| 依赖性程度 | 独立 | 依赖 | 相互依赖 |
| 交换媒介 | 价格 | 权威 | 信任 |
| 冲突解决和协调方式 | 讨价还价和法院 | 规则和命令 | 外交式斡旋 |
| 文化 | 竞争 | 从属与服从 | 交互作用 |

资料来源：转引自孙柏瑛．当代地方治理：面向21世纪的挑战［M］．北京：中国人民大学出版社，2004：20．

基于上述分析，可以认为"治理"本质上是一个多主体协商的概念，旨在解构和软化政府，但是并不排除政府。"治理"一词承载着改革的内涵，即对僵化的国家机器和官僚组织的制度设计进行变革。这主要体现在三方面：一是"治理"模式试图让不同的行动者和利益集团参与决策，政策制定不再限定于政府，一些私营部门、非政府组织和地方团体已经开始影响政策制定。二是治理涉及集体行动的各个机构之间的相互依赖，各个机构为实现目标必须进行资源交换，为达成一致，外交式的斡旋也必不可少。三是"治理"范式试图突破僵化行政区划的限制，降低官僚制的交易成本，扩大制度效率。"治理"中"超越僵化行政区域"的含义为我们探讨区域协调发展提供了理论平台。

## 二、协同治理理论

### （一）协同治理理论的内涵

自20世纪八九十年代以来，协同治理理论已经成为西方发达国家公共行政改革的一个新的理论范式。协同治理理论的首次实践是英国的"协同政府"（joined-up government）改革，它强调的是在不同的治理层级、治理功能及公私部门合作的多重维度上实现政策、规章、监控、服务供给等过程的整合①。克里斯·安塞尔（Chris Ansell）和艾莉森·加什（Alison Gash）作为协同治理领域的代表人物，他们指出协同治理（collaborative governance）是以政府为主体的公共机构吸引非政府的利益相关者进入决策过程，通过正式或非正式的协商过程与协调机制、共同治理公共事务②。协同治理的内涵主要包括四方面。

（1）治理主体的多元性。协同治理突破了传统治理理论的"政府中心论"，确立了"多中心治理"的理念，除了传统的政府之外，非政府组织、企业、公民个人都可以作为治理主体参与社会公共事务的治理，这些主体一般通过协商、谈判、交流等途径达成共识，以实现单一主体难以实现的公共目标。③

（2）治理主体的协作性。协同治理中的各主体法律地位平等且相互依赖，通过各种形式的信息交流和沟通达成共识，并为实现这些共识进行协调，对环境的变化保持灵活的适应性，从而实现各种资源的协同。

（3）治理目的的明确。协同治理的直接目的是最大限度地维护和促进社会公共利益，并将解决具体问题作为所有参与者所有活动的逻辑起点。在协同治理过程中，政府、非营利组织、企业、公民个人等主体充分利用自身资源、知识、技能等优势，协调合作，互惠互利，发挥"整体功能大于部分功能之和"的治理效果。

（4）治理组织形态网络化、扁平化。在组织形态方面，协同治理主要采用扁平化、网络化等组织形式，以实现治理活动的高效、协同。

### （二）协同治理的特征

第一，协同治理通过政策协调，形成多元主体参与的共同的发展目标。

---

① LING T. Delivering Joined-up government in the UK: Dimensions, Issues and Problems [J]. Public Administration, 2002, 80 (4): 615-642.
② ANSELL C, GASH A. Collaborative Governance in Theory and Practice [J]. Journal of Public Administration Research and Theory, 2007, 18 (4): 543-571.
③ BRYSON J M, CROSBY B C, STONE M M. The Design and Implementation of Cross-Sector Collaborations: Propositions from the Literature [J]. Public Administration Review, 2006, 66 (S1): 44-55.

通常在政府的主导下,各主体以共同目标为导向,以互惠价值为基础,跨越部门或者组织边界共同协作达成集体目标。在公共治理活动中,协同治理包括三类主体协同模式:政府组织之间的协同合作,如教育部门和民政部门的协同合作;政府与非政府组织之间的合作,如地方环保部门与环保类社会组织的合作;政府组织与私人企业之间的合作即公私合作伙伴关系等。

第二,协同治理通过加强信息沟通和共享,为多主体参与提供决策保障。一方面,通过对话、协商和信息沟通,建立顺畅稳定的意愿表达机制,增进多主体利益共识;另一方面,通过法治保障信息披露,克服政府主导治理模式下政府垄断信息、信息传播缓慢和信息失真的问题,使多个治理主体能够及时有效地掌握相关治理信息。

第三,协作治理通过制度约束确保共同目标的实现。建立完善的制度,协调协同治理中各主体可能产生的冲突,通过利益整合机制实现多主体的利益协调。一方面,充分发挥市场机制的作用,建立公平稳定的利益分配制度;另一方面,建立完善的利益补偿机制,使利益受损群体得到合理的补偿,从而有效地调解利益冲突。确保各种主体在协同治理的功能差异中得到整合,最终实现多主体的功能耦合。

第四,协同治理通过管理理念、方式、路径和机制等方面的创新,形成多元主体的自组织集体行动。协同治理强调综合运用各种治理手段,不仅包括传统的行政手段,还积极引入经济、法律、文化、科技等手段。对于区域协同治理体系来说,有必要根据区域发展阶段、发展特点和发展问题,找出对系统有序运行起决定性作用的序参量,从而促进机制创新,提高区域治理水平。[①]

## 三、整体性治理理论

### (一)整体性治理理论的内涵

整体性治理理论(holistic governance theory)是在继承和吸收协同治理相

---

[①] 庄贵阳,周伟铎,薄凡.京津冀雾霾协同治理的理论基础和机制创新[J].中国地质大学学报(社会科学版)2017,17(5):10-17.

关核心理念的基础上发展起来的。最早由英国学者佩里·希克斯（Perri 6）在《整体政府》（*Whole of Government*）一书中提出，并在后续的相关著作中不断发展完善并最终形成了整体性治理理论。希克斯认为整体性治理是以公民需求为导向的，在利用现代信息技术的基础上，依靠有效的信息沟通系统进行沟通和谈判，以实现多元主体有效的协调和整合意图，从而使其目标一致、资源手段互补、治理效果加强，以实现相互合作的最终目标。整体性治理涉及治理层级的整合（不同行政层级间和相同层级政府间的整合）、治理功能的整合（政府各部门功能的整合）以及公私部门的整合（公共部门和企业、社会组织等部门的整合）。[①] 波利特（Pollitt）认为，整体性治理是一种新的治理范式，通过纵向和横向协调统一思想和行动，从而更好地实现总体利益最大化。它主要包括四部分：消除相互冲突与拆台的政策法规，制定统一的资源使用规划，以更有效地整合和使用资源；加强治理过程中若干行为者的沟通和协调，以加强共识和合作动机；建立协调和利益补偿机制，维护二者的双赢关系。[②] 汤姆·林（Tom Ling）将整体性治理分为"内、外、上、下"四个维度。"内"指组织内部的合作，意味着新的组织结构形式；"外"即组织外部联合，涉及跨组织部门的新工作方式如领导权的分享、创建联合小组和整体性预算等；"上"指对上承担责任，组织通过自上而下的方式设定目标，建立新的责任和激励机制；"下"指以顾客为服务宗旨让服务对象参与服务供给的过程，采用新的服务方式。[③]

综合来看，整体性治理是在特定的历史条件和社会实践基础上发展起来的，针对后工业社会和信息社会公共事务的日益复杂化、交叉化和跨界属性，政府以整体化的方式回应公民的需求，注重公共问题的预防和解决、提供无缝隙的服务以实现公民需求的满足和治理效能的提升。整体性治理注重全局战略和整体思维，以信息技术和网络技术为支撑，通过构建信任、责任和协

---

① PERRI 6, LEAT D, SELTER K, STOKER G. Towards Holistic Governance: The New Reform Agenda [M] New York: Palgrave, 2002: 120-127.
② POLLITT C. Joined-up Government: A Survey [J]. Political Studies Review, 2003, 1 (1).
③ YOUNG S, THYIL V. A Holistic Model of Corporate Governance: a New Research Framework [J]. Corporate Governance: The International Journal of Business in Society, 2008 (8): 94-108.

作性预算等机制,重新凝聚组织机构关系,政府治理模式从分散走向集中,从部分走向整体,从破碎走向整合①,从而为公民提供无缝隙而非分离的服务,同时亦强调政府与企业、社会组织等其他公共事务主体的协调与合作,最大限度降低政府运行的成本,提升政府治理能力和治理效能。

## (二) 整体性治理的特征及构成要素

### 1. 基于网络的整合式组织结构

由于注重对复杂性的社会公共问题和公共服务需求进行及时与有效的回应,因此在组织结构上,整体性治理主张用网络组织形式来代替分工严格的传统行政组织。整体性治理的网络结构与传统官僚制及新公共管理方式的区别在于,前者不再是简单地以权威和行政命令或市场机制进行协调而是强调通过网络状结构的整合与优化,将高水平的公私合作特性与充沛的网络管理相结合,然后利用技术将网络连接到一起,并在服务运行方案中给予公民更多的选择权。② 网络结构位于市场和科层的治理机构之间,是出于自愿和强制之间的一种糅合体。从表现形式来看,整体性治理所要求的整合式组织,不仅包括内部部门从分散走向集中,还包括政府组织和社会其他组织结成的各种伙伴关系、网络化结构关系,在此基础上实现对公共问题的协商解决和对公共服务的有效供给和资源的充分利用。杰瑞米·M. 威尔逊(Jeremy M. Wilson)指出整体性治理主张超越组织边界的整合行动适应了公共治理时代政府处理内外主体间关系的需求,是有效应对政府治理碎片化问题的方式,这成为整体性治理区别其他治理方式的显著特征。③

### 2. 基于协商和沟通的跨部门协调机制

整体性治理强调针对棘手的公共事务与公共问题应该建立新的沟通方式和有效的协调机制,以更好化解部门之间的冲突,增进相互间的合作。希克

---

① 竺乾威. 从新公共管理到整体性治理 [J]. 中国行政管理, 2008 (10): 52-58.
② 胡象明, 唐波勇. 整体性治理:公共管理的新范式 [J]. 华中师范大学学报(人文社会科学版), 2010, 49 (1): 11-15.
③ JEREMY. M. Wilson. From New Public Management to Holistic Governance [J]. Public Administration, 2013 (10): 52-58.

斯提出"化异"和"求同"两种整体性协同路径。所谓"化异"是指在不损害自身利益的基础上,通过温和式的劝告和引导而非否决与惩罚机制来消除分歧达成共识;所谓"求同"则是在整体性的行动框架内,积极寻求多元主体间的内在相似性,通过沟通凝聚共识,创造彼此主动合作的互惠性诱因。总体来说,整体性治理中的协调机制在化异求同原则的指导下,主要包含以下几方面(如图1-1):第一,容忍性制度。建构多元主体认同和接受的容忍性制度。在不损害自身利益的情况下,尽可能化解与对手的利益矛盾,即先化异再求同,尽量本着协商和互让的原则谋求共识的达成,只在不得已的情况下才采取强制措施。第二,分立与权变。在保持主体独立性的基础上,基于共性和利益互增的原则,提出分立与权变的解决之道,通过等待、渐变和部分修正实现协调与整合,即求同而不化异。第三,和解或混合。对多元主体间的争执、冲突和分歧,需运用和解或混合的解决之道,使不同的行动者彼此让步、缓和冲突和放弃歧视,减少差异性,即化异而不求同。通过这种强调自我克制的协调方式,寻求彼此相互让步与妥协的可能。第四,互换及互赖。针对具有复杂性与多变性,且很难化异或求同的情况下,采取互相交换及互相依赖的方式解决问题,即未化异也未求同。此种方式需重视第三方力量,通过中间组织协调来消解冲突。

实践证明,整体性治理在组织结构上的重构是与新型沟通协调机制的创建密不可分的,组织结构的优化与调整为部门间合作的达成奠定了基础、提供了保障,而良好的沟通协调机制和方法又能促进部门间的合作,从而推动组织结构的进一步完善与变革。

### 3. 组织机构与组织运作层面的多维度整合

新公共管理采用竞争整合,而整体治理的核心理念是合作整合。它针对的是新公共管理造成的碎片化和分散化的回应。一体化程度越高,政府之间的联系就越紧密,政府之间的凝聚力就越强,而各自为政的情况就越少。具体来说,整体性治理的整合机制主要包括组织机构层面的整合和组织运作层面的整合。政府组织机构层面的整合涵盖三方面:第一,治理层级的整合,包括同一层级和不同层级的整合,如全球与国家层级的整合(例如世界贸易组织WTO规范的制定与执行)、全球层级内部环保部门与信息保护部门的整

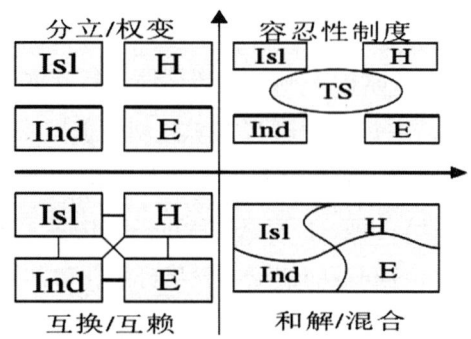

注：Isl:Isolate 孤立的；H:hierarchy 科层制；Ind:indivedualism 个体主义；
E:enclave:被包围的领土、飞地；TS:容忍性的制度设计

**图 1-1　整体性治理的四种协调机制**

合、中央与地方政府的整合等。第二，治理功能的整合。将分散在不同部门的相同功能整合起来重新建立新的组织或者按照职能相同或相近的原则由一个部门牵头协调，实行大部门式治理。第三，公私部门的整合。将公共部门、私人部门和第三部门整合起来，协同参与公共事物的治理。例如公共部门通过民营化、委托、直接合作等方式，更多地促进公私伙伴关系的产生。政府组织运作层面的整合包括五方面：第一，政策整合。对政策制定、政策执行、政策信息传递、政策评估等方面进行有效的整合。第二，规章整合。将不同地区、不同部门的规章进行有序整合。第三，服务整合。重新打造公共服务供给链条，配合最新信息技术进行公共服务内容、供给主体、供给方式、供给程序的整合，矫正新公共管理分散竞争导致的无政府主义倾向。第四，预算整合。摒弃以往按照输入项目制定预算的方式，强调按照治理结果分配资源，实行以绩效为基础和以战略为导向的预算方式，建立多元主体间的共享性预算体系。第五，监督整合。主要是对政策整合、规章整合、服务整合、预算整合的科学评估与解释。整合的基本目标是消除重叠以充分利用资源，提升政府治理效能。①

---

① 孙志建. 论整体性政府的制度化路径与本土化策略 [J]. 广东行政学院学报，2009，21 (5)：16-21.

**4. 信任、责任与信息技术等保障要素**

整体性治理的主要应用范围是跨区域和跨部门治理。在这个过程中，需要协调多个主体之间的合作行为。为了避免"搭便车"行为导致的无序博弈，就需要培育并加强各主体之间的信任。因为，信任作为一种特殊的社会资本，是整体治理的关键要素，是促进多主体有序合作的黏合剂。① 与信用体系在市场经济中的重要性一样，城市群内的相互信任构成了区域联动的重要保障。同时，由于整体性治理涉及多元主体的协调与整合，因此基于整合而导致的责任分配及承担模糊问题不可避免，"当行政部门提供一些或很多的绩效时，缺乏责任将导致空洞的虚假和虚伪而非实质性的考虑。"② 因此相对于传统官僚行政和新公共管理来讲，整体性治理的责任机制具有非常重要的作用和地位，是共同体内部合作博弈的前提和保障。最后整体性治理还有赖于信息技术的支持。现代信息技术可以提供跨越政府层级和地域限制的无障碍的一体化服务。整体性治理主张通过信息技术搭建即时的信息交流与共享平台，进行跨部门信息的有效传递和共享，建立起一整套的中央数据库，实现协同办公。以网络为基础的整体政府的行政业务和程序的透明化，为公众可以方便、快捷、低成本地了解相关信息，获取政府提供的服务提供了可能，有助于政府各自为政、条块分割、等级森严的结构关系的变革，有效避免传统行政所导致的腐败和不作为。

通过上述分析可以发现，整体性治理理论吸收了治理理论、协同治理理论等理论之长，是一种后发的更为成熟、更系统和更具有前瞻性与现代化意识的新的行政理论典型范式。从手段和目标的双重维度来看，协同治理意味着不同公共治理主体在目标和手段上不存在冲突，但是整体性治理则是更高一个层次，它强调的是目标和手段不仅不冲突且要互相增强。③ 在吸收协同治理"合作""协调"等核心概念的基础上，整体性治理实现了从"我们能够

---

① 吴春梅，谢迪. 论村庄整体性治理的信任支持 [J]. 理论月刊，2013（7）：168-171.
② PERRI 6, LEAT D, SELTER K, STOKER G. Towards Holistic Governance: The New Reform Agenda [M]. New York: Palgrave, 2002: 169-170.
③ PERRI 6, LEAT D, SELTER K, STOKER G. Towards Holistic Governance: The New Reform Agenda [M]. New York: Palgrave, 2002: 31-35.

一起做什么？在哪些方面合作？"向"需要谁参与？怎样的互动才能促成合作？"的转变。① 整体性治理理论所提倡的网络、协同和整合的治理理念对我国行政区内横向政府组织跨界治理、区域经济一体化尤其是京津冀区域经济一体化问题也有着重要的启发和应用价值。

### （三）整体性治理理论与区域协同治理问题的契合

整体性治理理论作为治理理论丛林中的重要组成部分，尽管衍生在西方国家政治经济环境之内，但其相关理念、主张以及追求对聚焦"中国语境"、研究"中国问题"，推动中国特色治理理论的发展完善同样具有启示作用和借鉴意义。立足于整体性理念和思维方式的嵌入，通过网络式立体治理结构和协同机制的构建，充分依靠具有强大整合能力的政府力量，积极发挥企业、社会组织和公民的作用，可以形成整体性治理的强大合力提供一体化的优质的公共产品和公共服务，发挥区域治理的效能。具体而言，整体性治理理论与"区域协同治理"研究呈现出目标与价值导向一致、治理结构与运行机制的契合以及策略与技术适用等方面的契合性。②

#### 1. 整体性治理价值理念是区域一体化发展的时代要求

整体性治理与其他公共管理模式相区分的重要标志就是文化和价值观的差异。整体性治理正是为了克服传统官僚制和新公共管理的弊端，破除碎片化和各自为政，在理念上强调的是释放协同治理的正能量，实现政府整体效能的最优和公共利益实现的最佳，因而在组织文化上，着重重塑公共部门内部的"凝聚性文化"和牢固、统一的价值观。这种文化理念在改革实践中为政府的政策选择和治理变革提供了价值引导。对于涉及大量跨行政边界的公共事务的区域协同治理而言，"公地悲剧"现象屡见不鲜，诸如基础设施建设、环境保护、公共交通、公共安全等，都是区域地方政府必须应对的棘手问题。但是受行政管理体制、机制、方式和规范等多方面因素的影响和制约，

---

① 黄滔. 整体性治理理论与相关理论的比较研究［J］福建论坛（人文社会科学版），2014（1）：176-179.

② 张立荣，陈勇. 整体性治理视角下区域地方政府合作困境分析与出路探索［J］. 宁夏社会科学，2021（1）：137-145.

客观存在于政府治理实践中的"碎片化"和"各自为政"现象仍然难以消弭。因此，传统的"行政区行政"治理模式因外在环境的演变而面临严峻挑战，推进区域地方政府合作，旨在突破行政区划的刚性约束，更为高效地处置跨域公共事务、更为优质地提供区域公共产品和公共服务，同时在资源合理配置和优化利用的基础上，维护和保障区域公共利益和区域整体利益。

整体性治理理论从发轫之始就呈现出鲜明的问题导向，破解"棘手性"难题和"碎片化"治理困境也一直是整体性治理理论繁衍、发展的逻辑起点和挑战方向，这实际上与区域一体化的发展及其优化在目标导向方面呈现出高度的契合性。整体性治理追求的是公众问题的快速和完整地解决、为公众提供更加高效乃至"无缝隙"的公共产品与公共服务。这种在价值追求层面的契合，疏通了整体性治理理论与区域地方政府合作优化策略选择的融合路径。

### 2. 整体性治理的网络与协作是区域治理的基础

区域地方政府合作一般是两个或两个以上的地方政府主体合作并发挥主导和引领作用，协同其他主体实现共治的行动或过程，其间也会逐步形成多元主体的垂直、水平和交叉共治网络结构，这种具有聚合力、灵活性和回应性的共治网络结构为建构区域地方政府合作治理组织体系夯实了必要基础。整体性治理分析框架强调治理"层级、功能、公私部门之间"的整合，力求在整体性运作中形成"多元主体功能耦合的网状形态内在结构"的目标，为此整体性治理理论建构了三维立体整合模型，既注重克服内部的部门主义，又强调要重新构建政府与社会和市场的横向关系。因此这一整合模型对跨行政区的区域地方政府合作具有重要的参考和应用价值。

运行机制是区域地方政府合作体制作用有效发挥的必要手段，也是合作体制维系的重要基础，其优化的关键在于"强调合作者之间是相互选择的伙伴之间的双边关系，包含着相互信任和具有长期远景的合作以及得到遵守的共同行为规范，它建立在交易互惠的基础上，主要通过合作、协调、谈判、伙伴关系，确立集体行动的目标等方式实施对区域公共事务的联合治理"[①]。

---

① 陈瑞莲，刘亚平. 泛珠三角区域政府的合作与创新[J]. 学术研究，2007（1）：42-50.

在整体性治理视域中,"协调"与"整合"被重置为核心理念,并以之建构了整体性治理的"协调机制"与"整合机制",其中协调机制主要是消解认知困惑,整合机制主要是运作行动一致,"协调"与"整合"呈现一种紧密的进阶关系,或可视为在整体性治理实践中必须历经的两个关联运行阶段。从某种意义上看,从"协调"到"整合"也是区域地方政府合作深化所需演进的基本过程。

**3. 整体性治理的策略与技术是区域协同治理的依托**

整体性治理所强调的协同决策、目标导向、制度化及基于信息技术的广泛利用等策略与技术是区域协同治理的依托。首先,在决策方面整体性治理所倡导的是协同决策,从分工合作转变为合作分工,即以问题的整体性解决为基础,群策群力确定整体性的治理方案。这种协同决策方式与区域跨界治理的诸多问题如公共交通设计、环境污染治理等有着极大的契合性。其次,整体性治理在组织运行过程中强调要从职责导向转向目标导向,即各部门不再仅仅关注法定的职责功能和权力范围,而是积极介入公共事务,扩充自己的职责使命,确保组织的重要性和正当性。为了解决跨域公共治理问题,提供更好的跨域公共产品和服务,区域地方政府必须要积极寻求协同与合作。再次,整体性治理强调制度化的发展策略,通过制度化来增强合作的黏性,这对于团队跨域协同治理的持续性具有重要的启示和借鉴意义。最后,新一代信息通信技术的发展,极大地降低了政府部门之间横向沟通与合作的成本,提高了区域政府对跨界事务的回应效率。改革开放以来,地方政府合作的意识、形式和领域不断加强、丰富和拓展,总体上呈现出良好的发展态势。在新形势下,如何继承合作传统,把握合作态势,突破各级地方政府合作的现实困难和挑战,整体治理战略和技术为寻找我国区域合作治理工具提供了方案选择。

# 第二章

# 京津冀区域协同治理的历程及演进

## 第一节 京津冀区域概况

京津冀区域位于华北地区的中心位置。它是由北京、天津和河北的11个城市（石家庄、保定、唐山、廊坊、秦皇岛、张家口、承德、沧州、衡水、邢台和邯郸）组成的城市群，区域总人口超过1亿。它拥有广阔的腹地和丰富的资源。该区域陆地面积21.8万平方千米，占全国总面积的2.3%，辐射范围覆盖东北、华北、西北、华中等内陆地区，市场潜力巨大。同时，该地区由北京和天津两个直辖市组成，具有明显的双核特征。它不仅是中国北方的经济中心，也是中国的政治和文化中心。它的地域发展、政治背景和社会文化发展都具有独特的特点。

京津冀城市群是我国重要的政治、经济、文化、科技创新中心和国际交流中心。随着世界级城市群的建设，它将在协调国际分工、引导"一带一路"发展方面发挥重要作用。在政治上，北京是中国的政治中心和中央政府的所在地，其政治地位引发的衍生责任是独特的。经济上，京津冀地区因三地相对优势互补而成为中国的"三大增长极"之一。

北京、天津和河北的总面积占全国的2.3%，人口占全国的8%，2020年三地实现地区生产总值8.6万亿元，GDP占全国的8.5%。在文化、教育和科技资源方面，京津冀地区在全国遥遥领先。北京是中国最大的教育和科技中心。北京的科研机构数量居全国之首，有360余家，同时还分布着北大、清华等众多知名高校；天津在中国职业教育发展中起着先导作用；河北在基础教育均衡发展方面也取得了独特的经验。从高等教育资源分布来看，北京、天津、河北三地共有270所高校，其中北京92所、天津56所、河北122所。① 此外，该地区还包括七座国家历史文化名城，所占的世界文化遗产占全国总量的四分之一以上，可见，无论是自然资源还是经济社会资源，京津冀地区都有许多其他地区无法比拟的优势。

从京津冀三地的具体情况来看，北京是中国的首都，具有强大的经济实力和全球影响力。随着国家经济实力的迅速增强，北京正在成为金融、商贸、高新技术以及大规模研发、信息、中介等高端服务业的基地。目前，北京已成为全球拥有500强企业数量较多的城市。2012年经国家商务部认定的各类跨国公司地区总部累计达到127家，其中，世界500强地区总部84家，包括日、美、英、德、法等国的一批世界级企业的地区总部。② 2020年北京的GDP为3.6万亿，居全国第二位，仅次于上海。天津在政治、经济、文化、科技等方面具有巨大优势，工业体系完备，大型钢铁工业、基础原材料、石油化工、精细化工和通信设备制造业等先进制造业一直处于全国较为领先的位置，是中国北方重要的现代化工业化大都市，也是东北亚地区重要的航运中心，是中国进出关及京津冀与华北及西北内陆铁路交通枢纽。河北也有自己的特色和产业优势，在生产、现代服务、物流、运输等方面都有很大的优势，在农业方面有一定的比较优势，已经建成了农业生产加工基地、仓储和运输中心，北京、天津和河北在地理上接近，并且一直紧密相连。历史上，河北保定是重要的军事和政治中心。从行政区划上看，天津曾是河北省省会，全区地势平坦，资源丰富，自然禀赋较高。从人文角度看，三地文化服饰差异不大，人口流动相对频繁，彼此亲近。

---

① 韩庚君. 京津冀区域高等教育一体化思考［J］. 合作经济与科技, 2021（6）: 152-153.
② 陆大道. 京津冀城市群功能定位及协同发展［J］. 地理科学进展, 2015, 34（3）: 265-270.

## 第二节 京津冀跨域协同治理的历史进程

京津冀是一个紧密相连、相互依存、不可分割的区域。历史上，京津冀在经济发展中一直具有高度的经济依赖性和相关性。作为渤海湾区的两大直辖市，北京和天津地理位置上相距137千米，呈现特有的"双子星座"态势。河北省环京津地区的主要城市包括唐山、保定、秦皇岛、廊坊、沧州、承德、张家口7个城市。20世纪90年代，环京津地区对河北的经济增长贡献率将近60%，是河北经济发展最重要的区域。随着中国经济体制改革的推进，三地区域合作在不同时期呈现出不同的发展趋势。从20世纪70年代末开始，京津冀地区共进行了四个阶段的协同治理探索。

### 一、区域合作萌芽阶段（1976—1989）

1976年（原）国家计委组织了京津唐土地规划研究，揭开了京津冀协同发展的最早篇章。1978年以来，随着我国改革开放和经济体制改革，京津冀地区逐步形成了以促进区域经济合作为目的的简单、松散的区域经济合作形式。1981年，京津冀三地联合山西和内蒙古成立了全国首个横向地方政府间的区域合作组织——华北地区经济技术合作协会。作为全国最早的区域经济合作组织，华北经济技术合作协会主要关注华北五省市的资源、技术和经济合作，通过高层会商，解决地区间的物资调剂，指导企业开展横向经济联合。[①] 例如北京与河北环京地市合作，建立了肉蛋菜等生活资料基地和纯碱、生铁等生产资料基地。该合作协会的成立有效地促进了地区间的物资协作，在解决区域内各省区物资短缺方面发挥了显著的作用。1982年，北京在《北京城市建设总体规划》中首次提出"首都经济圈"的概念，这是以首都为中心的都市圈概念首次出现在政府的正式文本中。该总体规划提出，首都经济

---

① 马海龙. 历史、现状与未来谈京津冀区域合作 [J]. 经济师，2009（5）：16-17，19.

圈由内圈和外圈双层结构组成，内圈包括北京、天津两市以及河北省的唐山、廊坊和秦皇岛三市，而外圈则由河北省的承德、张家口、保定以及沧州四个地级市组成。

1986年河北提出"环京津"战略，试图依靠临近北京和天津的区位优势来推动河北的发展。同年，时任天津市市长李瑞环提出了"环渤海经济区"的概念，并倡导成立了由北京、天津、河北、山东、辽宁等省市长组成的环渤海地区市长联席会议。首次联席会议主要就物资交流和经济合作进行了磋商。1988年，北京与河北省周边六市（保定、张家口、承德、廊坊、唐山、秦皇岛）建立了经济技术合作区，辖102个区县（市）、2201个乡。环北京经济合作区定位为"在北京和河北省政府的指导下，以中心城市为基础的开放、网络型区域组织"，建立了市长、委员联席会议制度，以及管理日常工作的机构，由此建立了地区企业间的广泛联系，有效地促进了地区经济合作。[①]

总的来看，20世纪80年代的京津冀地方政府开始尝试经济技术协作、地区市长联席会议、专员联席会议制度等多种形式的合作。但这一时期京津冀区域内的地方政府合作内容较为单一，主要集中于经济技术合作，合作形式也较为松散。在当时由计划经济向市场经济过渡的经济体制与背景下，由于利益相关者众多，城市政府之间难以形成紧密高效的经济联系。但在此期间，北京、天津、河北等政府提高了合作意识，为未来的协调发展奠定了基础。

## 二、区域协作徘徊阶段（1990—2003）

20世纪90年代，由于合作区域范围过广、区域结构松散、利益纠葛复杂等问题，萌芽后的蓬勃发展趋势没有持续，京津冀区域协作组织逐渐削弱。在资源和技术合作方面，1990年，华北经济技术合作协会在1982年至1990年第七次会议后被废除。自1994年以来，北京周边经济合作区也进入了停歇状态。此后，由于缺乏统一规划和统筹协调，地方政府把重点放在自身经济建设上，在招商引资、基础设施建设和产业发展等方面展开了激烈的竞争。

---

① 杨开忠. 京津冀协同发展的探索历程与战略选择［J］. 北京联合大学学报（人文社会科学版），2015，13（4）：27-32.

区域政府之间的直接竞争、企业之间的盲目竞争和重复建设越来越激烈。区域生态环境受到严重破坏，北京、天津多年遭受沙尘暴袭击。京津冀区域协调治理进入低潮，企业和区域处于无序竞争状态，京津冀与长三角、珠三角的差距逐步拉大。

这种情况持续到20世纪90年代中后期，京津冀区域合作治理再次得到中央及三地政府的重视。1993年，河北省率先发布《河北省环渤海湾一线地区开放开发规划纲要》，重点提出形成沿京津秦铁路延伸的秦唐冀北开放带，加强与北京和天津的经济联系。在顶层设计层面，1994年，国务院批准京津冀城市发展协调研究会提交的《建议组织编制京津冀区域城市建设发展规划》报告并落实编制。1996年，《北京经济发展战略研究报告》以"首都圈"为基础，提出了"经济首都圈"的概念，开始强调发展外围就是发展自身的理念。北京同时正式提出了"首都经济"战略，这一战略的提出标志着北京经济发展战略向前迈出了两大步：一是地方政府真正打破了"大工业"思想的束缚，明确了北京经济的本质是知识经济；二是地方政府开始跳出地方主义的藩篱，确立了开放与合作的"区域愿景"，强调首都经济应该基于北京的所有条件，而不仅仅是北京管理下的行政资源条件，加强与北京中央企事业单位的合作。在这个阶段学界也开始关注京津冀协同问题。2001年，中国科学院院士吴良镛在完成京津冀北城乡地区空间发展规划研究后，提出了规划"大北京"地区，构建双核心或多中心都市圈的战略思路，引起了广泛的关注和认同。

这一时期是以统一市场为核心的经济一体化阶段。与过去相比，中央政府在推动区域合作方面的作用不强，京津冀区域合作进入徘徊阶段。随着合作组织的衰落，三地政府的合作意愿因日益增长的隐性贸易壁垒而进一步削弱，导致显性或隐性竞争。在低潮之后，人们重新认识到了合作的重要性。"首都经济圈"的提出，标志着京津冀区域合作进入了一个新的历史时期。

## 三、合作积极推进阶段（2004—2013）

第三阶段是合作的积极推进阶段。2004年2月，由国家发改委组织的京津冀区域经济发展战略研讨会在河北省廊坊市举行，并就三地协同发展达成了"廊坊共识"即首先在利益交叉密集、易于达成合作的公路、铁路、机场等基础设施、水资源保护和生态环境等方面开展合作，加强区域内行业间和企业之间的技术、商贸交流与合作，建立三地发展和改革部门的定期协商的制度、建立京津冀省市长高层定期联席会议制度、联合设立协调机构。"廊坊共识"将京津冀的协同发展向前推进了一大步（如表2-1）。

表2-1 "廊坊共识"主要内容

| |
|---|
| （1）京津冀地区经济发展必须突破合作体制、机制和观念的障碍 |
| （2）合作原则：市场主导、政府推动；合作基础：平等互利、优势互补、统筹协调、多元发展 |
| （3）建立京津冀发展和改革部门定期协商制度，建立京津冀省市长高层定期联席会议制度，联合设立协调机构 |
| （4）启动京津冀区域发展总体规划和重点专项规划 |
| （5）选择易于突破的交通、水资源保护和合理利用、生态建设和环境保护、论坛、经贸合作洽谈会及招商引资活动等领域开展合作 |

资料来源：根据相关资料自制。

2004年6月，环渤海合作机制会议在廊坊举行，会议达成《环渤海区域合作框架协议》，确定环渤海区域经济合作联席会议机制，该机制为环渤海地区的政府官员、企业家、专家学者提供了一个高层次、有组织的定期磋商机制，加强了区域交流、协调和经济合作。同年，国家发改委正式启动京津冀都市圈区域规划编制工作，规划范围除了北京和天津两个直辖市以外，河北省石家庄、保定、唐山、秦皇岛、廊坊、沧州、张家口、承德8个城市也被纳入。遗憾的是虽然历时6年，该区域规划最终未能进入国家"十一五规划"。但是该区域规划在推动协同意愿达成等方面仍产生了积极的作用。

2005年1月，中共中央和国务院批准了《北京城市总体规划（2005—2020）》，明确了北京的城市功能，并提出实施北京、天津、河北和环渤海地区的经济合作与协调发展。2005年9月，天津、北京、大连等环渤海11城市旅游管理部门的负责人共同签署了《中国北方环渤海11城市旅游区域合作框架协议》。11 市的旅游行政管理部门商定，从 2006 年 1 月 1 日起，在 11 城市旅游区域内共同开放旅游市场。在区域内，可对旅游团队实行组团、接待一条龙服务；区域内互相开放旅游市场，并且建立和完善关于城市间旅游突发事件的应对处理机制，建立旅游投诉和应急事件处理热线电话。2006 年 1 月，北京市与河北省正式签署了《北京市人民政府与河北省人民政府关于加强经济社会发展的合作备忘录》。同年，国家"十一五"规划纲要提出，京津冀、长三角、珠三角已形成城市群发展格局，要继续发挥引领和辐射作用，加强城市群中城市的合作与优势互补，提升城市群的整体竞争力。国家发展和改革委员会提出了"京津冀都市圈（2+7）"，即以北京和天津为核心，包括河北省的唐山、秦皇岛、承德、张家口、保定、廊坊和沧州，后纳入石家庄形成 2+8。然而，由于三地之间缺乏中央政府的整体协调，京津冀三地均不愿意放弃各自的利益而达成妥协。比如，在区域合作的各自定位上，北京认为自己是三地最大的城市，应该是核心，所有合作定位为推进"首都经济圈"建设，天津定位为"北方经济中心"，河北提出构建"首都绿色经济圈"。因此，即使三方高层签署了多项合作协议，也没有促进务实的利益共赢协调机制，区域合作没有达到预期效果。[①] 2007 年，北京、天津、河北三地首次联合发布了《2006 京津冀都市圈城市商业发展报告》。报告指出，三地将建立各地商务部门高层协商、定期互访制度，以及各地商务主管部门相关政策文件交换制度，将各部门的政府网站互相进行链接。另外，京津两地的商务部门将研究制定有利的市场准入政策，消除地方保护、区域市场封锁与行业垄断，建立三地统一的质量标准认证体系，鼓励河北省优势企业和安全优质的农副产品进入京津市场。

2008 年，三地召开了京津冀发改委第一次区域工作联席会议，签署了《北京市天津市河北省发改委建立"促进京津冀都市圈发展协调沟通机制"的意见》，提出建立京津冀联席会议机制和发改委区域工作信息发布制度，京津冀发展改革委区域联席会议成为最高级别的区域协调沟通平台。2010 年以来，随着国家"十二五"规划提出加快京津冀一体化进程，中央领导人多次就

---

① 薄文广，陈飞. 京津冀协同发展：挑战与困境［J］. 南开学报（哲学社会科学版），2015（1）：110-118.

"京津冀"合作作出指示。2013年5月，习近平总书记在天津做了一次调查，提出了在新时期谱写北京、天津"双城记"的构想。2013年8月，习近平总书记在北戴河主持研究河北发展问题时，提出要促进京津冀的协同发展，将北京的发展纳入京津冀和环渤海经济区的战略空间加以考量。此后，北京、天津、河北三地多次举行会议，签署合作协议。

**表2-2 合作积极推进阶段京津冀协同治理的重大事件（2004—2013）**

| 时间 | 京津冀协同发展中的重大事件 |
|---|---|
| 2004年2月 | 国家发改委召集京津冀三省发改部门在廊坊召开京津冀区域经济发展战略研讨会，达成"廊坊共识" |
| 2004年5月 | 环渤海七市政府达成"北京共识"；召开五省二市副省级会议，正式建立环渤海合作机制，并将合作机构的日常工作班子设在廊坊 |
| 2004年6月 | 国家发改委、商务部和京津冀晋蒙鲁辽七省市在廊坊召开会议，达成了《环渤海区域合作框架协议》 |
| 2004年7月 | 京津冀三省市信息化工作研讨会在河北省北戴河召开，会议建立了京津冀三省市信息化工作联席会议制度，定期交流工作和沟通信息，协调推进区域合作事宜 |
| 2004年11月 | 由国家发改委牵头启动了《京津冀都市圈区域规划》的编制工作；区域发展规划按照8+2的模式制定，包括北京、天津两个直辖市和河北的八个市 |
| 2005年1月 | 国务院常务会议通过《北京城市总体规划（2004—2020）》。规划提出，积极推进环渤海地区的经济合作与协调发展，加强京津冀地区的协调发展，要基本形成以北京、天津为中心的"两小时交通圈" |
| 2005年9月 | 北京市和天津市签署了《京津城市流通领域合作框架协议》，涵盖了商贸、物流、口岸三大领域 |
| 2005年9月 | 天津、北京、大连等环渤海11城市旅游管理部门的负责人共同签署了《中国北方环渤海11城市旅游区域合作框架协议》 |
| 2006年1月 | 北京海关与天津海关在津签署了关际合作备忘录，标志着京津两地海关合作进入新阶段 |

续表

| 时间 | 京津冀协同发展中的重大事件 |
|---|---|
| 2006年10月 | 北京市和河北省签署了《北京市人民政府、河北省人民政府关于加强经济与社会发展合作备忘录》达成了在交通基础设施建设、水资源和生态环境保护、能源开发合作、产业调整合作、产业园区合作、农业合作、旅游合作、劳务市场合作和卫生事业合作九方面的合作事宜 |
| 2007年2月 | 北京、天津、河北三地首次联合发布《2006京津冀都市圈城市商业发展报告》，三地第一次打破行政区划界限，从区域整体发展实际出发，提出了加快区域商业合作发展的思路和措施 |
| 2007年5月 | 京津冀旅游合作会议在天津召开，三地旅游部门共同签署《京、津、冀旅游合作协议》，建立了京津冀区域旅游协作会议制度 |
| 2008年2月 | 经京津冀发改委共同协商、酝酿的"第一次京津冀发改委区域工作联席会"在天津召开。会上，京津冀发改委共同签署了《北京市、天津市、河北省发改委建立"促进京津冀都市圈发展协调沟通机制"的意见》 |
| 2008年11月 | 天津市与河北省人民政府联合召开了经济与社会发展合作座谈会，签署了《天津市人民政府、河北省人民政府关于加强经济与社会发展合作备忘录》。合作内容包括共同推进天津滨海新区和唐山曹妃甸新区、沧州渤海新区的开发建设、产业转移对接、联合建设现代化综合交通运输体系、加强水资源和生态环境保护合作，加强金融、科技和人才、农业、旅游、劳务、口岸通关、教育、卫生事业合作等11个方面 |
| 2009年 | 三地旅游部门联合签署了《京津冀旅游合作协议》，共同推动区域内旅游资源、产品、市场、信息、客源和利益共享；天津、北京、承德、唐山和秦皇岛五个城市正式签署《旅游质量监督工作互动合作协议》达成在旅游案件转办、质监网络和旅游服务质量等多方面的协作与互动 |
| 2010年 | 河北省提出规划建设"环首都绿色经济圈"，环首都绿色经济圈包括环绕北京的张家口、承德、廊坊和保定四个地级市，将打造以新兴产业为主导的环首都绿色经济圈 |

续表

| 时间 | 京津冀协同发展中的重大事件 |
|---|---|
| 2011年4月 | 北京、天津、河北三省市签署了《京津冀区域人才合作框架协议书》,三方承诺在人才流动、人才智力资源共享、人才培养等方面紧密合作、加强联系 |
| 2011年5月 | 2011京津冀区域合作高端会议在廊坊召开,国家发改委和京津冀三地的领导、专家,与来自美国、韩国、新加坡等地的专家就首都经济圈和京津冀一体化进行了深入的交流和探讨 |
| 2012年3月 | 京津冀交通运输工作联席会议在京召开,三地交通主管部门达成共识,以轮值会议的方式,定期探讨规划、建设、服务、管理等方面推进区域交通设施和运输一体化建设的战略和措施 |
| 2012年4月 | 廊坊、沧州、保定和北京、天津两市公安机关治安方面负责人汇聚廊坊,共同签署京津冀(廊坊)区域治安警务协作书,为加强区域沟通合作,确保京津冀区域安全稳定筑起一道协调联动的治安防线 |
| 2013年3月 | 北京市与天津市签署《北京市天津市关于加强经济与社会发展合作协议》,根据协议,京津两市将从区域规划编制、交通基础设施建设、产业、科教、港口物流、人才、文化旅游会展、金融、环境保护和建立合作机制十方面加强合作,实现双方互利共赢发展 |
| 2013年5月 | 河北省分别与北京市、天津市签署《北京市—河北省2013至2015年合作框架协议》和《天津市河北省深化经济和社会发展合作框架协议》 |
| 2013年9月 | 生态环境部、国家发改委、财政部等六部委发布《京津冀及周边地区落实大气污染防治行动计划实施细则》,强调要建立联防联控机制 |

资料来源:根据网络等公开资料整理。

综合来看,这个阶段京津冀协同发展进入了积极合作阶段,协同发展行动频繁(如表2-2),其中廊坊共识和环渤海区域合作框架协议是该阶段具有开创性意义的协同合作的成果。随着后续一系列协议和规划的签订,这一时期京津冀合作的深度和广度都获得了空前的发展,合作的领域也从经济领域扩展到生态环境保护、科技、人才等非经济领域;合作机制逐渐从无序走向有序。会晤和交流的增加也使得越来越多的地方政府意识到跨区域合作治理的重要性。但是截至2013年始终未出现国家层面的区域发展规划，协同仍然是局部的、散发的，协同治理的成效不明显。

## 四、区域协同发展的新阶段（2014年至今）

十八大以来，以习近平同志为核心的新一届中央领导集体高度重视京津冀协同发展。2014年2月26日，习近平总书记在北京召开座谈会，专题听取京津冀协同发展工作进展，明确提出，"实现京津冀协同发展是一个重大国家战略，要坚持优势互补、互利共赢、扎实推进，加快走出一条科学持续的协同发展路子来。"习近平总书记着重强调了京津冀协同发展的重大意义、系统阐述了推进思路和京津冀协同发展的七点要求，由此，京津冀协同发展正式纳入国家区域发展战略布局。重大国家战略一经确定，奋进的车轮滚滚向前。2014年3月5日，李克强总理在政府工作报告中指出，加强环渤海及京津冀地区经济协作。随后，国务院成立了京津冀协同发展领导小组及办公室，由时任国务院副总理张高丽任组长，领导小组办公室设在国家发展改革委，主要职责是组织拟订并协调实施京津冀协同发展战略规划、重大政策，承担领导小组日常工作。同时，为推动京津冀协同发展战略进一步落实，2014年6月国务院成立高规格的专家咨询委员会，由中国工程院院士徐匡迪任委员会组长。委员会下设规划和交通小组、能源环境小组、首都功能定位与适当疏解小组、产业小组四个小组，共16名相关领域的专家。

2015年4月30日，中共中央政治局召开会议，审议通过了京津冀协同发展领导小组编制的《京津冀协同发展规划纲要》（以下简称《规划纲要》）。《规划纲要》从战略意义、总体要求、定位布局、有序疏解北京非首都功能、推动重点领域率先突破、促进创新驱动发展、统筹协同发展相关任务、深化体制机制改革、开展试点示范、加强组织实施等方面描绘了京津冀协同发展的宏伟蓝图，是推动这一重大国家战略实施的纲领性文件，是当前和今后一个时期指导京津冀协同发展的基本依据，是凝聚各方力量、推动形成强大工作合力的行动指南。《规划纲要》明确了京津冀地区的整体定位和三省市功能定位。京津冀地区整体定位是"以首都为核心的世界级城市群，区域整体协同发展改革引领区、全国创新驱动经济增长新引擎、生态修复环境改善示范区",其中北京市的定位为"全国政治中心、文化中心、国际交往中心、科技创新中心";天津市定位为"全国先进制造研发基地、北方国际航运核心区、金融创新运营示范区、改革开放先行区";河北省定位为"全国现代商贸物流重要基地、产业转型升级试验区、新型城镇化与城乡统筹示范区、京津冀生态环境支撑区"。京津冀区域整体定位体现了三省市"一盘棋"的思想,突出了功能互补、错位发展、相辅相成。从协同发展的政策内涵来看,新的功能定位更加突出了"分工协作、共同发展"的理念,与以往首都经济圈规划定位相比,京津冀协同发展更加强调各方的平等参与和主动融入。与以往三地功能定位相比,京津冀协同发展充分突出了首都中心特点,也充分体现了津冀尤其是河北的利益诉求,具体定位的政策内涵更加科学合理。

2016年2月,《"十三五"时期京津冀国民经济和社会发展规划》印发实施,规划明确了未来五年京津冀协同发展的目标,提出了九大发展任务:一是打造国际一流航空枢纽;二是构建世界级现代港口群;三是加快建设环首都公园;四是打赢河北脱贫攻坚战;五是建立健全区域安全联防联控体系;六是全面提高首都服务国际交往的软硬件水平;七是加强与长江经济带的联动;八是建立统一规范的市场体系;九是探索建立行政管理协同机制、生态环保联动机制、产业和科技创新协同机制。随后,京津冀区域交通、生态、产业、防震减灾等12个专项规划相继出台,从各自的"一亩三分地"到区域的"三地一盘棋",形成了多层次相互衔接的规划体系。①

2017年4月1日,中共中央、国务院决定设立河北雄安新区,这是继深圳经济特区和上海浦东新区之后又一具有全国意义的新区。雄安新区范围包括雄县、容城、安新3县及周边部分区域,首期规划面积约100平方千米。雄安新区的设立是疏解非首都功能、优化京津冀产业布局、补齐京津冀区域发展短板以及打造新的经济增长极的重大国家战略规划,对于推动京津冀协同发展具有重大战略意义。2017年9月29日,《北京城市总体规划(2016—2035年)》公开发布,提出深入推进京津冀协同发展,建设以首都为核心的

---

① 京津冀"十三五"规划印发三地一盘棋妙招有哪些[EB/OL]. 人民日报海外版,2016-02-16.

世界级城市群。2019年1月16日，习近平总书记再次考察京津冀，主持召开京津冀协同发展座谈会并发表重要讲话，回顾了京津冀发展取得的成绩，并就进一步推动京津冀协同发展提出了六方面的要求，为新时期京津冀协同发展指明了方向。这一切表明，从中央到地方已经形成了推动京津冀发展的一股合力，京津冀协同发展的国家战略地位已经明确，顶层设计取得重大突破，京津冀协同发展进入全面深化阶段。

## 第三节 新阶段京津冀协同战略目标的提出及重大意义

《京津冀协同发展规划纲要》的正式发布，标志着京津冀协同发展顶层设计基本完成。新阶段京津冀合作的战略目标是根据现阶段京津冀地区所面临的内外部环境条件的变化和国家实施重大战略的新要求提出的。这不仅是促进京津冀地区自身经济社会发展转型的必然选择，也是推进国家治理体系和治理能力现代化的必然要求，具有重要的时代意义。

### 一、推进京津冀协同战略是疏解首都功能的必然要求

京津冀不同于其他城市群的主要原因是，北京不仅是一个直辖市，也是一个行政区和首都。它承担着确保中央政府机构执行政府任务和国际交流的任务，以及提供安全、有序和高效的城市运营条件及生活、工作环境的功能。同时，北京作为首都，其城市发展水平和风貌直接关系到国家形象，因此，必须全力保障北京首都功能的有效实现。

改革开放以来，北京城市经济社会的发展水平和"四项服务"实现了从传统到现代的"质"的飞跃。1978年至2019年，北京人均GDP由1337元上升至164197元，按价格计算是1978年的42倍，实现了从低收入地区到高收入地区的成功跨越。居民消费水平从330元上升到43038元，经可比价格计算增加26倍，居民生活率先实现现代化。城镇人口从479万增加到1865万，

城市化率从55.0%上升到86.6%。① 国际化程度和在全球城市网络中的地位不断上升。据英国拉夫堡大学（Loughborough University）全球化和世界城市研究小组（GaWC）的研究，北京已经稳居世界一线城市前列。②

正是由于政治、经济、科技、文化、人才、财力等资源的特殊地位和高度集中，通过30多年的改革开放和市场经济的发展，北京逐渐与多种功能相结合，不仅成为政治中心，而且在文化、金融、科技、旅游、交通等多个领域成为全国中心，成为所有国家首都中担负功能最庞杂的城市，导致城市人口急剧膨胀、道路交通严重拥堵、空气环境污染严重、产业结构失调、城市发展空间不足等问题。1978年至2017年，北京常住人口从871.5万人扩张到2170.7万人，2018年人口小幅回落，截至2019年统计的常住人口是2153.6万人。人口的集聚给城市发展带来巨大压力，导致诸多问题。

一是北京缺水形势日益严峻，2001年至2012年间北京人均水资源在100~200立方米之间，只能维持人口生存最低标准（300立方米）的1/3至1/2，导致北京不得不把地下水作为主要水源，年均超采约5.6亿立方米，严重超标。据北京市水务局数据，北京地下水位已由1999年的平均12米左右下降到2010年的平均24米左右，在北京地面上已形成2650平方千米沉降区。

二是北京建设用地资源区域枯竭，建设用地规模已远远超过了《北京市土地利用总体规划（2006—2020年）》设定的2010年3480平方千米控制目标，而且较2020年控制目标3817平方千米高出230.3平方千米。③

三是北京市交通拥堵严重，通勤时间增加。根据北京市交通委员会提供的材料，2010年北京市日均拥堵持续时间都在3小时以上，北京市区居民的通勤时间从2005年的38分钟增加到2010年的43.6分钟。高德地图联合交通运输部科学研究院、清华大学—戴姆勒可持续交通研究中心、阿里云、ofo等权威数据机构发布的《2017年第二季度中国主要城市交通分析报告》显示，

---

① 2019年各省市常住人口城镇化率排行榜：沪、京、津领先全国 [EB/OL]. 中商情报网，2020-04-25.

② 杨开忠. 京津冀大战略与首都未来构想——调整疏解北京城市功能的几个基本问题 [J]. 人民论坛·学术前沿，2015（2）：72-83.

③ 杨开忠. 京津冀大战略与首都未来构想——调整疏解北京城市功能的几个基本问题 [J]. 人民论坛·学术前沿，2015（2）：72-83.

北京依然是全国拥堵最严重的城市,高峰拥堵延时指数 2.04,高峰时段的道路出行平均速度只有 22.577 千米/小时。

四是北京空气质量显著下降,大气污染问题突出。研究表明,2000—2010 年,北京共发生 151 次重污染天气;2011 年 2 月 21 日、10 月 23 日和 12 月 4 日,北京曾发生 3 次严重的灰霾天气,空气污染指数分别为 333、407 和 500,达到 5 级重度污染;北京及首都圈已经成为我国灰霾天气五大高发中心之一,对市民健康、生活以及首都的国际形象都造成极其负面的影响。[①]

过分集聚的城市功能使得北京的人口、资源、环境和发展之间矛盾日益尖锐,城市病日益凸显。要实现北京首都功能的有效发挥,就必须对其非核心功能进行疏解。京津冀协同发展,正是从区域一盘棋的角度,将首都功能疏解作为推动区域协同发展的推动力和重大契机,在转移不适宜首都发展的产品、产业的同时,实现与周边地区的优势互补和区域资源的优化配置。

## 二、推进京津冀协同战略是示范国家治理能力的必然要求

党的十八届三中全会首次提出"推进国家治理体系和治理能力现代化"的战略目标。十九届四中全会进一步指出了推进国家治理体系和治理能力现代化的指导思想、总体要求、总体目标和重点任务。国家治理体系和治理能力是一个相辅相成的有机整体,包含多个维度和领域的内涵。从空间范围与行政架构结合的角度看,国家治理体系可以分为国家治理(全国层面的治理)、区域治理(跨省区治理)、地方治理(省内区域治理)以及基层治理(包括社区治理、乡村治理)等层面。[②] 区域治理是国家治理的重要组成部分。实现区域的协调发展是我国现代化发展战略中的一个重要的目标,区域治理效率的提高对于国家治理能力的提升意义重大。

京津冀区域既是我国三大经济区之一,又包含了首都和天津两个直辖市,在区域治理层面,京津冀协同战略的落实和区域治理体系的构建,是事关国

---

[①] 李令军,王英,李金香,等.2000—2010 北京大气重污染研究 [J]. 中国环境科学,2012,32(1):23-30.

[②] 马海龙. 京津冀区域治理:协调机制与模式 [M]. 南京:东南大学出版社,2014:26-27.

家治理体系创建和治理能力现代化的重要战略问题，也是示范国家治理能力和治理体系建设的必然之举，其发展坐标、发展愿景、治理方式方法等对中国国家治理体系和国家治理能力的探路，意义非同寻常。

## 三、推进京津冀协同战略是落实国家区域均衡发展战略的必然要求

区域协调发展是 21 世纪以来中国面临的重要问题。我国国土面积辽阔，地区发展不均衡问题长期存在。改革开放以来，中国基于地缘优势，采取的是自东向西的局部优先的区域发展战略。20 世纪 80 年代，邓小平提出"让一部分人先富起来，带动和帮助其他地区、其他人逐渐达到共同富裕"的政策，落实到区域层面就是让一部分地区先形成增长极和示范效应。在这个战略思想的指导下，中国东部沿海地区实现了优先发展，与中西部地区的差距也在逐渐增大。随着改革开放的深入和经济社会发展水平的不断提高，区域均衡发展日益受到重视，中国政府为促进区域协调发展做出了一系列重大决策和战略部署。区域发展总体战略和国家功能空间主体战略相继出台，十八届五中全会提出加入协调发展，重点推进城乡区域协调发展，促进经济社会协调发展。《中共中央关于制定国民经济和社会发展第十三个五年规划的建议》也多次提出，要拓展区域发展空间，推动区域均衡发展和城乡协调发展。京津冀一体化正是中国区域发展与开放的首要战略，对于在国家层面推进区域均衡发展有着重要意义。

此外，从城市群之间比较和区域内部发展水平比较的角度看，京津冀协同也有着特殊意义。从全国来看，京津冀与长三角、珠三角并列为全国三大城市群，但与长三角和珠三角地区相比，京津冀区域的竞争力长期以来处于明显落后态势，京津冀总体发展质量较低。[①] 以 2011 年数据为例，京津冀的经济总量和单位土地面积产出约是长三角地区的 1/2；从人均 GDP 来看，京津冀的人均 GDP 相当于长三角的 77%。与珠三角地区相比，京津冀地区的单位土地面积产出明显较低，如表 2-3。

---

① 原青青，叶堂林. 我国三大城市群发展质量评价研究［J］. 前线，2018（7）：73-75.

表 2-3　2011 年京津冀、长三角、珠三角经济发展比较

|  | 地区生产总值（亿元） | 单位土地面积 GDP（万元/平方千米） | 人均 GDP（元/人） | GDP 占全国的比重（%） |
| --- | --- | --- | --- | --- |
| 长三角 | 100624.81 | 4774.82 | 64055.52 | 21.28 |
| 珠三角 | 53210.28 | 2959.21 | 50652.34 | 11.25 |
| 京津冀 | 52074.94 | 2410.65 | 49057.88 | 11.01 |

资料来源：根据 2012 北京、天津、江苏、浙江、上海、广东、中国统计年鉴和 2012 河北经济年鉴绘制。

从京津冀区域内部来看，河北其他地区与京津双核之间差距明显，且日趋增大。2011 年京津两市人均 GDP 已超过 8 万元，根据世界银行标准，两地均已达到富裕国家水平。2012 年京津两地经济总量占整个地区的 53%，相比之下，作为经济腹地的河北省，除唐山市人均 GDP 达到 71354 元，其他地区的人均 GDP 均在 40000 元以下；2011 年河北省 11 个地级市的经济总量仅占全省的 1/3；河北城市面积仅占全省面积的 5.5%，而江苏、浙江和广东却高达 27.6%、17.8% 和 17.4%；河北城市总人口仅占全省人口的 17.2%，而江苏、浙江、广东的比例却分别是 44.3%、31.4%、56.7%，远高于河北。京津冀地区内部的两极分化现象十分明显，二元结构特征十分突出，区域内中心城市与外围中小城镇及区域腹地在发展水平或发展阶段上存在巨大差异。

从总体上看，京津经济密度大大高于周边地区，环绕京津的河北经济明显落后，特别是在经济最发达的首都中心外围，成片分布着 24 个贫困县，即通常所说的"环首都贫困带"，"欧洲的城市"与"非洲的农村"同时出现在半径 100 千米的区域内，发达的城市与其腹地之间形成了巨大的经济落差。从产业结构上看，京津冀地区的产业梯度虽然已经初步形成，但长期以来，京津两大核心城市与周边地区在发展上相互脱节，彼此间的空间联系松散、薄弱。周边中小城市特色不突出，产业承接能力不强，使得这一地区产业梯度落差过大，甚至形成"产业悬崖"。京津冀区域地理位置和政治地位特殊，其与其他城市群之间、区域内部城市之间的不均衡发展也引起了各方高度关注。因此，推进落实京津冀协同，是落实国家区域均衡和推进城镇化发展战

略的必然之举。

## 本章小结

京津冀是一个紧密相连、相互依存、不可分割的区域。历史上，京津冀在经济发展中一直具有高度的经济依赖性和相关性。作为我国北方经济规模最大、最具活力的地区，包含北京、天津两个直辖市以及河北保定、廊坊、唐山、石家庄等11个地级市的区域范围，具有经济发展的区位优势和政策优势。京津冀区域合作由来已久，自20世纪70年代末以来，京津冀地区共经历了区域合作萌芽阶段（1976—1989）、区域协作徘徊阶段（1990—2003）、合作积极推进阶段（2004—2013）和区域协同发展的新阶段（2014年至今）四个进程的协同治理探索。

在世界局势发展变化迅速的新时代，京津冀协同发展被赋予了重要的战略意义。2014年2月26日，习近平总书记在北京召开座谈会，专题听取京津冀协同发展工作进展，明确提出，"实现京津冀协同发展是一个重大国家战略，要坚持优势互补、互利共赢、扎实推进，加快走出一条科学持续的协同发展路子来。"习近平总书记着重强调了京津冀协同发展的重大意义、系统阐述了推进思路和京津冀协同发展的七点要求，由此，京津冀协同发展正式纳入国家区域发展战略布局。2015年《京津冀协同发展规划纲要》的正式发布，标志着京津冀协同发展顶层设计基本完成。新阶段京津冀协同的战略目标是根据现阶段京津冀地区所面临的内外部环境条件的变化和国家实施重大战略的新要求提出的。这不仅是促进京津冀地区自身经济社会发展转型的必然选择，也是推进国家治理体系和治理能力现代化、落实国家区域均衡发展战略的必然要求，具有重要的时代意义。

第三章

# 京津冀协同治理的特征与趋势：基于 652 份合作协议的文本分析

在《京津冀协同发展规划纲要》出台后及伴随着国务院京津冀协同发展领导小组的成立，京津冀的协同发展逐渐发展出了两套行动逻辑——纵向统筹和横向协作。中央权威在京津冀协同治理中处于最高地位，负责统筹区域布局。"中央政府—地方政府"的行动逻辑主要体现为中央政府通过纵向协调机制如领导小组、政策、规划等自上而下地嵌入区域合作网络中。① 横向协作行动逻辑包括两方面，一是各个地方政府之间的横向集体行动，表现为签订各种各样的府际协议；二是政府与社会组织、企业之间的合作协议。其中府际协议是指地方政府通常会以各种合作框架、合作宣言、合作意见等推动合作，签订的双边或多边的协议。② 政府与企业、社会组织之间的合作协议指的是后者以平等合作的方式与京津冀地方政府签订的合作协议。这两种协议都是协议各方自愿互惠的行为结果。林恩指出，互助协议促进了主要决策者之间的信息和知识交流，促进了社会资本的积累，有利于发展合作路径和网络关系。合作协议作为区域治理主体的一种较为明显的协同行为能够较好地刻画区域协同的情况。因此本章拟以"合作协议"为抓手分析 2014 年以来京津冀协同发展的基本特征和趋势。

本书选取 2014—2020 年京津冀城市群 13 个城市（北京、天津，以及河

---

① 锁利铭，廖臻. 京津冀协同发展中的府际联席会机制研究 [J]. 行政论坛，2019，26 (3)：62-71.
② THURMAIER K, WOOD C. Interlocal Agreements as Overlapping Social Networks: Picket-Fence Regionalism in Metropolitan Kansas City [J]. Public Administration Review, 2003, 62 (5): 585.

北的石家庄、张家口、秦皇岛、唐山、保定、廊坊、邢台、邯郸、衡水、沧州、承德）的日报数据作为查找合作协议的实证样本，引入社会网络分析方法对京津冀区域政府协作的网络结构、特征和发展趋势等进行分析。数据收集过程主要分为四步：一是选取关键词，相较于"考察""召开"等非正式的合作行为，本研究分析的是合作程度较高的正式协议，因此在关键词的选择上以"签订"作为关键动词，与日报城市的12个城市名称组合，形成日报数据搜索的完整关键词组，从而精确定位数据收集范围。二是人工对关键词进行抓取（人工读取数据34345条），初步得到892个区域合作日报文本数据。三是通过2名研究员"背靠背"重复数据筛查与归类处理，最终得到652条有效数据。其中395条政府与政府之间的有效合作文本数据，257条政府与社会之间的有效合作文本数据。四是通过地方政府合作关系的识别，对395条府际合作文本进行编码，最终经过数据格式转换得到1个2014—2020年13个城市区域合作的整体网络—模矩阵数据。在对政府与政府合作数据以及政府与社会合作数据开展描述性统计分析和社会网络分析的基础上，对京津冀协同发展的合作现状、合作水平以及合作特征进行整体描述和分析。

## 第一节 京津冀府际合作特征与趋势的描述统计分析

### 一、府际合作2017年达到峰值，近年来合作步伐放缓

合作总次数：如图3-1所示，2014—2020年京津冀区域府际合作共有395次，从合作趋势来看，七年间京津冀合作次数整体呈"倒V"型发展，在2017年京津冀府际合作次数达到峰值，有111次合作。

合作方式：双边合作是指两两城市之间就区域公共问题签订合作协议，如2014年北京和天津共同签订《北京市天津市关于加强经济与社会发展合作协议》就属于双边合作。多边合作是指两个以上城市签订合作协议，如2017年底京津冀三地签订《共建"京津冀食品和农产品质量安全示范区"合作协

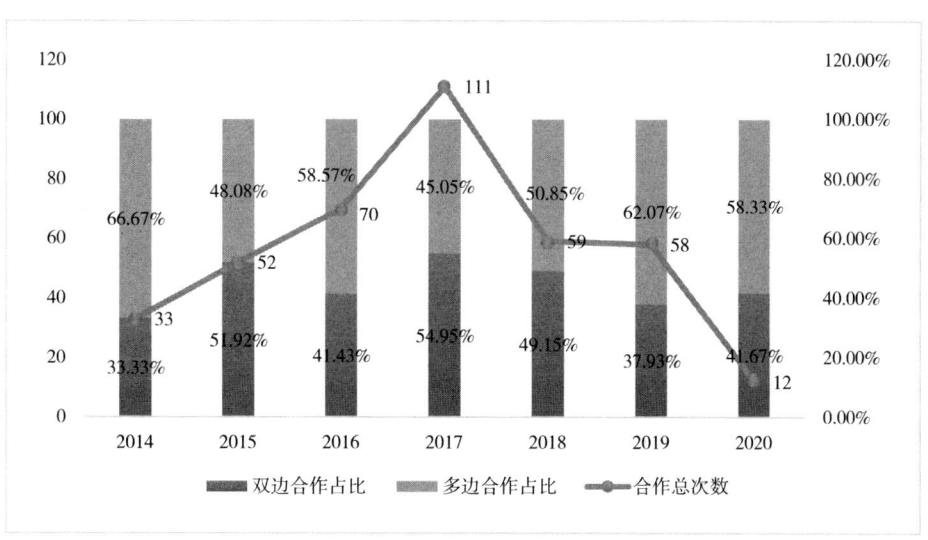

**图 3-1　2014—2020 年京津冀城市群府际合作趋势走向**

议》，开始创建工作组织协调机制和联席会议制度，就属于多边合作。总的来看，双边合作有 184 次，多边合作有 211 次，多边合作数量更多。从演变趋势来看，从 2014 年开始，多边合作占比更高的年度有 5 年，且相较于双边合作，多边合作占比要更高一些。通常来说，多边合作既可以减小单个参与者的风险和成本，也可以扩大受益范围，实现治理的持续性。[①] 因此，在京津冀城市群的府际合作中，泛连接的多边合作是更受欢迎的合作形式，京津冀城市群的地方政府更倾向于通过更多主体的参与来增强区域合作的动力。但随着区域合作的深化，更灵活且更有针对性的双边合作还是有一定的发展空间。

## 二、大部分府际协议是城市政府之间自主协商的结果

通过府际协议发生的方式和途径可以考察京津冀区域协同的自主性。首先图 3-1 已经显示 2014—2015 年《京津冀协同发展规划纲要》出台与落实及一系列相关的政策对京津冀的区域协同产生了较大的推动力。从正式协议签

---

[①] 锁利铭，马捷，陈斌．区域环境治理中的双边合作与多边协调——基于 2003—2015 年泛珠三角协议的分析［J］．复旦公共行政评论，2017（1）：149-172．

订的方式来看，大多数的协议没有中央部委的直接参与，中央更多发挥协调的作用而不是直接参与。

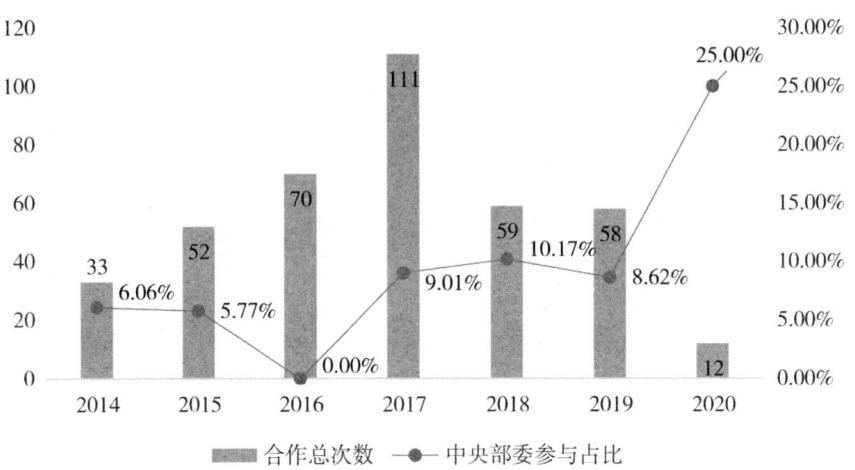

图 3-2  2014—2020 年京津冀府际合作中中央部委参与占比分析

通过对图 3-2，2014—2020 年京津冀区域合作中中央部委参与的占比分析，可以发现，中央部委在京津冀的区域合作中的整体水平（占比）不是很高，整体呈现波动增长的参与趋势。这说明京津冀区域城市主体的协同发展观念及自主意识提高，即使没有中央部委参与仍然自主签订了很多合作协议。2016 年作为《规划纲要》发布后的第一年，地方政府的合作意愿更是达到了一个高潮，该年签订的所有府际协议都是地方政府在平等协商的基础上自愿达成的。这说明地方城市政府间的横向协调成为新时期京津冀区域发展的重要特点。

## 三、公共服务、产业发展与疏解转移是府际合作的主要领域

根据京津冀区域合作的重要内容，我们将合作领域划分为交通、环保、产业发展与疏解转移、公共服务（包括教育、民政、卫生、医疗等方面）、科技创新、人才、扶贫、联合执法、综合（指涉及多个领域的综合性区域合作）以及其他（上述 9 种合作领域之外的合作）等十个大类。从京津冀城市群府

际合作的领域分布来看，如图3-3所示，合作占比最高的是公共服务合作，占比31.5%；其次是产业发展与疏解转移，占比18.6%；剩余合作领域的合作较为均衡，占比在3.5%到9.0%之间；交通领域的合作占比最少，只有3.5%。

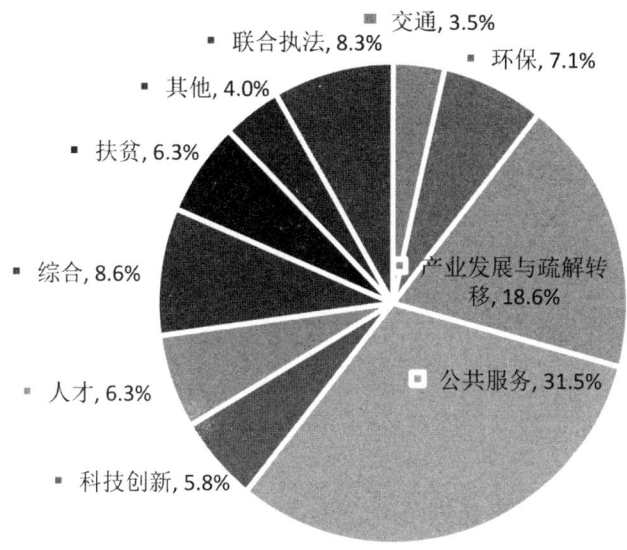

图3-3 京津冀区域府际合作领域分布（2014—2020）

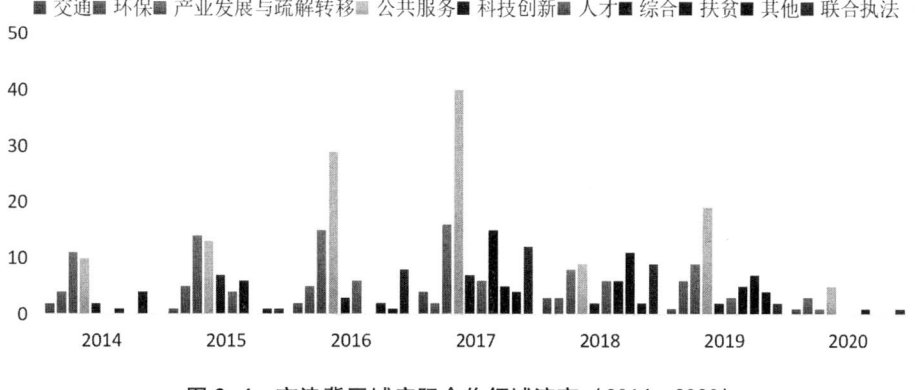

图3-4 京津冀区域府际合作领域演变（2014—2020）

通过对图3-4合作领域的演变趋势来看，合作最多的公共服务领域

2016—2017 年间合作次数最多，分别有 29 次和 40 次；产业发展和疏解转移每年的合作都相对均衡，且在 2014—2015 年，其合作的次数都高于公共服务，说明区域合作最开始的合作领域与最持久的合作维系一直都是在产业发展领域。

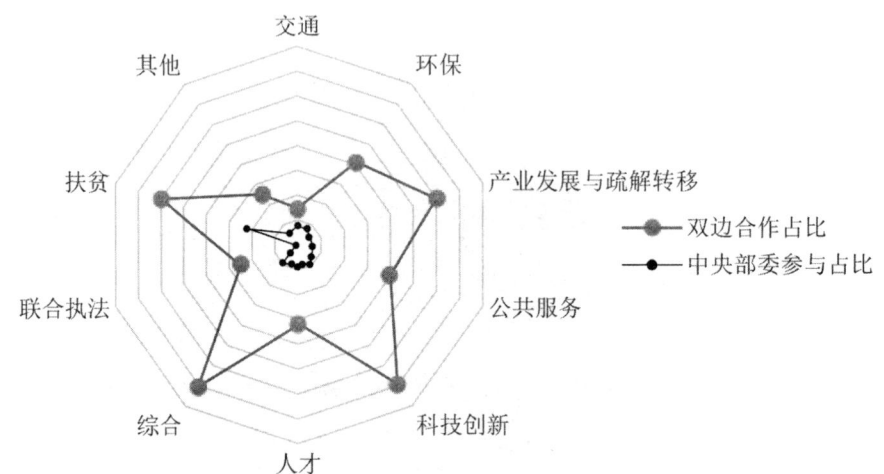

图 3-5 京津冀区域府际合作方式与领域分布雷达图（2014—2020）

## 四、交通、环保、公共服务、人才等领域更多地采用多边合作方式

通过图 3-5 可见，不同区域合作领域倾向采用的合作方式与中央部门参与的情况都有差异。首先就合作方式来看，综合、科技创新、产业发展与疏解转移以及扶贫四个合作领域更倾向于通过双边合作的形式采取合作，其合作占比分别有 70.59%、69.57%、60.27% 以及 60%。双边合作最少的是交通领域，只有 14.29%。这意味着绝大部分交通领域的合作采用的是多边合作。因为交通涉及的是整个地区的发展，三地"一盘棋"才能实现交通的一体化。就中央部委参与情况来看，扶贫领域中央部委参与得最多，有 20% 的占比，其他领域的中央部委参与占比都低于 10%，联合执法领域并没有中央部委的参与。

## 第二节　京津冀政社合作特征与趋势的描述统计分析

### 一、政府与社会合作的总次数及年度次数均低于府际合作次数

本书总共收集了 257 条有效的政府—社会合作协议数据文本。自 2014 年以来，政府和社会的签订协议情况呈缓慢上升趋势，与府际合作协议发展趋势基本一致，在 2018 年达到最高值（49 项），而后经历逐渐下降的趋势（如图 3-6）。从每年的协议总数来说，府际合作签订的协议数量大大高于政社合作的协议数量，说明相对于政府与社会主体之间签订协议，地方政府之间更倾向通过签订协议来规范相互之间的合作。

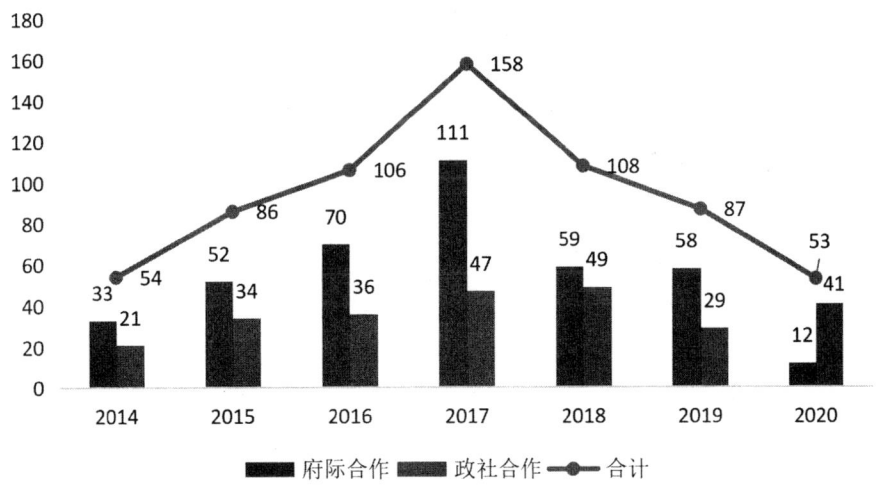

图 3-6　京津冀区域府际合作与政社合作次数对比分析（2014—2020）

## 二、产业发展与疏解转移、公共服务及科技创新是政社合作的三个主要领域

政社合作的领域划分相较于府际合作少了联合执法这一类基于政府职能的合作,因此政社合作类型有交通、环保、产业发展与疏解转移、公共服务、科技创新、人才、扶贫、综合以及其他9类。如图3-7所示,就合作领域占比来说,与京津冀区域府际合作最多的是公共服务领域不同,政社合作签订协议最多的是产业发展与疏解转移领域,有32.1%,其次才是公共服务领域,占比24.2%,之后是科技创新,有14.7%,其他合作领域的占比都低于7%。

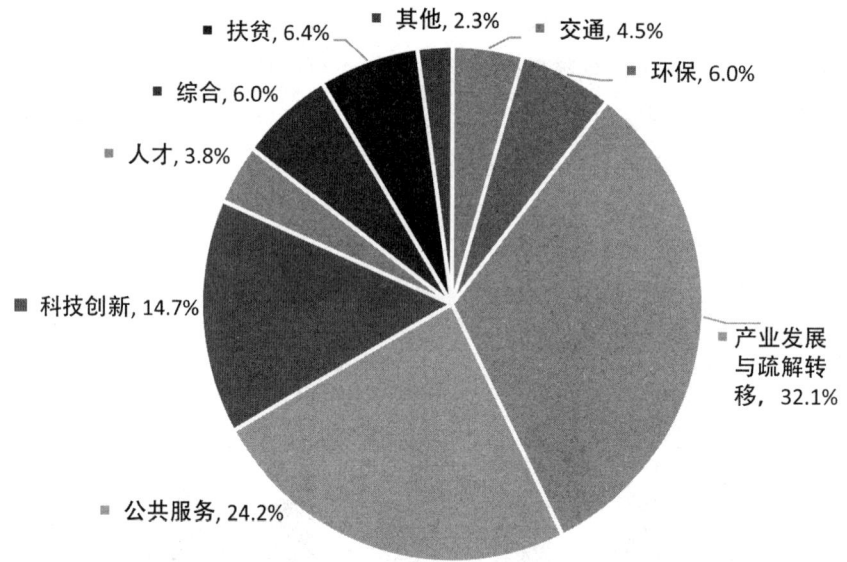

图3-7 京津冀区域政社区域合作领域占比分析(2014—2020)

就2014—2020年间合作领域的演变趋势来看,如图3-8所示,2014—2018年这5年的产业发展合作是所有合作中最多的,超过了公共服务领域,但2019年以来产业发展的合作相对减缓。公共服务领域中,2014—2016年合作数量上升,从2016年之后,公共服务合作开始波动性减少,直至2020年回升。2015—2018年科技创新合作有增多趋势,但是2019年随着整体热度降低开始减少。同时,扶贫项目的合作集中在2018—2020年,具有明显的政策

导向特征。

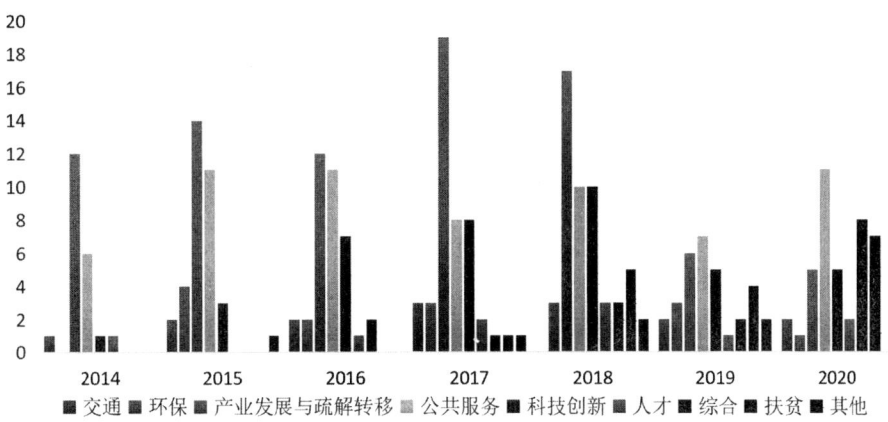

图 3-8 2014—2020 京津冀政社区域合作领域演变

## 三、政府与企业的合作是主流，社会组织的参与度不高

政府与社会的合作，根据合作主体的不同可以分为三类：分别是政企合作、政学研合作（政府与研究院、研究型高校的合作）以及政府与社会组织合作（与除企业、研究院和研究型高校之外的社会组织，如行业协会、联盟组织等的合作）。

从图 3-9 合作类型占比的演变趋势来看，政企合作一直是合作的重头戏，2014—2017 年的合作占比都超过了 74%，在 2017 年之后其合作占比开始下降，但占比仍超过 55%，政学研合作则呈现出"V"形扩展趋势，在 2017 年到达低谷 8.51% 后，开始急剧上升，2019 年达到最高占比，为 34.48%。政府与社会组织的合作则一直占比较少，且为波动式发展，2017 年是其签订协议占比最高的一年，为 17.02%。从整体占比来看，如图 3-10 所示，政企合作占比最高为 70.94%，其次是政学研的合作占比为 17.36%，政府与社会组织合作占比为 11.7%。说明社会组织在京津冀区域发展中的作用还未得到充分释放。

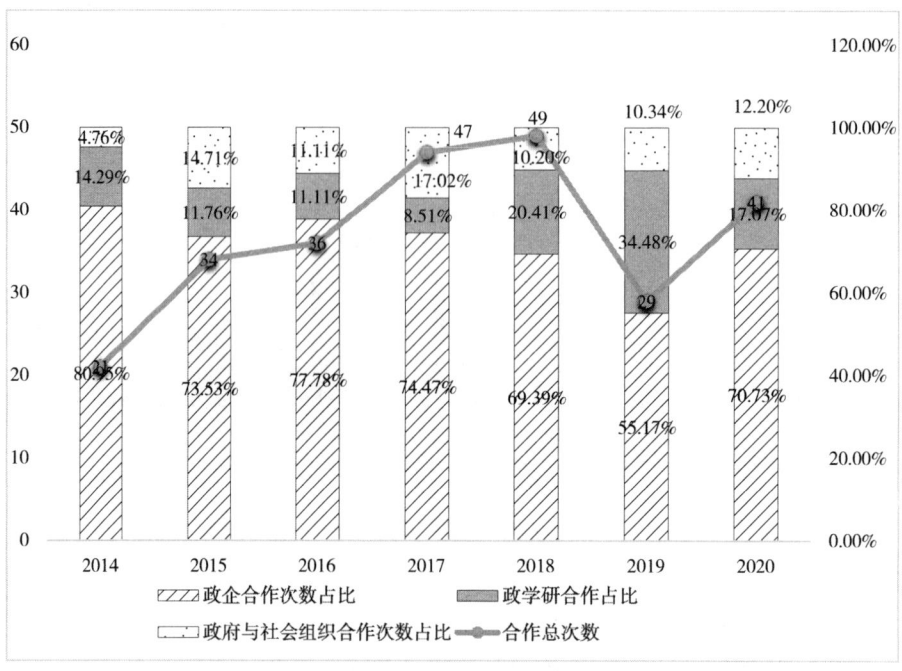

图 3-9 2014—2020 年京津冀区域政府社会合作类型分析

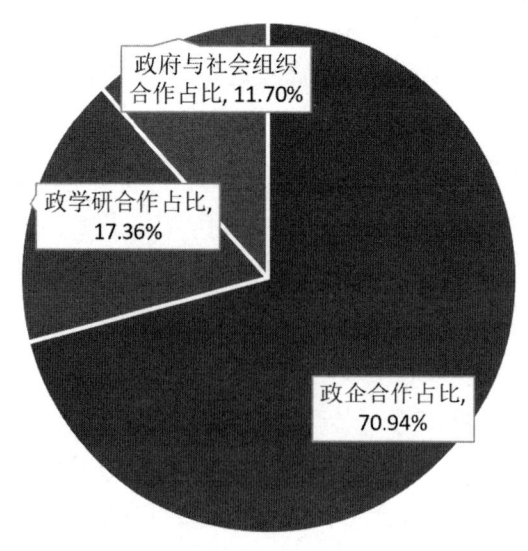

图 3-10 京津冀区域政社合作类型占比分析（2014—2020）

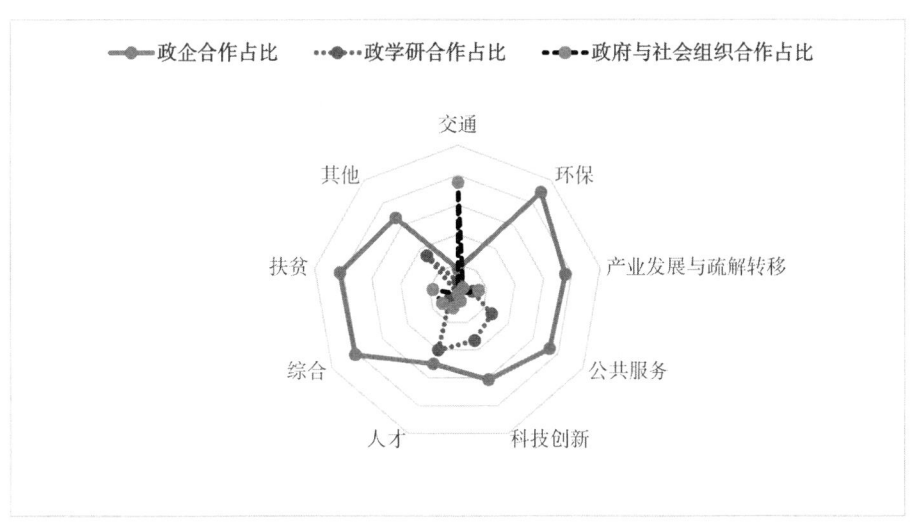

图 3-11 京津冀区域政社合作类型与领域分布雷达图（2014—2020）

## 四、政府与企业、社会组织合作领域的侧重点各有不同

从合作类型与合作领域的整体分布来看，如图 3-11 所示，政企合作的领域分布总体较为平均，除了交通领域，其他领域都超过了所有政社合作活动占比的 50%，其中政企合作最多的领域有环保领域、扶贫领域、产业发展与疏解转移领域以及综合领域，占比分别为 87.5%、82.35%、81.4% 以及 81.25%。政学研合作中占比最多的四个领域是人才领域 40%、科技创新领域 33.33%、其他领域 33.33% 以及公共服务领域 26.56%。政府与社会组织合作领域合作最多的是交通领域 75% 和扶贫领域 17.65%，其他合作领域都低于 12.5%。

## 第三节　京津冀整体性治理合作网络结构演变特征分析

研究指出多个政府合作网络构成了区域层面的网络治理结构,[①] 通过网络关系连接而成的区域网络已经成为我国区域合作治理的重要表现形式。京津冀城市群府际合作网络中,地方政府（城市）是行动者,网络中的关系是城市之间签订的府际协议。本书通过合作关系以及合作对象的识别,对京津冀城市群13个城市（北京、天津,以及河北的石家庄、张家口、秦皇岛、唐山、保定、廊坊、邢台、邯郸、衡水、沧州、承德）的合作协议文本——共395条有效数据进行编码。首先,将13个城市的府际合作行为关系提取出来,整理形成区域合作的（城市—行为）2模网；再将这个2模网转变为京津冀13个城市构成的1模（城市—城市）网矩阵,因此,研究数据包括由13个京津冀城市构成的13×13的矩阵,所以有13×（13-1）= 156个观察项（可理解为156个"城市—城市"之间的无向的两两合作关系组合）。将数据转化为1模网后,在此基础上开展后续的网络数据分析工作,并借助社会网络分析软件UCINET来分析京津冀城市群区域合作的各指标,绘制2014—2020年京津冀城市群府际合作的网络结构图。

### 一、京津冀合作网络结构图

将京津冀府际合作协议赋值矩阵导入Ucinet中,利用NetDraw工具描绘京津冀协作的网络结构图（如图3-12）,其中一共有13个节点,每个节点代表一个城市,每一条线代表城市之间的一次合作行为,依据中心度大小显示节点的情况,进行合作网络的演化。从图3-12可以看出,京津冀三地之间协作交互复杂,已经形成一个完整的、大规模的合作网络,京津冀一体化协作

---

[①] ANTHONY G O Y. Government Power and Its Impact on Pan-pearl River Delta Regional Cooperation: Cooperative Networks and Regional Governance [M]. Hong Kong: Hong Kong University Press, 2011: 181-190.

<<< 第三章 京津冀协同治理的特征与趋势：基于652份合作协议的文本分析

网络已初步形成并覆盖各个节点。

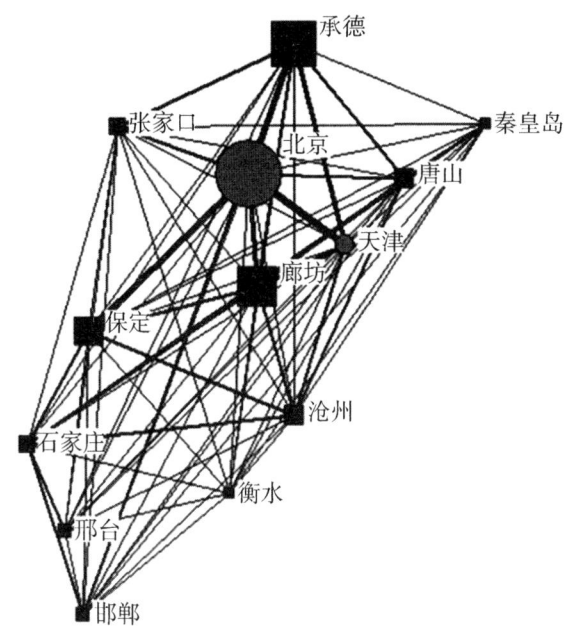

图3-12 京津冀协作网络结构图①

此外，通过京津冀城市群府际合作网络结构图可以直观地看出，北京作为首都和政治中心，与京津冀其他城市的合作较多，表现出中心引领的特征。核心城市与边缘城市的合作关系差异呈现出与地理邻近性较强的关系，在网络结构图中直接表现为以北京为中心，越靠近北京的城市，合作次数和合作紧密程度越高，如北京—天津、北京—承德、北京—保定以及北京—廊坊这四组以北京为主的城市合作，但天津、承德、保定以及廊坊相互之间的合作就不多。这可能与近年来，北京向周围地区疏散首都功能有关，地理上越靠近北京的地区越有利于承接从北京辐射出来的城市群功能，并与之建立合作关系，但这些城市相互之间缺乏合作的动力与目标，因此彼此之间的合作较为分散，形成了以北京为中心的类似"星状分布"的网络结构。

---

① 注：形状大小代表该节点的关系总和大小，线条粗细代表连线节点之间合作次数的多少，圆点代表核心城市，方块代表边缘城市。

73

进一步,我们做了"核心—边缘"分析,核心边缘结构描述了城市空间相互作用和扩散的空间关联机制。核心与边缘作为两种基本的结构元素,具有一定的依附关系。在区域合作中,核心合作区和边缘合作区构成了一个完整的区域合作空间体系。形成核心合作区的城市是地方政府合作的一个子系统,可以产生大量的政策改革和制度创新;边缘合作区中的城市是另一个子系统,核心合作区决定了其发展方向,即核心合作区中的城市在与边缘合作区城市的交流关系中处于主导地位。

表3-1 2014—2020年京津冀城市群府际合作网络的核心边缘分析

| 核心城市 | 边缘城市 | 核心城市网络密度 | 边缘城市网络密度 |
| --- | --- | --- | --- |
| 北京、天津 | 石家庄、张家口、秦皇岛、唐山、保定、廊坊、邢台、邯郸、衡水、沧州、承德 | 0.737 | 0.408 |

通过对京津冀城市群府际合作网络结构特征的分析发现,如表3-1所示,2014—2020年京津冀府际合作中的核心城市较少,只有北京和天津两个直辖市,这两个核心城市的网络密度为0.737,具有非常紧密的合作关系。而河北省的11个城市则是边缘城市,其网络密度只有0.408,合作水平有待提升。这表明京津冀城市群中,北京和天津有着先天的行政等级、地位优势和政策资源偏爱,这种行政等级、政治地位、政策倾斜以及经济发展机遇使得其在区域合作中更具话语权,能够通过相互之间建立的紧密合作关系来吸引其他城市的加入,为其他城市的合作提供方向。

## 二、网络密度分析:京津冀整体合作网络密度处于中等水平

网络密度(density)指的是在系统中各个主体之间联系的程度,即在主体共同作用下整体网络的协作程度。网络密度值介于0和1之间,在一个密度为1的网络中,实际关系数与理论最大关系数相同,即每个行为主体都与其他所有行为主体产生关系,而在一个密度为0的网络中,实际关系数为0,即不存在行为主体之间的关系。越接近1说明行动主体之间的联系就越多,

网络对各主体可施加的影响就越大。在京津冀城市群主体的协作网络中，网络密度为0.459，根据密度值为0~1之间的分布判断，这个密度值处于偏中等水平，说明京津冀城市群各成员之间的联系发展较好，但还不够紧密，协作网络能够影响到各节点，但还存在继续提升的空间。但是从纵向历史角度对比来看，现阶段京津冀的网络密度与2011年之前相比有了较大的进步。根据崔晶2015年发表的一篇京津冀社会网络分析研究显示，2004—2007年，2008—2011年京津冀城市群的网络密度分别是0.1632和0.2414，处于较低的水平。[1]

## 三、点度中心度分析：北京影响力凸显，河北部分城市合作积极性很高

在一个社会网络中，如果一个节点与很多节点存在联系，则称该点具有较高的点度中心度（degree centrality），也就说明在此网络结构中该点拥有较大的"权力"可以直接或间接对网络结构中的其他节点产生影响。节点城市的中心度越高，则表示该城市在网络中的重要性越强。表3-2列出了京津冀合作网络的点度中心度数值。

表3-2 2014—2020年京津冀城市群府际合作网络点度中心度对比

| 城市 | 点度中心度 | 标准化点度中心度 | 点度中心性 |
| --- | --- | --- | --- |
| 北京 | 1808 | 76.094 | 0.083 |
| 承德 | 1735 | 73.022 | 0.08 |
| 廊坊 | 1725 | 72.601 | 0.079 |
| 保定 | 1688 | 71.044 | 0.078 |
| 沧州 | 1663 | 69.992 | 0.076 |
| 天津 | 1659 | 69.823 | 0.076 |
| 唐山 | 1655 | 69.655 | 0.076 |

---

[1] 崔晶.京津冀都市圈地方政府协作治理的社会网络分析[J].公共管理与政策评论，2015，4（3）：35-46.

续表

| 城市 | 点度中心度 | 标准化点度中心度 | 点度中心性 |
|---|---|---|---|
| 石家庄 | 1646 | 69.276 | 0.076 |
| 张家口 | 1645 | 69.234 | 0.076 |
| 邯郸 | 1639 | 68.981 | 0.075 |
| 邢台 | 1637 | 68.897 | 0.075 |
| 秦皇岛 | 1632 | 68.687 | 0.075 |
| 衡水 | 1632 | 68.687 | 0.075 |
| 均值 | 1674.15 | 70.46 | 0.08 |

从点度中心度来看，京津冀三地点度中心度数值差异不大，北京的点度中心度最高，说明北京作为政治中心，在京津冀城市群的区域合作中处于中心地位，具有较强的影响力和资源汇集能力，能广泛地开展双边或多边合作。河北省在京津冀三地协作中占有重要位置，是较为活跃的主体。在点度中心度排名前五的城市中，河北省占了4个，分别是承德、廊坊、保定和沧州。但是天津作为直辖市，其在网络中的影响力低于河北省的四个城市，一定程度上反映了天津在京津冀城市群合作中积极性的降低以及河北主要城市在京津冀合作中的崛起。此外，秦皇岛与衡水的点度中心度都是最低的，说明这2个城市在京津冀城市群的府际合作中，处于相对边缘的位置，影响力较小，与其他城市合作关系不够紧密。这也说明河北省各城市之间在京津冀区域合作中存在合作水平不一的情况。

此外，与点度中心度关注节点城市不同，网络的整体点度中心势（group degree centrality）则能够反映网络的整体结构情况。一个网络中，点度中心度最高的节点与其他节点的点度中心度差距越大，则网络的整体点度中心势的数值越高，也就表示这一合作群体的权力过于集中，有一个节点主体在网络中发挥着至关重要的作用。通过数据分析发现，京津冀城市群府际合作网络的整体点度中心势为6.66%，说明这个网络的集中程度并不高。北京虽然是影响力最大的城市，与其他各节点城市有一定的优势，但优势并不悬殊。其他位于前端的城市在网络中的影响力也相对平均，因此没有呈现出"一家独大，众星拱月"的星状网络形态，这也恰恰说明了京津冀协同战略落地后，京津冀区域差距在缩小。

## 四、京津冀动态网络结构特征演变分析

### （一）网络密度演变趋势——合作关系紧密程度发展不稳定

2014—2020年京津冀城市群府际合作的样本数量如图3-13所示，2017年是最多的。从密度值来看，2014年、2016年和2019年三年的密度都高于0.5，分别为0.545、0.573和0.565，说明这三年的网络合作水平相对较高，合作关系较为紧密。2015年的网络密度最低，只有0.317，说明2015年的网络合作水平较低，《规划纲要》刚刚发布其效果尚未显现。合作样本数量最多的2017年，其网络密度也只有0.389。说明合作协议的样本数量与网络密度的高低并不是直线关系，合作样本少但合作密度高说明其单次合作中参与的城市相对更多，合作规模更大。与之相反，合作样本大但合作密度低则说明参与签订合作协议的城市数量较少，合作规模较小。此外，从密度演变趋势来看，京津冀城市群的网络密度呈现波动式发展趋势，说明网络合作关系紧密，程度并不稳定，合作水平波动较大。

### （二）点度中心度演变趋势——从河北省内合作到京津冀协同合作

具体来看京津冀每个城市的标准化点度中心度分布情况，如表3-3所示，2014—2020年每年标准化点度中心度排名前6的城市中，2014年6个城市都是河北省的，说明这两年的合作还是以省内合作为主。2015年与2016年北京中心度最高，开始引领河北5省的区域合作。2017—2018年天津的中心度分别排名第三和第二，这两年形成了北京与天津引领的京津冀协同发展格局。但在2019年中，天津的中心度跌为最后一名，位列前茅的是北京与河北省城市的合作，这说明天津市在京津冀城市群的府际合作中的相对参与度在降低，合作影响力迅速下降。此外，从2015—2019年，每年点度中心度最高的都是北京，说明每年合作最多的城市就是北京。就河北省中心度最高的城市来说，

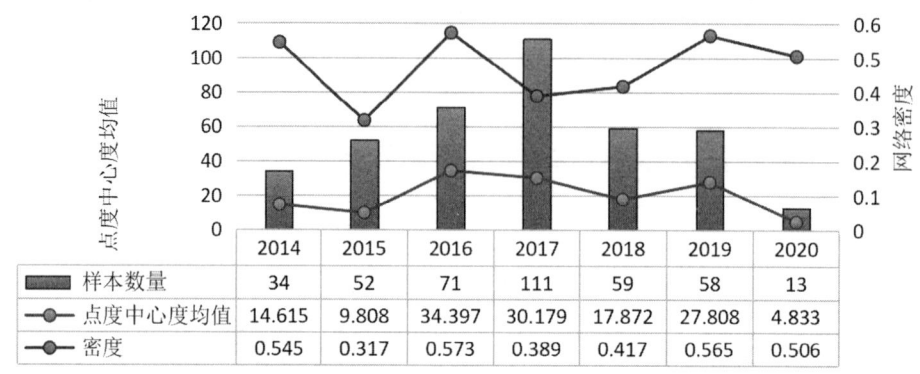

图 3-13　京津冀府际合作网络指标趋势图（2014—2020）

综合 6 年的变动来看，廊坊、保定、承德、沧州和唐山是排名比较靠前的几个城市，其中廊坊、保定和承德的中心度最为靠前，沧州的中心度近年来有所提升，而唐山的中心度则呈下降趋势。邯郸与衡水则是中心度最为靠后的两个城市，与其他城市签订协议的数据较少，处于京津冀区域合作的网络边缘，与其他城市的合作关系较为疏远。

### （三）核心边缘演变趋势——承德有望成为新的"明星"城市

最后，就核心—边缘的年度分析来看，除了 2018 年，核心城市为北京、天津和承德以及 2020 年核心城市为北京、廊坊和承德外，其他 5 年的核心城市都是北京和天津市。这种特殊的演变趋势其实在表明，承德和廊坊与北京和天津的合作关系在逐步加强，它们与两个城市建立了更为密切的合作关系。也就是说承德和廊坊在京津冀城市群合作中的区域合作地位在上升，它们对京津冀其他城市的影响力在增强，虽然目前承德和廊坊作为核心城市的实力还不如天津，与北京还有很大的差距。但随着天津在京津冀协同中合作参与率的下降，如果承德和廊坊保持合作参与上升的势头，则有机会成为京津冀城市群合作中的又一核心城市。

表 3-3 2014—2020 年 13 个城市标准化点度中心度对比

| 排序 | 2014 年 | | 2015 年 | | 2016 年 | | 2017 年 | | 2018 年 | | 2019 年 | | 2020 年 | |
|---|---|---|---|---|---|---|---|---|---|---|---|---|---|---|
| 1 | 廊坊 | 85.648 | 北京 | 49.638 | 北京 | 84.091 | 北京 | 69.281 | 北京 | 62.5 | 北京 | 82.87 | 承德 | 73.81 |
| 2 | 唐山 | 84.722 | 保定 | 46.014 | 承德 | 79.735 | 廊坊 | 62.255 | 天津 | 61.979 | 承德 | 80.324 | 廊坊 | 73.81 |
| 3 | 承德 | 83.796 | 廊坊 | 44.203 | 保定 | 79.545 | 天津 | 61.275 | 承德 | 59.896 | 廊坊 | 78.241 | 唐山 | 71.429 |
| 4 | 沧州 | 83.796 | 承德 | 43.841 | 廊坊 | 78.598 | 承德 | 60.948 | 廊坊 | 57.813 | 沧州 | 77.546 | 沧州 | 70.238 |
| 5 | 保定 | 82.87 | 唐山 | 42.391 | 张家口 | 77.841 | 沧州 | 58.824 | 沧州 | 55.469 | 保定 | 77.315 | 张家口 | 69.048 |
| 6 | 石家庄 | 81.481 | 邯郸 | 42.391 | 沧州 | 77.462 | 保定 | 58.66 | 保定 | 54.948 | 唐山 | 77.083 | 秦皇岛 | 69.048 |
| 7 | 秦皇岛 | 80.556 | 石家庄 | 42.029 | 天津 | 77.273 | 唐山 | 57.68 | 石家庄 | 53.906 | 张家口 | 77.083 | 保定 | 69.048 |
| 8 | 张家口 | 80.556 | 邢台 | 42.029 | 唐山 | 77.083 | 石家庄 | 57.353 | 邢台 | 53.906 | 邯郸 | 77.083 | 衡水 | 69.048 |
| 9 | 衡水 | 80.556 | 秦皇岛 | 41.304 | 衡水 | 77.083 | 张家口 | 57.353 | 唐山 | 53.646 | 衡水 | 76.852 | 石家庄 | 69.048 |
| 10 | 邯郸 | 80.556 | 衡水 | 41.304 | 石家庄 | 76.894 | 邯郸 | 56.863 | 秦皇岛 | 53.125 | 石家庄 | 76.852 | 邯郸 | 69.048 |
| 11 | 邢台 | 80.556 | 张家口 | 41.304 | 秦皇岛 | 76.894 | 秦皇岛 | 56.373 | 张家口 | 53.125 | 邢台 | 76.852 | 邢台 | 69.048 |
| 12 | 天津 | 79.63 | 天津 | 39.493 | 邢台 | 76.894 | 衡水 | 56.209 | 衡水 | 52.865 | 秦皇岛 | 76.62 | 天津 | 63.095 |
| 13 | 北京 | 70.833 | 沧州 | 38.406 | 邯郸 | 76.894 | 邢台 | 56.209 | 邯郸 | 52.865 | 天津 | 69.444 | 北京 | 61.905 |

## 本章小结

合作协议刻画了区域合作关系,同时也形式化了区域行动主体的网络关系。本章通过文本分析描述和刻画了京津冀协同发展的特征与趋势。总体来看与《京津冀协同发展规划纲要》落地时间一致,2015年之后京津冀各类合作协议都经历了一个快速上升发展的阶段,2017年左右达到一个峰值,但是2018年、2019年有小幅度的回落。从演变趋势来看,京津冀地方政府之间多边合作占比更高。这说明,在京津冀城市群的府际合作中,泛连接的多边合作更具有优势,京津冀城市群的地方政府更倾向于通过更多主体的参与来增强区域合作的动力。但随着区域合作的深化,更灵活且更有针对性的双边合作亦有一定的发展空间。从协议签订的自主性来看,由于合作协议主要是在京津冀协同发展领导小组统筹规划外的自主行为,因此大多数的协议没有中央部委的直接参与;从合作领域来看,京津冀地方政府之间合作的主要领域在公共服务、产业发展与疏解转移方面,占比超过50%;交通领域的府际合作协议最少,这是因为"作为京津冀协同发展的先行领域,交通规划已经在中央层面做出了详细的指导和安排,因此三地之间没有必要再签订府际协议"。

从政府与社会的合作来看,政府与社会合作的总次数及年度次数均低于府际合作次数,发展趋势与府际合作协议发展趋势基本一致,在2018年达到最高值(49项),而后经历逐渐下降的趋势;产业发展与疏解转移、公共服务及科技创新是政社合作的三个主要领域。从政府与企业及社会组织分别签订协议的比例来看,京津冀地区社会组织尚未成为协同的重要主体,政企合作是主流,政府与社会组织的合作比例只有11.84%。从合作类型与合作领域的整体分布来看,政企合作的领域分布总体较为平均,其中政企合作最多的领域有综合领域、环保领域、扶贫领域以及产业发展与疏解转移领域。

从府际合作互动的网络结构来看,京津冀三地之间协作交互复杂,已经形成一个完整的、大规模的合作网络,京津冀一体化协作网络已初步形成并覆盖各个节点。但是京津冀总体网络密度只有0.409，说明府际相互之间的密切度一般，协作网络能够影响到各节点，但还存在继续提升的空间。从核心—边缘分析来看，京津冀核心城市只有北京和天津，双核特征明显，核心圈与边缘圈的网络密度差别较大；但是从点度中心度来看，河北省承德、廊坊、保定、沧州的排名靠前，超过了河北的省会石家庄和天津市，说明基于地缘靠近的优势，这些城市在区域合作网络中的重要性和影响力正在提高。此外，从密度演变趋势来看，京津冀城市群的网络密度呈现波动式发展趋势，说明网络合作关系紧密程度并不稳定，合作水平波动较大。

# 第四章

# 京津冀协同发展阶段效果的问卷调查评价

尽管理论界和实务界对京津冀的协同发展做了许多定性分析,但是缺乏公众视角对协同发展成效的评估。因此,本书设计并实施了《京津冀协同发展战略的实施进展与阶段成效调查问卷》(2020 年 8 月),旨在探寻京津冀协同发展的总体成效、细分领域进展、合作情况、区域差异,以及影响因素的社会认知状况。问卷依据《京津冀协同发展规划纲要》(以下简称《规划纲要》)的基本内容和主要目标进行设计,通过移动互联网调查平台实施并发放问卷,共回收问卷 1092 份。调查样本覆盖北京、天津、河北以及其他(对京津冀发展较为关注和了解的)城市公众,样本占比分别为 44.96%、19.32%、21.25%、14.47%,具有较好的地区代表性。同时,调查考察了样本的人口学及社会特征分布,表明样本较好地呈现了各类社会群体差异,如表 4-1 所示。

表 4-1 变量描述（N=1092）

| 变量 | 均值 | 标准差 | 比例 | 变量 | 均值 | 标准差 | 比例 |
|---|---|---|---|---|---|---|---|
| 年龄（>18 岁） | 8.27 | 0.92 | 98.35% | 其他党派 | 0.23 | 0.15 | 2.29% |
| 高中/职高 | 0.54 | 0.27 | 5.40% | 群众 | 0.16 | 0.37 | 16.21% |
| 大专 | 0.38 | 0.19 | 3.85% | 党政机关 | | | 35.35% |
| 大学本科 | 0.39 | 0.49 | 39.38% | 国有企业 | 0.13 | 0.40 | 13.28% |
| 硕士研究生 | 0.42 | 0.49 | 42.31% | 国有事业单位 | 0.20 | 0.40 | 19.78% |
| 博士研究生 | 0.09 | 0.28 | 8.88% | 外企/跨国公司 | 0.14 | 0.12 | 1.37% |
| 中共党员 | | | 60.16% | 民营或私营企业 | 0.90 | 0.29 | 8.97% |

续表

| 变量 | 均值 | 标准差 | 比例 | 变量 | 均值 | 标准差 | 比例 |
|---|---|---|---|---|---|---|---|
| 共青团员 | 0.21 | 0.41 | 21.34% | 无业 | 0.11 | 0.32 | 11.45% |

从受访者的工作性质上看,党政系统、国有企事业单位工作人员有747人,占比68.41%;社会公众有138人,占比12.63%。调查样本中94%以上的受访者对"规划纲要"具有一定了解,对京津冀协同发展的情况有一定关注,为后续调查数据的信度奠定基础。

## 第一节 京津冀协同发展阶段性成效综合评价

### 一、京津冀总体协同发展效果较好,但未达公众心理预期

整体而言,京津冀协同发展战略实施以来,采访群体对其所取得的成效评价较为中立,其中北京受访者评价更为正面。数据显示,有超过40%的受访者认为《京津冀协同发展规划纲要》实施以来取得了非常显著或比较显著的成效,39.8%的受访者认为成效"一般",而18.86%的受访者认为"有点成效"或"无成效"。可见,公众普遍还是认可京津冀协同发展取得的成效,但是协同效果未达到预期。数据显示,61.26%的受访者认为京津冀协同发展进度"低于预期",26.92%的受访者认为"进度和预期一致",只有11.81%的受访者认为协同发展进度"高于预期"。且不同地区受访者显示出差异性评价结果。北京和其他省份认为成效较为显著的受访者最多,分别占所处区域受访者总数的38.21%、43.04%,天津、河北地区则认为成效"一般"的受访者最多,分别占比43.6%、48.28%(如图4-1),可见在京津冀协同发展成效的获得感上北京、天津、河北三地民众的认可度存在逐渐下降的趋势,河北地区受访者评价更为消极。

上述受访者的主观评价比较符合京津冀协同发展的实际情况。2014年以

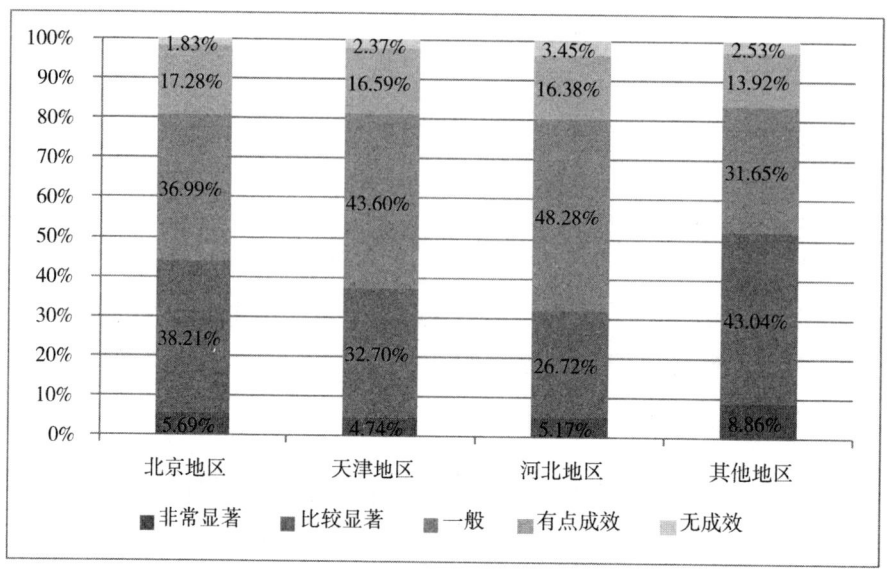

**图 4-1　京津冀协同发展总体成效评价**

来，京津冀区域协同发展战略促进京津冀地区发展水平快速提升。根据国家统计局 2019 年 11 月 5 日发布的数据显示，2018 年京津冀区域发展指数达到顶峰，较 2017 年提高 6.14，且自 2013 年以来年均提高 8.49，高出 2010 年至 2013 年年均增幅 2.59，无论年均增幅，还是发展总指数，均呈逐年上升态势（如图 4-2）。京津冀区域发展指数，由共享发展、创新发展、绿色发展、协调发展和开放发展五大指数组合而成。一般而言，共享发展、创新发展、绿色发展是支撑总指数上升的主要力量，2018 年三类指数分别为 248.27、158.27、146.84；协调发展指数和开放发展指数相对较弱，分别为 122.08 和 125.17，京津冀地区开放水平较低、区域发展水平差距大，有待进一步改善。① 基于此，将本次调查结果所呈现的社会认知，与国家统计局测算结果进行比较发现，二者评估倾向基本一致。

---

① 张钦. 京津冀区域发展指数持续上升 [N]. 经济日报，2019-11-5.

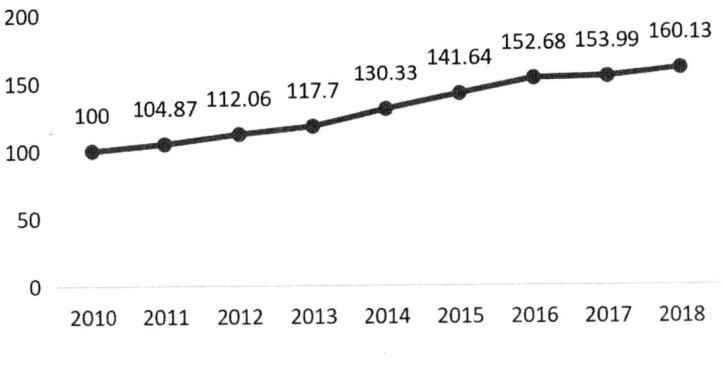

图 4-2 京津冀区域发展总指数（2010—2018）

## 二、京津冀各领域协同发展呈差序化格局

依据《规划纲要》细则及执行过程中实际出台文件的应用范围，本次调查将京津冀协同内容划分为交通、产业、生态、文化与旅游、人才流动、医疗卫生等 13 个领域。调查发现，受访者普遍认为产业领域协同进展程度快于服务领域。数据显示，半数以上受访者认为交通一体化、产业发展与疏解转移、生态环境治理三个领域进展最为明显，分别得到 76.37%、53.3%、50.55% 的受访者支持；而教育与就业、人才流动、医疗卫生等领域进展最为缓慢，分别有 53.78%、38.74%、37.18% 的受访者对此表示认同（如图 4-3）。

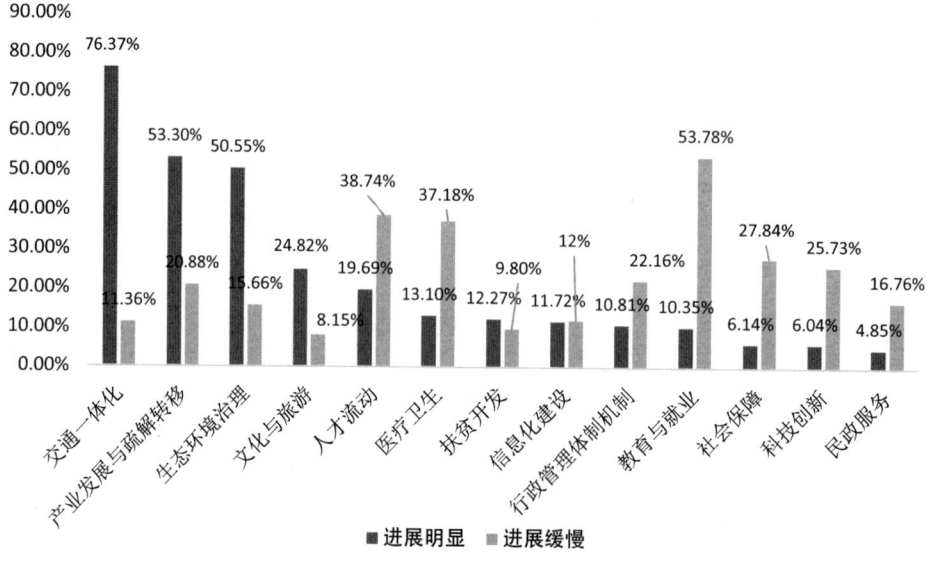

图4-3 京津冀协同领域进展比较

## 第二节 京津冀重点领域协同发展评价

### 一、北京非首都功能疏解取得一定成效

"治理北京大城市病，疏解非首都功能"是京津冀协同的重要目标。《规划纲要》提到：到2020年，北京市常住人口数量、区域一体化交通网络建设、生态环境治理、产业联动等方面均要有新的提升。调查问卷显示，目前公众对北京非首都功能疏解评价整体较为正面，只有7.23%的受访者认为非首都功能疏解没有进展。其中37.91%的受访者选择了"非首都功能疏解全面展开，成效显现"；7.51%的受访者认为"非首都功能疏解全面展开，成效显著"。但是也有47.34%的受访者认为"非首都功能疏解全面展开，但成效不足"，这说明现阶段首都功能疏解的成效与部分受访者的心理预期之间还存在

一定的落差。

从"人口数量疏解"和"交通拥堵改善"两个方面评价北京非首都功能的疏解情况,数据显示:受访者在评价具体方面的改进情况时,其满意度高于对整体概况的评价。此时,受访者对北京非首都功能疏解进展更为认可。

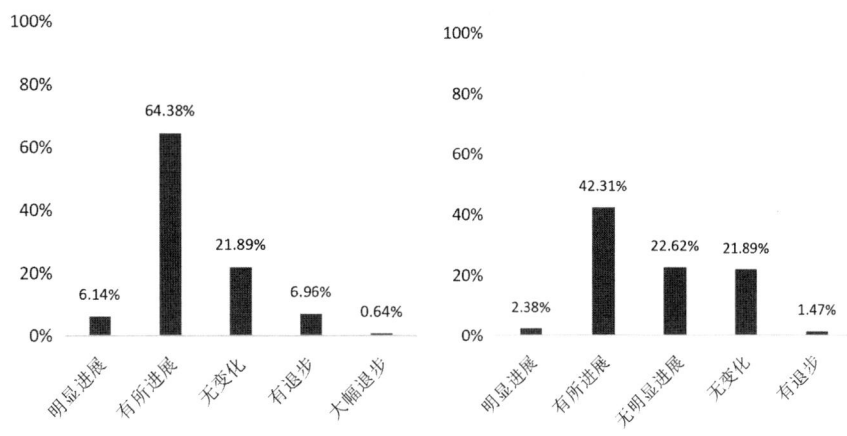

**图4-4 北京市非首都功能疏解进展**

(左:人口数量疏解;右:交通拥堵改善)

北京市城区人口疏解进展较为明显。从图4-4中可看出七成受访者认为人口疏解工作取得了一定进展;同时,也有近三成受访者认为,北京市城区人口数量没有变化或人口数量还在继续增加。大部分受访者认为北京市中心城区人口数量已得到有效控制,而这与北京市于2017年实施的"疏整促"专项行动不无关系,推动京津冀协同发展的必然要求便是降低中心城区人口密度。国家统计局官方统计的常住人口数据变化显示,2015年北京市常住人口2171万,2019年年末北京常住人口下降至2153万,其中包括每年新增的约6万新生儿数目。此人口总数少于《规划纲要》中提出的"到协同中期2020年北京常住人口降至2300万人之下"的目标。由此,北京人口得到控制并略有减少的实际统计数据,在公众主观评估中亦有所体现。

北京市交通拥堵情况得到一定程度的改善。去除无效数据(9.34%的受访者称"对情况不清楚"),接近一半的受访者对交通拥堵改善情况持肯定态度。其中42.31%的受访者认为交通拥堵状况有一定缓解;2.38%认为交通拥堵状况得到明显缓解。但是也有22.62%的受访者认为北京市中心的交通拥堵状况没有变化。从数据上看，北京的拥堵情况已经得到了一定改善，但程度未达公众心理预期。

## 二、京津冀交通一体化取得重要进展

1092名受访者中，36.26%的受访者认为京津冀交通出行更加便利；49.36%的受访者认为出行环境略有改善。同时，认为出行环境无变化、进一步恶化的受访者分别占12.64%、1.74%（如图4-5）。

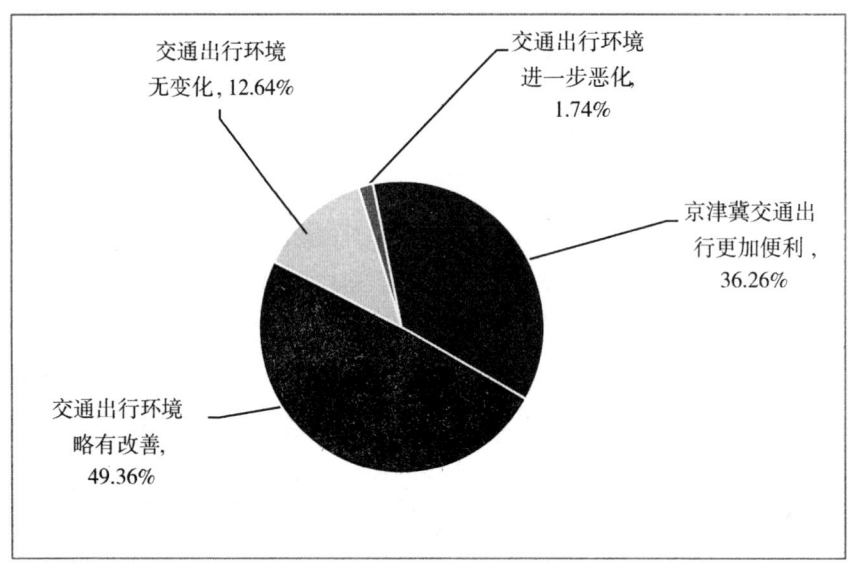

**图4-5 京津冀交通一体化进展评价**

受访者观察情况与实际情况相符。为建设首都"1.5h交通圈"，公路建设上，河北省五年来打通拓宽"对接路"27条段，太行山高速公路和北京"大外环"建成通车；航空建设上，大兴机场2019年建成并投入使用，河北机场集团以委托管理形式正式加入首都机场集团，京津冀主要机场实现统一管理，石家庄机场迈入千万人次级大型机场行列；同时，京津冀一卡通将三地公交、地铁支付方式联通，打造更加便民的出行方式。

## 三、京津冀产业转移协作增多但落地困难

总体而言,京津冀产业转移呈增强或向好的趋势发展。有72.99%的受访者认为京津冀三地加强了产业合作,相关产业合作项目不断增多。其中16.85%的受访者认为"京津冀转移合作项目多,已取得实质性进展";56.14%的受访者认为虽然产业转移项目增多,但是存在落地困难的问题(如图4-6)。

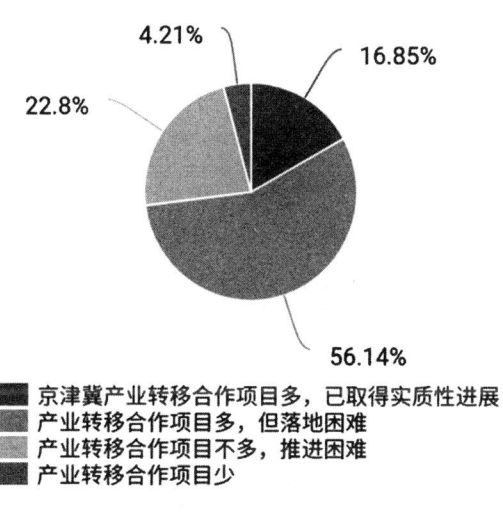

图4-6 京津冀产业转移协同发展情况

## 四、京津冀环境污染协同治理成效显著

依据京津冀三地及其他地区统计的1092份问卷信息,九成受访者认为污染协同治理取得了一定成效。其中10.99%、52.2%、34.62%的受访者分别认为其成效"非常显著""比较显著""一般"。从受访者的角度来看,京津冀地区污染防治工作特别是大气污染防治工作已取得一些效果,过半数受访者认为成效显著(如图4-7)。

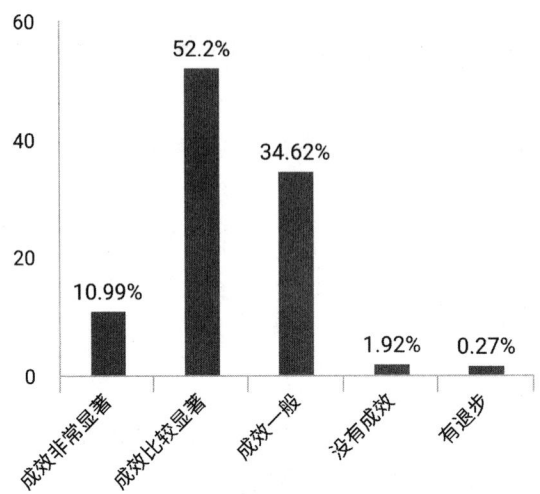

图4-7 京津冀环境污染协同治理情况评价

## 第三节 京津冀其他领域的协同进展情况

### 一、京津冀协同创新取得实质进展

数据显示，超过八成受访者认为京津冀区域协同创新加强。其中37.09%的受访者认为虽然区域协同创新趋势有所加强，但实质性合作不多；36.81%的受访者认为有所加强，同时已经出现了一些合作平台或科研成果转化基地。这些基地能促进北京的科研成果转化为生产力，应用在津冀两地。9.89%的受访者认为，区域创新协同明显加强，出现了一批合作平台、科研成果转化基地和创新联盟。受访者对京津冀协同创新情况基本持中等偏上的态度（如图4-8）。

在其他数据中，京津冀协同创新的发展形势更好、进展更明显。2019年首都经济贸易大学、社会科学文献出版社共同发布了《京津冀蓝皮书：京津冀发展报告（2019）》。蓝皮书指出，2011—2016年，从总指数得分19.6768

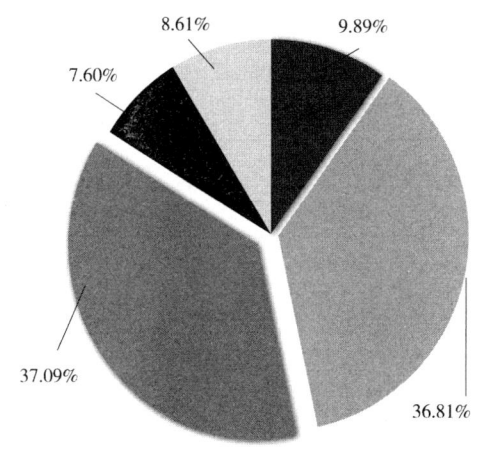

**图 4-8　京津冀协同创新进展情况评价**

增加到 86.1900，增长了 3.4 倍。从指数得分的变化趋势看，2011—2016 年，京津冀协同创新指数整体保持快速上升态势，特别是 2014 年和 2016 年，指数呈现"跳跃式"上升态势。说明京津冀地区协同创新发展总体态势良好，协同创新水平快速跃升。[①]

京津冀资源要素流动性增强。首先，京津冀协同发展政策推动了金融资本从北京地区向津冀流动，为金融资本创造了投资机会。过半数受访者认为金融资本向津冀流动的趋势有所增长。其中 11.08% 的受访者认为增长状况明显；50.73% 的受访者认为略有增长。31.59%、4.85%、1.74% 的受访者认为流向津冀的金融资本基本持平、略有减少、大大减少。北京地区金融资本的流出强度有所提升。

其次，劳动力流动相比过去更加顺畅，京津冀协同为生活成本相对较低的津冀地区，提供了更多就业机会。回收的 1092 份问卷，过半受访者认为地区间劳动力的流动性较强于以往。其中 46.15% 的受访者认为劳动力的流动数量略有增长；10.99% 的受访者认为增长明显。35.53%、6.14%、1.19% 的受访者分别认为劳动力流动人数与过去基本持平、略有减少、大大减少（如表

---

[①] 祝合良，叶堂林，等．京津冀蓝皮书：京津冀发展报告（2019）[M]．北京：社会科学文献出版社，2019：115-118．

4-2)。劳动力流动情况与产业转移、资本流动情况正相关,三者数据的调查结果相吻合。

表4-2 京津冀要素流动性情况评价

| 领域 | 问卷调查结果(%) | | | | |
|---|---|---|---|---|---|
| | 明显增长 | 略有增长 | 基本持平 | 略有减少 | 大大减少 |
| 金融资本流动 | 11.08% | 50.73% | 31.59% | 4.85% | 1.74% |
| 劳动力流动 | 10.99% | 46.15% | 35.53% | 6.14% | 1.19% |

最后,津冀吸纳北京流出人口的能力有待增强。根据京东数字科技集团发布的《2019基于京东大数据的中国人口迁移和城镇化发展研究报告》以及国家统计局的数据可看出,北京地区呈现出人口净流出的态势(如图4-9)。2018年净流出人口数量达287083人,迁出北京的人最多去了上海,其次是廊坊、深圳和天津,10大迁出地中,除廊坊、保定,其他均不在河北。相比于长三角、珠三角,北京展现出了全国性的人才输送基地功能,这同时也说明北京周边地区较弱,缺少能承接北京外溢人才的高质量城市群。①

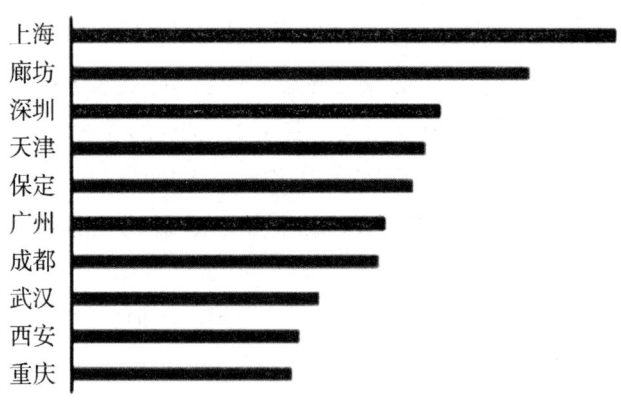

图4-9 北京人口迁出城市结构

---

① 城市战争.北上广深全部净流出?大数据显示人都去这儿了[EB/OL].新浪财经.2019-12-12.

## 二、京津冀基础设施互联互通进展较大

京津冀基础设施互联互通工作情况进展良好。超过五成受访者充分肯定了京津冀基础设施互联互通工作进展，其中41.21%的受访者认为自《规划纲要》颁布以来，京津冀基础设施互联互通情况取得了较大进展；13.19%的受访者认为取得了明显进展。较多的受访者认为基础设施互联互通进展一般，占37.36%；认为"进展较小""没有进展"的受访者分别占6.5%、1.74%（如图4-10）。

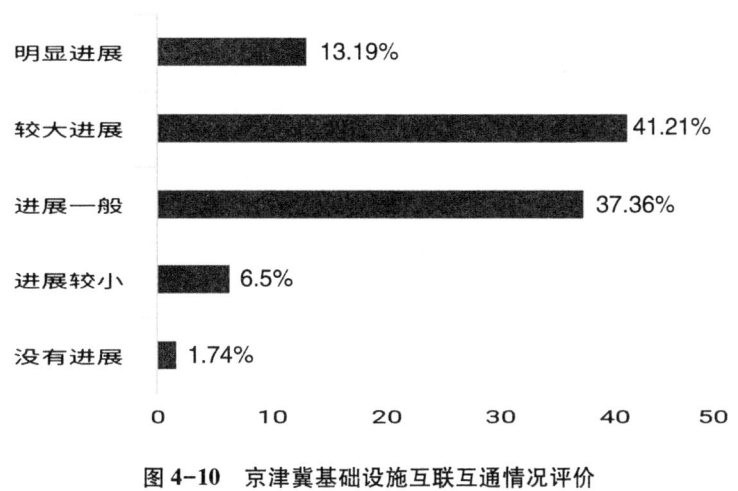

图4-10 京津冀基础设施互联互通情况评价

## 三、医疗卫生、教育合作协同发展相对滞后

京津冀医疗卫生协同合作与教育合作还具有较大的提升空间。这两个领域数据反映出相似的特点，各领域内合作数量少，合作水平、效果一般。

在医疗卫生协同领域，从合作效果上看，62.22%、16.21%、11.08%的受访者分别认为"效果一般""效果不好""效果较好"；从合作数量上看45.33%、49.18%、5.49%的受访者分别认为"合作领域较多""合作领域较少""无合作"，如图4-11所示。

在教育合作领域,从合作效果看,9.43%、77.29%的受访者分别认为"合作水平高""合作水平一般";从合作数量上看,42.67%、57.33%的受访者分别认为"合作数量多""合作数量少",如图4-12所示。

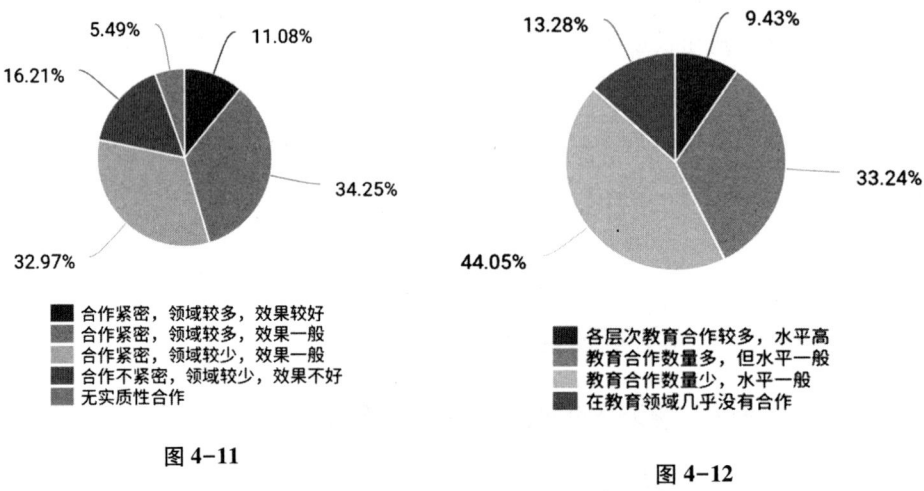

图 4-11　　　　　　　　　　　　　图 4-12

## 四、京津冀区域社会保障仅实现部分统筹

自《规划纲要》施行以来,京津冀区域社会保障统筹有所进展,但进展不足。60.9%的受访者认为京津冀区域社会保障实现了部分统筹;7.23%的受访者认为完全实现了统筹;31.87%的受访者认为三地社会保障尚未实现统筹,如图4-13所示。过半数受访者认同三地社保统筹有部分进展,但仍有较大比例的受访者尚不在社会保障统筹的覆盖范围内。

医保、养老金的统筹推进明显,其他社保内容统筹进度有待加强。66.39%的受访者认为京津冀区域社保项目统筹推进情况中,跨省异地住院费用直接结算推进明显;47.53%的受访者认为养老保险跨区域转移接续推进明显;38.64%的受访者认为医保目录内容统一推进明显,如图4-14所示。

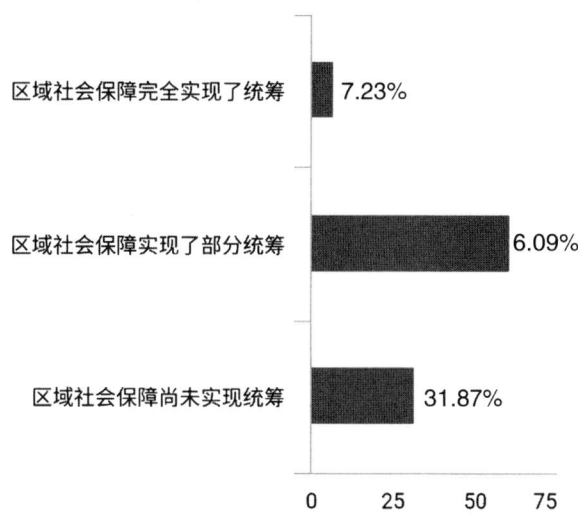

图 4-13 京津冀区域社会保障统筹情况评价

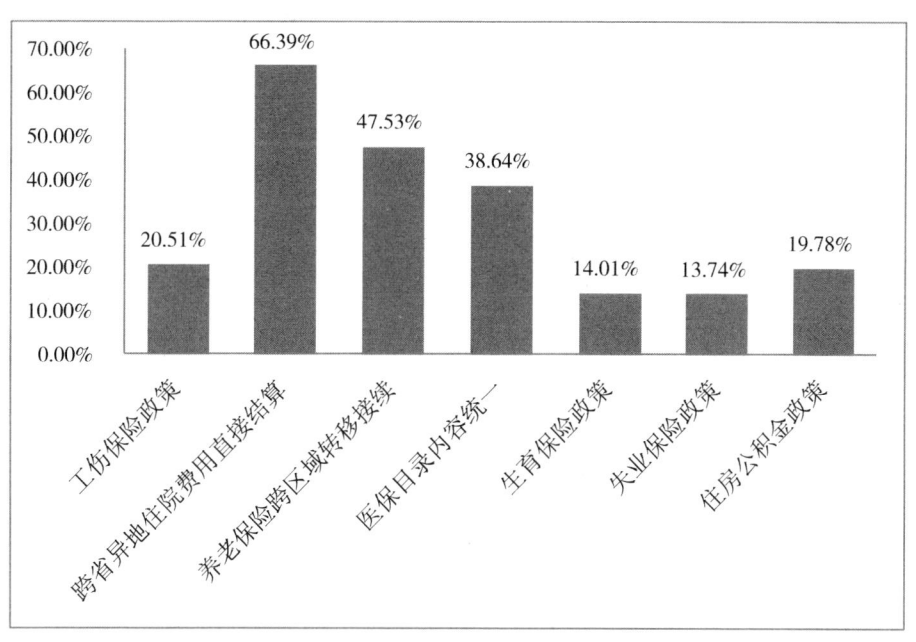

图 4-14 京津冀区域社保项目统筹推进情况

## 本章小结

通过对京津冀三地1092份调查问卷的统计分析,结果表明京津冀协同发展效果较好,但未达公众心理预期。数据显示,有超过40%的受访者认为《京津冀协同发展规划纲要》实施以来取得了非常显著或比较显著的成效,但是有过半受访者认为"成效一般""有点成效"。从区域分布来看,京津冀三地受访者显示出差异性评价结果。北京和其他省份认为"有所成效"的受访者最多,分别占所处区域受访者总人数的38.21%、43.04%;天津、河北地区则认为成效"一般"的受访者最多,分别占比43.6%、48.28%。可见在京津冀协同发展成效的获得感上,北京、天津、河北三地民众的认可度存在逐渐下降的趋势,河北地区受访者评价更为消极。从具体的协同领域来看,受访者表示京津冀非首都功能疏解、交通一体化、生态环境治理、协同创新等领域取得了进展或成效,但是在产业转移、医疗卫生、教育合作协同三领域进展缓慢,发展存在困难。京津冀产业转移协同合作项目虽然多但是落地困难,教育、医疗方面合作水平一般,京津冀区域社会保障统筹有所进展,但进展不足。半数以上受访者认为交通一体化、产业发展与疏解转移、生态环境治理三个领域进展最为明显,而教育与就业、人才流动、医疗卫生等领域进展最为缓慢。

第五章

# 京津冀协同治理的总体评价：主要成绩与困难

京津冀协同发展战略思想，开启了京津冀区域发展的整体科学规划布局。京津冀协同发展包含规划一体化、区域基础设施一体化、市场一体化、交通一体化等多元化的发展目标。2020年是《京津冀协同发展规划纲要》确定的近期和中期阶段目标完成时间重要节点，即将进入"滚石上山、爬坡过坎、攻坚克难"的关键阶段。从实践中看，在产业对接、交通运输、生态环境保护等领域，京津冀三地均有大量投入和努力，推进落实区域协同发展战略已取得一定进展。环首都"半小时通勤圈"覆盖区逐渐增加，"轨道上的京津冀"正在形成，产业和技术合作不断加强。但是，相对于区域协同的长期战略目标而言，仍有较大差距。本章从治理目标、治理主体、治理客体、治理机制四个层面对京津冀发展成效及协同治理存在的问题进行评析。

## 第一节 京津冀跨域协同效果评估：主要成绩

### 一、中央强势引导下的规划体系和顶层设计日趋完善

京津冀协同概念及相关实践由来已久。十八大之后的显著不同体现为国家层面高位布局和战略规划的强势引领和推动。从1986年环渤海地区15个城市共同发起成立环渤海地区市长联席会开始算起，京津冀协同发展的话题已持续争论30余年。即使关于概念，三地也有很大冲突。北京市倾向于使用

"加快推进首都经济圈建设""积极配合编制首都经济圈发展规划"等组合概念；河北省倾向于使用"积极参与首都经济圈发展规划和实施意见的制定""建设环首都经济圈""建设环首都绿色经济圈"等组合概念；而天津市则不使用"首都经济圈"等相关概念，而倾向于环渤海经济圈的相关提法。[①] 天津和北京都希望在京津冀协同发展中占据核心地位。北京认为，它是三地中经济规模最大、各种资源最丰富的城市，自然应该成为核心。天津认为，天津的国家定位是北方的经济中心，理应成为京津冀协同发展的中心，但天津的经济实力和规模不能让北京自愿退出。因此，造成了京津之间的观念冲突和利益冲突，也使得京津冀的协调发展举步维艰。

"廊坊共识"及历时6年的国家发改委"京津冀都市圈区域规划"之所以难以落地的根本原因在于协调困难，京津冀都市圈区域规划编制本质上不是一个技术问题，而是一个政策问题。京津冀三地包含首都、天津两个直辖市，情况特殊，仅靠地方自身协同难免陷入僵局，必须由中央政府介入引导协调。十八大以前，中央在京津冀协同中的角色和作用发挥不充分，三地协同推进迟缓。因此，自京津冀协同上升为国家战略后，在中央引导下，京津冀三地的规划体系有了全方位的完善，区域协同的目标和定位逐步清晰。

2015年8月，《规划纲要》发布，对三地各自功能定位、阶段目标、重点突破领域等重要问题做了明确。作为京津冀协同发展的行动指南，《京津冀协同发展规划纲要》明确提出要有序疏解北京非首都功能，调整经济结构和空间结构，探索人口经济密集地区优化开发的新模式，这对于推动京津冀区域产业机构升级、人口空间重塑、公共服务资源合理配置具有重要意义。围绕贯彻实施《规划纲要》，2016年2月，全国第一个跨省市的"十三五"规划——《"十三五"时期京津冀国民经济和社会发展规划》印发实施，它把京津冀三地作为一个区域整体，切实细化"规划纲要"的内容，进一步扩大整体内容，规划今后五年内京津冀地区经济发展、社会民生、改革开放等重点领域的发展任务；2016年7月4日，国务院批复同意《京津冀系统推进全面创新改革试验方案》，这是中央《关于在部分区域系统推进全面创新改革试

---

[①] 薄文广，陈飞.京津冀协同发展挑战与困境[J].南开学报（哲学社会科学版），2015(1)：110-118.

验的总体方案》中确定的唯一一个跨省级行政区域改革试验任务。同时，国家有关部委根据中央京津冀协同发展统一部署，编制了产业升级转移、交通一体化、科技创新、生态环境保护、现代农业、土地利用、水利、能源、医疗卫生、城乡、商贸物流等11个专项规划。

在中央《规划纲要》《"十三五"规划》等文件指引下，北京相继出台了《北京市落实〈京津冀协同发展规划纲要〉2015年重点项目》（京政办发〔2015〕38号），《北京市推进京津冀协同发展2016年重点项目》《北京市推进京津冀协同发展2018—2020年行动计划》等政策规划（如表5-1）；天津出台了《天津市贯彻落实〈京津冀协同发展规划纲要〉实施方案（2015—2020年）》；河北省出台了《中共河北省委、河北省人民政府关于贯彻落实〈京津冀协同发展规划纲要〉的实施意见》等。

京津冀三地还制定了各自的"十三五"国民经济和社会发展规划纲要，进一步明确各自在京津冀协同中的定位和下一阶段发展的重点；各地每年发布当年推进京津冀协同的工作要点、重点任务和项目。京津冀协同的规划体系不断完善、稳步推进，形成京冀"6+1"和津冀"4+1"合作文件；河北推进协同发展"1+4+N"规划体系，"1"是《河北省推进京津冀协同发展规划》，"4"是"三区一基地"四个功能定位规划，"N"就是空间布局、可再生能源开发利用、交通一体化等27个专项规划，以及科技创新、土地利用、农业协同发展、加快发展现代保险服务业等4个国家专项规划实施意见，形成了河北省的顶层设计，为有序有力推进河北的协同发展提供了科学指导。

表5-1　2014—2020年北京市推进京津冀协同发展部分政策文件

| 阶段 | | 政策文件 |
| --- | --- | --- |
| 前期<br>（2015—2017年） | 有重点项目 | 《北京市落实〈京津冀协同发展规划纲要〉2015年重点项目》（京政办发〔2015〕38号） |
| | 有工作要点 | 《北京市推进京津冀协同发展2015—2017年工作要点》（京政办发〔2015〕55号） |

续表

| 阶段 | | 政策文件 |
|---|---|---|
| 中期<br>（2018—2020年） | 有行动计划 | 《北京市推进京津冀协同发展2018—2020年行动计划》 |
| | 有发展规划 | 《北京市"十三五"时期推动京津冀协同发展规划》 |
| 远期<br>（2030年） | 有贯彻意见 | 《中共北京市委北京市人民政府关于贯彻〈京津冀协同发展规划纲要〉的意见》（京发〔2015〕11号） |

资料来源：作者根据官网相关资料整理。

伴随着区域发展规划的明确和顶层设计的日趋完善，京津冀三地政府的经济实力也稳步提升。2014—2019年，京津冀地区生产总值从67290亿元增加至84580亿元，增加了17290亿元。根据国家统计局2020年3月13日公布的数据显示，2019年北京、天津、河北地区生产总值分别为35371.3亿元、14104.3亿元和35104.5亿元，按可比价格计算，分别同比增长6.1%、4.8%和6.8%。①

## 二、逐步明确完善协同治理推进主体

从历史发展来看，早期由于地域分割和利益格局，京津冀三地协同一度趋冷，各地政府的态度并不积极，中央政府也未有积极推动。2000年以后，中央政府陆续成立了国务院西部地区开发领导小组、国务院振兴东北地区等老工业基地领导小组和国务院促进中部地区崛起领导小组，并在发改委相应司局设立了办公室，通过中央政府的统一协调来推动相关区域的协调发展。但却一直未建立类似中央部门来协调推动京津冀区域发展，地方政府的观望僵局也难以有效突破。

十八大之后京津冀协同的另一个显著特征是，在政府层面，从中央到地方，协同的主体更加明确，态度更加积极。2014年，中央成立国务院京津冀

---

① 杜燕.2019年京津冀地区生产总值合计约8.5万亿元，同比增长6.1% [EB/OL]. 中国新闻网. 2020-3-13.

协同发展领导小组,国务院副总理任组长,京津冀党委书记任副组长。小组成员主要由北京、天津、河北等地有关部委负责人及相关城市市长组成。京津冀协同发展领导小组主要负责制定和实施京津冀区域发展总体战略和发展规划,包括讨论和制定各城市之间的发展对接模式,协调解决跨区域基础设施建设、产业转移、生态环境联防共治、人才跨境自由流动和社会保障对接等问题,决定促进区域协调发展的政策、措施、法律法规,管理和仲裁因区域发展而产生的争端和冲突。从领导班子的领导级别来看,京津冀协同发展领导小组级别低于西部地区开发领导小组和振兴东北地区等老工业基地领导小组。后两个领导小组的组长均由国务院总理担任。这表明,京津冀协同发展是中国大陆区域发展总体战略下的区域发展战略,也是《新型城镇化规划》(2014—2020年)在城市群层面颁布的第一个中央政府级领导机构。国务院京津冀协同发展领导小组的成立实现了中央层面对京津冀区域共同事务进行统一调度和规划。

同时,国务院相关部委也成立了相应领域的京津冀协同发展领导小组。目前,交通运输部、国家税务总局、海关总署分别成立了京津冀区域交通一体化领导小组、京津冀协同发展税收工作领导小组,以及京津冀海关通关一体化工作组,各部委的主要负责人担任领导小组组长。此次京津冀协同发展的一个鲜明特点是国务院各相关部委态度积极,直接推进各自领域的京津冀一体化。这种国务院部委设立的区域合作机制目前在长三角和珠三角区域都没有。[①] 而在地方层面,三地亦分别组建地方级别的京津冀协同发展领导小组(如表5-2)。

**表5-2 京津冀协同治理推进主体**

| 层级 | 机构 |
| --- | --- |
| 中央层面 | 国务院"京津冀协同发展领导小组" |
| | 京津冀协同发展专家咨询委员会 |

---

① 杨龙,胡世文. 大都市区治理背景下的京津冀协同发展[J]. 中国行政管理,2015(9):13-20.

续表

| 层级 | 机构 |
| --- | --- |
| 国家部委层面 | 交通运输部"推进京津冀交通一体化领导小组" |
|  | 国家税务局"京津冀协同发展税收工作领导小组" |
|  | 海关总署"京津冀海关通关一体化工作小组" |
| 京津冀层面 | 北京市"区域协同发展改革领导小组" |
|  | 天津市"京津冀协同发展领导小组" |
|  | 河北省"推进京津冀协同发展领导小组" |

资料来源：根据中国政府网、人民网相关报道资料整理。

北京市的"区域协同发展改革领导小组"成立时间较早，于2014年3月组建，由北京市常务副市长李士祥担任组长，小组办公室设在北京市发改委。后又设立由郭金龙书记、王安顺市长牵头的推进京津冀协同发展领导小组。2014年6月底，由北京市委书记郭金龙、市长王安顺率领的代表团到访河北，就京冀区域协同发展进行协商。2016年，针对京津冀协同发展9个不同领域，北京市又成立9个专项工作小组，推进"协同"工作，包括：①行政副中心工程建设工作小组（由市规委、市国土局、市重大办、通州区等部门或者区组成）；②人口调控工作小组（由市发改委、市教委、市公安局、市人力社保局等部门组成）；③教育和培训机构功能疏解工作小组（市教委、市人力社保局、市国资委等部门组成）；④医疗机构功能疏解工作小组（由市发改委、市财政局、市规划委、市住建委、市卫健委等部门组成）；⑤城乡规划工作小组（由市发改委、市经信委、市国土局、市环保局等部门组成）；⑥交通一体化发展工作小组（由市发改委、市经信委、市国土局、市规划委、市住建委、市交通委等部门组成）；⑦产业协同发展工作小组（由市发改委、市经信委、市农委、市商务委等部门组成）；⑧生态环境保护工作小组（由市发改委、市经信委、市环保局、市市政市容委等部门组成）；⑨综合政策研究工作小组（由市委研究室、市发改委、市政府法制办、市政府研究室等部门组成），如图5-1。

每个工作小组都有明确的运行职责和组成人员，组长皆由分管相关领域

<<< 第五章 京津冀协同治理的总体评价：主要成绩与困难

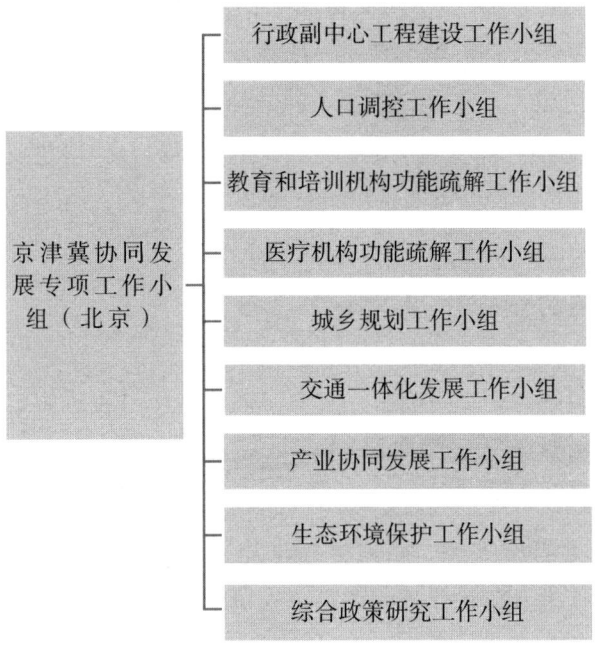

图 5-1 北京市成立的京津冀协同发展专项工作小组

的副市长担当，组员则由相关部门主管领导组成。如人口调控工作小组，其主要职责明确为"负责统筹推进本市人口调控相关工作，研究审议严控人口规模、加强人口管理的政策措施，组织落实人口调控工作责任制，协调解决工作中遇到的重大问题"。该小组组长由常务副市长李士祥担任，副组长由副市长王小洪担任，成员则包括市发改委、市教委、市公安局、市人力社保局、市住房城乡建设委等部门的主管领导。设立专项小组的目的是发挥各个职能部门的协调性和主动性。

成立专项小组后可以更专业化地推进协同发展工作，原来没有这个小组，是由协调部门给这些职能部门派单派活，但是有了这个专项小组之后，就不一样了，变成了各个部门的专项工作，必须主动来干。

天津市推动京津冀协同的主要机构设在天津市人民政府合作交流办公室。2014 年 8 月 7 日，时任天津市委书记孙春兰率天津市党政代表团赴北京市学习考察，与北京市签署了 6 个方面的合作协议及备忘录。河北方面，2014 年

5月设立河北省推进京津冀协同发展领导小组办公室。2014年7月31日，河北省党政代表团赴北京市学习考察，围绕港口、产业、城市规划、交通等内容共签署7项协议，是京冀两地史上达成协议最多的一次会晤。8月25日，河北省党政代表团赴天津，两地签署了5个方面的合作协议及备忘录，京津双城联动、京津冀协同发展的步伐明显加快。

## 三、各类合作对接机制不断完善

推进主体和机构逐步明确后，三地协同的合作对接机制也逐步推进，主要有以下四种类型。

一是三地联合制定或发布区域协同政策，在法律法规、政策和标准制定等领域的协同上有所突破。如为引导京津冀地区合理有序承接产业转移，2016年6月，工业和信息化部、北京市人民政府、天津市人民政府、河北省人民政府联合发布《京津冀产业转移指南》，为三地的产业转移与承接指明了重点方向。又如三省市联合制定新能源汽车充电设施建设计划，率先推进京哈、京港澳、京藏、京津等高速公路服务区充电设施建设。北京市政府2015年工作报告提出"做好跨行政区、跨领域规划对接，推动建立统一的生态环境规划、标准、监测、执法体系"，天津市、河北省政府也就推进京津冀标准化合作提出相关要求。在首都标准化委员会的协调组织下，京津冀三地于2014年9月签署了《京津冀质量发展合作框架协议》，表示三地相关部门将加强在标准化领域沟通合作，通过统一标准的实施助推京津冀协同发展。

2015年6月1日，北京市、天津市和河北省共同组织制定、分别发布首批区域协同地方标准，包括《电子不停车收费系统路侧单元应用技术规范》《老年护理常见风险防控要求》地方标准，旨在有效提升跨区域车行车电子收费系统的兼容性，加强临床老年护理工作的风险防控和安全管理。

2016年10月11日，北京市、天津市、河北省三地审改部门召开京津冀区域行政审批制度改革协同发展战略合作推动会，共同签署《京津冀行政审批制度改革协同发展战略合作共识》，提出加大京津冀三地权责清单编制的协调力度，统一标准、模式、事项内容等，确保区域内权责清单实现对接。通过建立行政审批服务改革协调联动工作机制，日常工作对接机制和信息沟通机制，理顺政府管理职能，逐步打造权力在线运行、审批全程公开的行政管理协同机制，政府行政运作效率得到了极大的提高。参见专栏5-1。对于普通的跨三地流动的生意人来说，办理营业执照等审批程序再也不用在三地反复跑了。例如"在北京做生意，户口在天津农村的小生意人，想办个营业执照，或者特殊行业资格证之类的，就不用再盖章拿一堆证明再回到北京办了，而是可以在北京当场就办。因为三地协同发展，不管你户口是在天津，还是在河北，那么都可以直接通过共享的信息库，调出来你的个人档案，核实你的档案信息资料，直接就能办。"①

**专栏5-1：京津冀协同发展，行政审批加速一体化推进**

"现在可以直接用'北京的证'换'天津的证'，而且在网上就可以直接办理，真是又快又省事儿！"融创文化集团负责人高兴地说。近期，总部设在北京的融创文化集团计划在新区投资发展新公司。在工作人员的指导下，他们通过天津网上办事大厅提交申请表、营业执照和北京相关部门发放的许可证，审批人员直接批复了天津市的《广播电视节目经营制作许可证》，办理全程不到30分钟，随后新证就可以邮寄到家。这得益于滨海新区新近出台的《滨海新区承接北京非首都功能企业审批管理暂行办法》，对于从北京迁入滨海新区的企业、研究所等机构以及北京公司在滨海新区设立的全资子公司，审批机关依据国家或北京有关部门发放的许可证和批文当场即可批复"天津的证"，不再进行审核，大幅提高了审批效率。

2020年以来，滨海新区立足"一基地三区"定位，进一步创新承接北京非首都功能疏解体制机制。为更大力度放宽服务京津冀协同发展政策限制，新区先后制定印发了《关于支持天津滨海-中关村科技园创新发展的若干措施》《滨海新区落实天津市支持重点平台服务京津冀协同发展的政策措施（试行）实施细则》等服务政策，进一步放宽了重点承接平台引进人才、落户、购房等政策限制；制定

---

① 京津冀协同发展中那些群众看得见的"成效"[EB/OL].搜狐网.2021-10-11.

出台了《滨海新区承接北京非首都功能企业审批管理暂行办法》，配套印发了《滨海新区适用"见证发证"审批方式行政许可事项清单》，推动实现对北京企业审批手续内容互认、见证发证。未来，新区将继续深入研究新市民政策，探索京冀户口通迁、居住证互认制度，持续用力推动京津冀协同发展广度深度的拓展。

资料来源：根据滨海新区政府《滨海新区稳步推进京津冀协同发展战略》http：//www.tj.gov.cn/sy/zwdt/gqdt/202101/t20210117_ 5325300.html 改编。

2017 年 3 月，河北省和京津两市共同组织制定、分别发布了第二批区域协同地方标准，包括《京津冀跨省市省级高速公路命名和编号规则》《道路货运站（场）经营服务规范》两项交通领域京津冀区域协同地方标准，规范了跨地区高速公路的公共标识、信息处理和信息交换，规范了货运站（场）经营者和入驻户的经营行为。

2017 年 10 月，北京、天津、河北省工商和市场监管部门签署了《京津冀消费者权益保护综合平台战略合作协议》，决定共同打造京津冀消费者权益保护综合平台，统一北京、天津、河北 12315 消费者权益保护热线电话，打破行政区划界限，实现三地需求信息反馈的统一接收、分发和处理，进一步畅通消费者申诉渠道，充分共享消费信息和维权资源，完善跨地区消费纠纷解决协调机制，通过消费维权执法有效解决跨地区消费纠纷，使三地消费者感受到综合消费维权公共服务的效率和便利性，共同保护和维护消费者的合法权益。

二是自上而下推进合作体制机制的突破创新。如资金共筹机制、税收分享机制、生态补偿机制等。京津冀协同的主要任务之一是产业迁移。目前企业搬迁的一个重要考虑是总部如何设置，地方税如何划分。2015 年 6 月 3 日，财政部、国家税务总局向北京、天津、河北省财政厅（局）下发了《京津冀产业转移协调发展企业税收分成办法》，国家税务总局和地方税务局规定，由迁入区政府牵头的增值税、企业所得税和营业税纳入当地份额（以下简称"三税"），符合迁入区产业布局条件，并在迁出前三年内每年缴纳"三税"，超过或等于 2000 万元的企业应纳入分享范围。具体企业名单由迁入、迁出地区省级政府统计并共同确认。因市场行为而自由迁移的企业不属于共享范围。迁出地区分摊的"三税"应达到企业迁出前三年缴纳的"三税"，总额为上限。达到共享上限后，重新安置的区域将不再共享。具体措施如下：搬迁企业在达到上限后三年内完成工商变更登记和税务登记，缴纳"三税"。如果三年内未达到分摊上限，分摊期限将再延长两年。此后，搬迁区将不再共享，中央政府将一次性给予搬迁区适当补贴。北京市又出台疏解非首都功能产业的税收支持政策，减免11种税费，明确企业因疏解转让房地产可免征房产税和土地增值税。建立了市对区转移支付资金分配与人口调控挂钩机制。

在资金共筹方面，京津冀发展需要大量资本投入来推动建设，单靠一市一地政府的力量，既难以满足庞大的资本需求，又不能发挥协同优势。自2016年起，京津冀三地即在国家发改委、财政部、工信部等部委推动下，谋求设立京津冀产业协同发展投资基金，并于2016年12月12日在京召开专题协调会。2017年9月30日，京津冀产业协同发展投资基金成立大会在北京举行。经国务院批准，由国家发展和改革委员会、财政部、工业和信息化部牵头，北京、天津、河北省、中国发展投资公司、招商局集团、清华大学等投资者共同出资的中国工商银行京津冀产业协调发展投资基金正式成立。基金初始规模为100亿元，以有限合伙形式设立。京津冀产业协同发展投资基金是国家为引导社会资本参与而设立的首个京津冀协同发展专项投资基金，也是中国唯一以区域协调为主题的产业投资基金。它具有两级政府共同推动、社会投资者多元化参与、更加注重区域产业结构调整和创新机制的特点。

在金融体制创新上，除设立各类基金会支持京津冀协同各领域建设外，各金融机构也与地方金融机构展开许多合作。国家开发银行研究出台了《关于开发性金融支持京津冀协同发展的意见》，与京津冀三地政府签署《开发性金融支持京津冀协同发展合作备忘录》，与河北省政府签署了《开发性金融支持河北省脱贫攻坚战略合作协议》，积极支持京津冀协同发展各项工作。2014—2016年，国开行在京津冀地区实现贷款发放1.54万亿元，占全行的18.6%，重点支持了北京城市副中心建设、曹妃甸协同发展示范区基础设施建设、北京新机场等一批重大项目。2020年国开行拟在京津冀地区发放本外币贷款5200亿元，提供综合融资5500亿元，助力将京津冀协同发展打造为新时代推动高质量发展的典范。

在生态补偿机制方面,以北京、张家口为主的京津冀西北部地区初步形成了以中央纵向补偿为主、地方横向补偿为辅,经济和技术为主要补偿方式的跨区域生态补偿机制。2009—2016年,中央对张家口市的生态转移支付从1.89亿元迅速增长到9.45亿元,增幅达400%。除此之外,北京和河北还就密云水库水资源生态保护工作签署了合作协议,构建了京冀水资源跨区域生态补偿的新机制。

三是召开三地主体参与的、不同层级、不同领域的府际联席会、协调会、座谈会,签订与区域协同有关的政策、合作协议或备忘录。如前文所述,2014年至2020年6月京津冀三地签订的相关合作协议(包含政府与社会的合作协议)共有615条。在具体领域如交通、科技创新、民政养老、生态环境保护、产业合作、人才交流、警务合作、应急管理等方面,从中央到地方的各个部门签订了大量战略合作框架协议,成立了许多战略合作联盟。如2014年5月4日,京津冀警务航空区域合作会议在北京举行。北京、天津、河北公安机关签署了警用航空合作机制框架协议,建立了全国首个警用航空区域合作平台。2014年8月16日,北京市科委、天津市科委、河北省科技厅签署《京津冀协同创新发展战略研究与基础研究合作框架协议》,提出加快建立和完善战略对话、信息交流、工作对接、科技资源和成果开放共享的协作机制和长效机制。在战略研究层面,着力构建协同创新战略研究平台,依托首都科技学院发展战略,充分调动中央和地方三大智库的研究力量,积极探索"联合选题、联合组织、联合研究、成果共享"的合作研究机制和模式;在基础研究层面,整合京津冀重点实验室等创新资源,引导和支持重点领域重点实验室建立创新战略联盟,通过完善专家资源交流、科技资源共享等机制,加快科技资源流动,实现基础研究项目成果的开放共享。

2015年12月2日,北京、天津、河北三地环保部门正式签署《京津冀区域环境保护率先突破合作框架协议》,明确了京津冀将重点突破的十个领域。三地联合立法,共同制定《京津冀区域环境污染防治条例》,并在国家《京津冀协同发展生态环境保护规划》的指导下,共同制定大气、水和固体废物领域的专项规划,协调区域污染控制。统一标准,建立区域协调的污染物排放标准体系，逐步统一区域环境准入门槛。统一监测：以国家统一的《大气、水、土壤环境质量监测技术规范》和《污染源监测技术规范》为指导，共同研究确定统一的监测质量管理体系，共同建设区域生态环境监测网络。信息共享：建立三省（市）环境信息共享平台，实现环境质量、污染排放、污染治理技术和政策信息共享。协同污染治理：针对区域共同存在的污染问题，共同治理大气、水、土壤污染，共同实施生态建设。联合执法：针对跨区域、跨流域环境污染等区域环境问题，开展联合执法，共同打击非法排污。应急联动：建立跨区域环境污染事件和区域、大规模重污染大气的预警咨询和应急联动机制。联合宣传：对环境保护领域的重大政策、重要工作进展和区域环境质量改善情况进行联合宣传。[①]

2015年12月21日，召开京津冀民政协同发展工作会议。三地民政部门签署了《京津冀民政事业协同发展合作框架协议》，决定重点就养老服务、社会组织、社会救助、防灾减灾、殡葬管理等十个领域开展合作，引导和鼓励京外养老服务，探索跨区域养老新模式，开展养老服务跨区域购买试点。

2016年9月，北京经济技术开发区、天津经济技术开发区、石家庄经济技术开发区、曹妃甸经济技术开发区等十六家国家级开发区和保税区联合发起成立了京津冀国家级开发区产业人才联盟，旨在进一步团结凝聚京津冀国家级开发区的产业人才，促进人才之间的交流合作，更好地为京津冀国家级开发区产业转型升级提供智力支撑。京津冀国家级开发区产业人才联盟会员采取聘任和自愿申请加入相结合的方式产生。前期成员主要包括京津冀国家级开发区和省（直辖市）级开发区，京津冀国家级开发区和省（直辖市）级开发区内具备一定影响和发展实力的创新产业人才和具备专业的服务能力，以及致力于京津冀人才协同合作的服务型企业。在联盟规划中，京津冀三地产业领军人才将打破地域、行业、专业限制，通过智力对接、产业转移、项目合作等多种形式，共商发展大计。

2017年1月，京津冀三地人力社保部门共同签署《专业技术人员继续教育合作协议》，为京津冀三地专业技术人才流动提供更大便利，促进三地人才交流合作，加快推进京津冀人才协同发展。在高等教育与人才培养方面，京

---

① 孙宁松. 京津冀签环保合作框架协议 [N]. 中国工业报, 2015-12-09.

津冀三地成立了不同类别的高校创新联盟，开展了跨区域的校企合作，建立了三地智库交流平台等。

2017年3月24日，北京市、天津市、河北省三地口岸主管部门在津门召开口岸合作座谈会，并签署《京津冀口岸深化合作框架协议》。根据协议，京津冀口岸将完善口岸合作机制，加强口岸信息合作，服务口岸通关业务整合，推进口岸检验检疫一体化，深化津冀海事业务整合，促进边检业务整合，加强津冀海港合作，深化空港港口合作，促进陆港加快发展支持自贸试验区试点政策向北京和河北延伸，推进专属物流园区港口功能建设和重点企业发展，积极配合三地海关、检验检疫、海事、边检等口岸检验部门和三大海港主要经营单位，空运和陆运共同促进港口优质资源的集聚、互联互通和互用，进一步提升京津冀港口的协调和服务水平。

2018年8月7日，北京市应急办、天津市应急办、河北省应急办共同签署《京津冀三省应急管理合作协议》，并召开首次联席会议。未来，三方将密切合作，加强联动，配合应对跨地区突发事件，共同开展应急工作，共同维护京津冀协调发展。根据协议，在应急预警方面，未来北京、天津、河北将在各级应急管理机构之间建立日常的信息交流机制，向相关方通报可能影响其他省（市）的突发事件的准确情况，充分发挥三地监测预警系统的作用，根据需要共同建立风险管理体系和危险源、危险区域管理体系，完善排查治理安全隐患工作机制。发生突发事件时，结合三地实际情况，研究提出对策建议，共同做好应急防范工作。全面推进应急联合指挥机制建设，加强组织协调配合，积极组织跨区域应急联合演练，提高应急处置的能力。

2019年11月29日，北京市食品安全监测与风险评估中心、天津市食品安全检测技术研究院、河北省食品检验研究院共同签署《京津冀食品检验检测技术创新联盟合作框架协议》。根据协议，三方将促进相互认可，统一北京、天津和河北的食品检验参数、检验方法和判断依据，实现关键风险指标检验结果的相互认可和检验过程的可追溯。

四是在具体合作对接工作机制上有所突破。2015年开始北京与河北省开展了大规模的挂职干部互派。北京选派100名干部赴河北挂职工作；河北选派100名干部来北京。按照两地的干部挂职计划，京冀两地互派干部挂职工作暂定连续开展五年,每年轮换一次,每批干部挂职时间一年。挂职干部实行双向任职,不免派出单位职务,一般挂任平级岗位实职,以挂职单位工作为主,主要负责推动京冀两地协同发展有关工作。首批两地各选派的100名挂职干部中,北京市选派区县局级干部10名,处级干部78名,专业技术人才12名;河北省选派厅局级干部15名,县处级干部45名,乡科级干部28名,专业技术人才12名。干部人才选派主要涉及两省市发改委、交通委(厅)等省市直综合部门,涉及北京西城、海淀、门头沟、房山、通州、大兴和河北承德、张家口、唐山、廊坊、保定等市区县。

为共同应对新冠肺炎疫情,京津冀三地卫健委建立起了全面的合作对接机制。包括疫情防控沟通机制、信息共享机制、疫情防控会商机制、疫情协查管控机制、诊疗方案共享和危重病人会诊机制等。三地卫健委对重点地区人员隔离健康观察解除单、病例密切接触者隔离医学观察解除单实行三地互认;积极推动相关部门制定三地统一的健康电子码,解除隔离时实现扫码识别,并加强大数据分析利用等①。这些工作机制的建立大大提高了京津冀区域协同应对公共疫情危机的能力。

## 四、具体领域突破和重点项目结合推进协同

根据中央要求和《京津冀协同发展规划纲要》,三地协同以疏解首都功能为主要任务,首先在交通、生态、产业三个领域取得突破。七年来,三地以重点项目、重点园区建设为抓手,全面推进重点领域建设,取得了许多成绩。

一是疏解存量、严控增量,加快疏解北京非首都功能。

京津冀协同发展的核心任务之一就是通过空间结构的优化疏解非首都功能,治理北京"大城市病"。为了实现这一目标,北京市提出从"集聚资源求增长"到"疏解功能谋发展"的重大转变。2014年北京明确了通州作为城市副中心,要打造成为推动京津冀协同发展桥头堡的定位。2019年1月,北京市级行政中心正式迁入城市副中心,第一批搬迁涉及35个部门、165个单位,示范带动作用明显。城市绿心森林公园开园,城市副中心剧院、图书馆、博

---

① 陈忠权,陈璠. 京津冀三地卫健委建立五大合作机制[N]. 天津党建. 2020-02-27.

物馆三大建筑全部实现主体结构封顶,环球主题公园开园运营,行政办公区二期等项目有序推进。同时积极开展"疏解整治促提升"专项行动,2014年以来北京市累计退出一般制造和污染企业2800余家,疏解提升区域性批发市场和物流中心980余个,基本完成了一般制造业企业集中退出和区域性专业市场集中疏解的阶段性任务。疏解转移为北京市高精尖经济结构构建打开了更大空间。

2017年,雄安新区的设立使其和北京城市副中心一起成为疏解非首都功能的两大集中承载地,"一核两翼"首都空间战略格局正式形成。一核两翼的建设使首都告别了单中心格局,开始向着布局合理、功能明晰的多中心多节点空间结构转变,标志着解决北京大城市病、疏解北京非首都功能的核心任务实施进入了快车道。雄安新区建设高峰期,新区有270多个工地,约10万建设者紧张有序施工。截至2021年上半年,雄安新区累计完成投资2600多亿元,125个重点项目全力推进,一批在京企业入驻雄安新区,北京在雄安新区注册成立企业超千家。北京市全力支持雄安新区开局起步,始终把支持雄安新区规划建设作为分内之事,将雄安新区发展与北京一体谋划、统筹考虑,扎实推进公共服务等重点领域合作事项。

**专栏 5-2:雄安新区近年来发展建设成就**

经过近几年的精心规划设计,雄安新区的"1+4+26"规划体系和"1+n"政策体系已初步形成。雄安新区已全面转入大规模建设阶段,生态治理成效显著,产业发展全面加快,城市活力不断增强。

**雄安新区已全面转入大规模建设阶段**

与2019年相比,2020年雄安新区的整体外观发生了显著变化。其中,荣东、昝岗、雄东、启动区等重点建设区域变化最为明显。通过对卫星遥感影像的综合分析,可以看出,2020年10月雄安新区在建总面积较2019年10月增加89.52%,建设规模明显扩大。雄安站枢纽区、雄东移民安置区等重点建设区域的地表特征发生了显著变化。根据卫星遥感影像数据分析,荣东地区在建区域面积较2019

年10月增加57.75%；雄安高铁站周边在建区域面积较2019年10月增加69.48%；雄东移民安置区在建面积明显增加。荣武高速公路、京雄高速公路在遥感影像上以"南北纵横"的形式清晰呈现，雄安新区主干道网络轮廓也初步呈现。此外，京雄城际铁路已全面开通。2020年12月27日，雄安站正式投入使用，京雄城际铁路投入运营，将进一步完善京津冀城市群的高速铁路网结构。

**雄安新区生态治理成果显著**

2020年，雄县、安新县绿化改造取得显著成效。通过图像处理算法对全区进行统计，与2019年相比，2020年雄县和安新县城区绿化植被覆盖率分别增加16.40%和9.15%。荣成县西部和北部的绿色植被覆盖率显著增加。由于荣东地区的大规模建设，东部植被数量有所减少，荣成县整体绿化植被覆盖率保持相对稳定。总体来看，雄安新区三县生态环境明显改善。从2019年起，雄安新区将重点建设两个功能性生态湿地：抚河和孝义河。河口湿地是白洋淀的生态屏障，形成白洋淀的生态缓冲区。报告指出，抚河河口和孝义河口两个功能性生态湿地建设取得重大进展。孝义河河口湿地绿色植被覆盖面积较2017年增加46.26%，抚河河口湿地绿色植被面积较2017年增加12.53%。

**雄安新区产业发展加速，城市活力持续增强**

以POI的数量增减变化来看，与2019年相比，2020年雄安新区各类POI数量显著增加。其中，医疗和汽车服务POI数量增长30%，美食POI数量增长24.7%，购物POI数量增长13.7%，企业POI数量增长7.41%。上述分类POI的快速增长可以从一个侧面反映，雄安新区建设军的涌入带动了当地消费需求的增长和消费能力的提高。同时，雄安新区对青年人口的吸引力也在不断提高。按2019年10月总人口计算，11月20日雄安市青年常住人口较2019年同期增长37.35%。越来越多的年轻人来到雄安，为雄安注入新的青春力量。

资料来源：根据百度《未来之城 拔节生长——雄安新区2020年大数据报告》相关内容改编。

在人口疏解方面，北京制定了年度人口调控目标、实施《居住证条例》办法和积分落户管理办法，市区两级"双调控"工作机制和各区一般性转移支付资金分配与人口调控挂钩机制。数据显示，2018年、2019年末北京市常住人口分别为2154.2万人、2153.6万人，分别比上年末减少16.5万人、0.6万人（如图5-2）。截至2019年末，北京市东城区常住人口为79.4万人，比上年降低3.4%；西城区常住人口113.7万人，比上年降低3.6%。北京市2020年人口控制目标顺利实现。

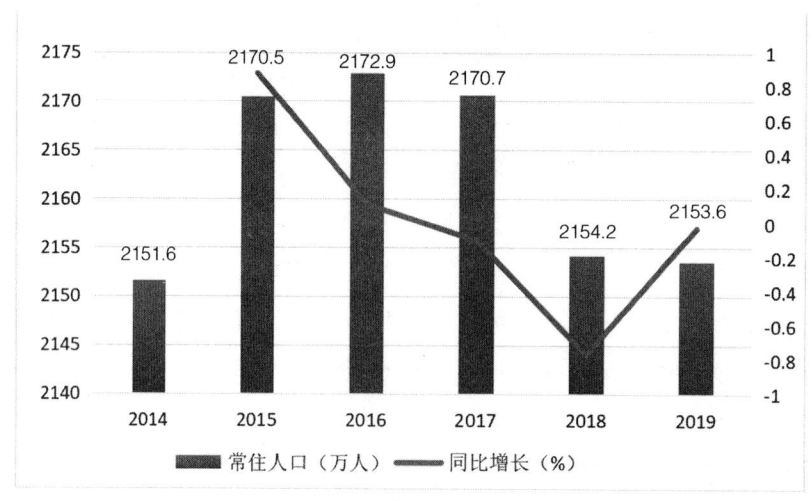

图5-2 北京市常住人口数量统计（2014—2019）

2015—2019年北京市常住外来人口数量逐渐减少，2018年北京市常住外来人口数量为764.6万人，同比减少3.74%；2019年北京市常住外来人口数量为745.6万人，同比减少2.48%，如图5-3所示。

天津初步形成"1+16"格局。天津以滨海新区为综合承接平台以及各区专业承接平台为支撑，初步形成了"1+16"格局。天津市发改委提供的数据显示，天津累计引进北京项目4500多个，到位资金超8000亿元。其中，与北京中关村合作共建的滨海中关村科技园、宝坻京津中关村科技城，已经成为两市合作的亮点。"十三五"期间，天津滨海—中关村科技园累计注册企业

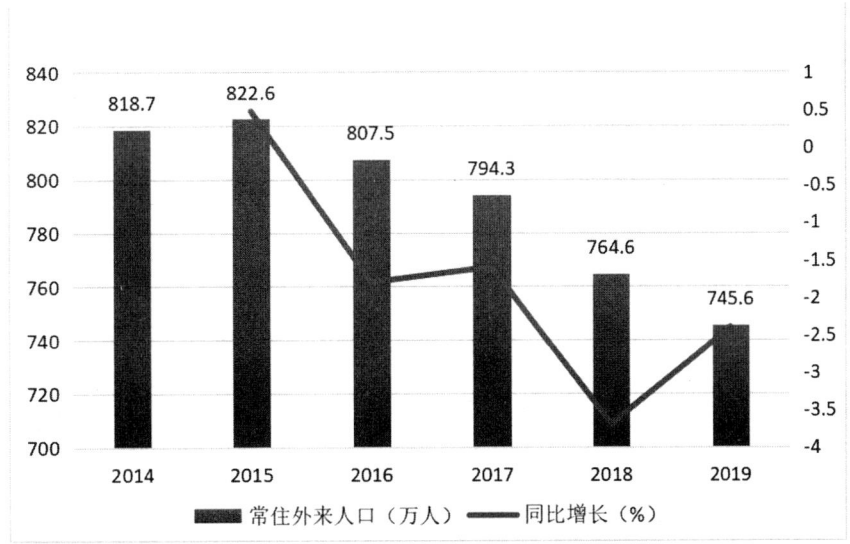

图 5-3　北京常住人口数量变化表（2014—2019）

超过 1600 家，一批总部机构和优质项目签约落户，新一代信息技术等产业集聚态势初显。国家会展中心、"天河三号"超级计算机、国家合成生物技术创新中心等一批标志性工程落地建设。此外，天津主动支持服务雄安新区，天津港雄安新区服务中心挂牌成立。"通武廊""小京津冀"试验改革 88 项合作协议和 21 项重点工程加快实施。

河北积极承接京津企业落户。2014—2019 年，河北共承接北京市转移基础单位 7009 个，其中法人 1871 个，产业活动单位 5138 个。与京津共建科技产业园区 55 个，创新基地 65 个，1400 多家京津高科技企业落户河北，有力促进了河北产业结构不断优化。2018 年河北三次产业结构实现由"二三一"到"三二一"的历史性转变。2019 年河北地区生产总值中第三产业占比提升至 51%，较 2015 年提高了近 11 个百分点，与京津冀协同发展战略出台之前相比，产业结构调整速度明显加快。在此背景下，河北创新主体数量猛增，2019 年河北国家级高新技术企业新增 2000 家以上，总数是三年前历史总和的 3.5 倍，新增科技型中小企业 1.1 万家。2020 年，北京在营企业注册资本总额在京津冀三地的占比为 73.95%，相比 2014 年下降了 9.57 个百分点。天津在营资本占比上升了3.72%，河北上升了5.85%。2014—2021年，北京批发和零售业在营资本增长54.56%，天津增长126.92%，河北增长127.70%。

二是以重大项目、重点区域，积极推动三地产业对接与项目投资。

产业一体化是有序疏解北京非首都功能、推动京津冀协同发展的实体内容和关键支撑。在产业对接方面，三地主要推进的思路是以重大项目拉动产业投资。曹妃甸协同发展示范区，首钢京唐公司二期、城建重工专用车及新能源汽车生产基地等一批重大合作项目开工建设。首钢京冀协同发展投资基金，母基金规模200亿元，支持首钢北京园区和曹妃甸协同发展示范区的开发建设。以京冀曹妃甸协同发展示范区为例，该区规划面积100平方千米，其中5.5平方千米产业先行启动区和3.5平方千米的产城融合先行启动区，功能定位为"一区六基地（首都高校疏解集中承载区、高新技术成果转化基地、现代产业加工制造基地、信息技术服务外包基地、应用技术职业教育基地、协同发展创新创业基地和北京曹妃甸现代农业示范基地）"。自2014年京冀双方签署《共同打造曹妃甸协同发展示范区框架协议》至2019年，曹妃甸协同发展示范区已经累计签约北京项目331个，协议总投资4388亿元。此外，一批重大产业合作项目落地实施，北京现代沧州工厂建成投产以来，累计产销整车超过63万辆，北京沧州新区生物医药产业园企业签约落户北京医药98家。协同打造区域科技创新平台，保定中关村创新中心累计入驻企业约400家。中关村企业在津冀两地设立分支机构累计超9100家，北京在津冀技术合同成交额累计超1600亿元。

统计数据显示，从地区差距、城乡差距、城市规模、地区分工和产出强度这五个指标衡量，2014年后，京津冀三地协同发展指数稳步上升，三地合作越来越紧密，产业协作与分工趋于高效。[①] 另外值得一提的是，尽管三地在化工和钢铁等领域强化了协作，但并不意味着在疏解北京非首都功能上输出的产业是高污染、低附加值的产业。北京市发改委党组成员、北京市京津冀协同办常务副主任王海臣表示，北京不是在"甩包袱"。这几年北京关停了1341家企业，主要是高耗能、高污染、高耗水企业，没有把所谓的低端企业

---

① 中国社会科学院京津冀协同发展智库京津冀协同发展指数课题组.京津冀协同发展指数报告［M］.北京：中国社会科学出版社，2017：17-20.

丢给河北、天津。主要是对高端制造业中不具备竞争优势的制造环节进行疏解，但疏解过程中也包括科技创新成果转化，2014—2019年，北京输出到天津和河北的技术合同成交额累计约1063亿元，12家中关村企业入驻河北雄安新区中关村科技产业基地，中关村企业在天津和河北设立分支机构累积超过8000家。从专利申请来看，2014年至2018年，京津冀联合授权专利数合计4278件。其中京津联合授权专利数为1798件，占比为42.0%；京冀联合授权专利数为2013件，占比达47.1%。

三是全网推进，交通运输服务一体化进程加快。

京津冀充分认识到交通是协同发展的动脉，在协同发展规划纲要中就已明确指出交通一体化的重要性，成立了交通一体化领导小组，编制出交通一体化规划，对路线及时间做出了规定。2014年以来，京津冀围绕交通发展"率先突破"，三地进行了积极推动。京昆、京台、京开拓宽工程，京秦、首都地区环线（通州—大兴段），延崇高速平原段等相继建成通车，1小时城际交通圈的范围不断扩大。尤其是"瓶颈路"和"断头路"的打通，为三地人口、物流的自由流动提供了强劲的支撑。2014—2018年，三地公路里程累计增加1.4万千米，高速公路里程增加1674.5千米，三地交通运输能力和现代化服务水平不断提升。京雄高速河北段、荣乌高速新线、京德高速一期工程建成通车，雄安新区"四纵三横"的对外高速公路骨干路网全面形成。铁路方面，京津冀三地与中国铁路总公司共同出资成立了京津冀城际铁路投资公司，通过投资一体化推动区域轨道交通一体化。目前"轨道上的京津冀"初步形成。京津城际延长线、京张高铁、京雄城际等建成通车，干线铁路、城际铁路、市域（郊）铁路、城市轨道交通融合发展水平加快提升。

民航方面，由首都机场、北京大兴国际机场、天津滨海国际机场、石家庄正定机场、邯郸机场等组成的京津冀区域机场群已初具规模。2019年9月，随着北京大兴国际机场正式投运，北京"飞"入"双枢纽"时代。水运方面，区域港口物流货运能力不断提高，由天津港、秦皇岛港、唐山港和黄骅港组成的区域沿海港口群，已成为中国最重要的能源输出及物流集散基地[①]。

---

① 祝合良，叶堂林，张贵祥等. 京津冀发展报告（2017）——协同发展的新形势与新进展[M]. 北京：社会科学文献出版社，2017：8-9.

自 2014 年以来，京津冀三地在交通领域推进京津冀协同发展所签署的主要协议如表 5-3 所示。

表 5-3 推进京津冀交通领域协同发展的主要协议（2014—2020 年）

| 时间 | 机构部门及协议名称 |
| --- | --- |
| 2014.07 | 京津冀三省市政府，《京津冀交通一体化备忘录》 |
| 2014.12 | 京津冀三地相关机场集团公司，《京津冀三地机场协同发展战略合作框架协议》 |
| 2014.12 | 京津冀三地政府、中铁总公司，《共同成立京津冀城际铁路投资公司合作协议》 |
| 2015.01 | 京津冀三省市船检部门，《京津冀船检机构协作发展合作备忘录》 |
| 2015.05 | 交通运输部，《〈京津冀协同发展规划纲要〉交通一体化实施方案》 |
| 2015.05 | 冀国资委、首都机场集团公司，《河北机场管理集团有限公司委托首都机场集团公司管理协议书》 |
| 2015.07 | 京津冀三地发改委，《京津冀启动三地充电设施协同建设联合行动》 |
| 2016.11 | 京津冀三地会同铁总编制《京津冀地区城际铁路网规划修编方案（2015—2030 年）》 |
| 2017.03 | 京津冀三地口岸主管部门签署《京津冀口岸深化合作框架协议》 |
| 2017.11 | 国家发改委、民航局，《推进京津冀民航协同发展实施意见》 |
| 2017.11 | 北京通州区民防局、天津武清区人防办、河北廊坊市人防办，《"通武廊"人民防空协同发展框架协议》 |
| 2018.2 | 北京、天津交通运输委员会和河北交通运输部门，《京津冀公路立法协同工作办法》《京津冀交通运输联合执法合作办法》 |
| 2018.5 | 天津市静海区与河北省沧州市、廊坊市，《津冀"1+5"交通协同发展战略合作框架协议》 |

续表

| 时间 | 机构部门及协议名称 |
|---|---|
| 2019.7 | 京津冀三地"治超办",《联合治超工作协议》 |

资料来源：根据官方发布信息整理。

交通运输服务一体化进程加快，形成《京津冀客运联程服务一体化实施方案》和《京津冀交通一卡通互联互通实施方案》。编制完成京津冀交通一卡通互联互通业务导则，区域清分结算中心正在建设，京津冀毗邻地区省际班线公交化改造试点稳步推进，开通了北京中心城区到河北廊坊及高碑店市、固安县、燕郊镇等地的跨省城际公交，道路客运北京地区联网售票系统建设完成。目前，北京地区至外埠公交线路已超过40条，线路长度2826千米，日均客运量40万人次。

随着京津冀交通一体化推进迅速，北京城区内交通拥堵情况得到较大缓解。根据北京市交通委提供的数据显示，2019年北京中心城区高峰时段平均道路交通指数为5.48，处于轻度拥堵等级，同比下降1.08%；综合出行时间指数为4.25分钟/千米，同比下降1.62%。高德地图联合国际信息中心大数据发展部等单位共同发布的《2019年中国主要城市交通分析报告》（以下简称"《报告》"）中显示，北京的拥堵程度由原来的第一下降为第四位，北京拥堵降幅达38.3%。

四是联防联治，推进生态保护和污染防治。

生态环境保护是有序疏解北京非首都功能、促进京津冀协同发展的重要基础，也是京津冀协同发展首次突破的重点领域之一。目前，京津冀已经建立了统一的区域生态环境监测网络、预警系统和协调联动机制。大气污染联合防治取得重要进展，"京津冀环境执法联合工作机制"启动。2018年，原京津冀及周边地区大气污染防治合作小组调整为京津冀及周边地区大气污染防治领导小组，建立汾渭平原大气污染防治合作机制，纳入京津冀及周边地区大气污染防治领导小组统一领导。国务院副总理任小组组长，副组长是生态环境部部长、北京市市长、天津市市长和河北省省长。成员来自国务院办公厅，发改委等10个部委，以及山西省、内蒙古自治区、山东省、河南省的有关负责人（如图 5-4）。领导小组建立了专门的工作机构，即领导小组办公室，设在生态环境部，承担领导小组日常工作。①

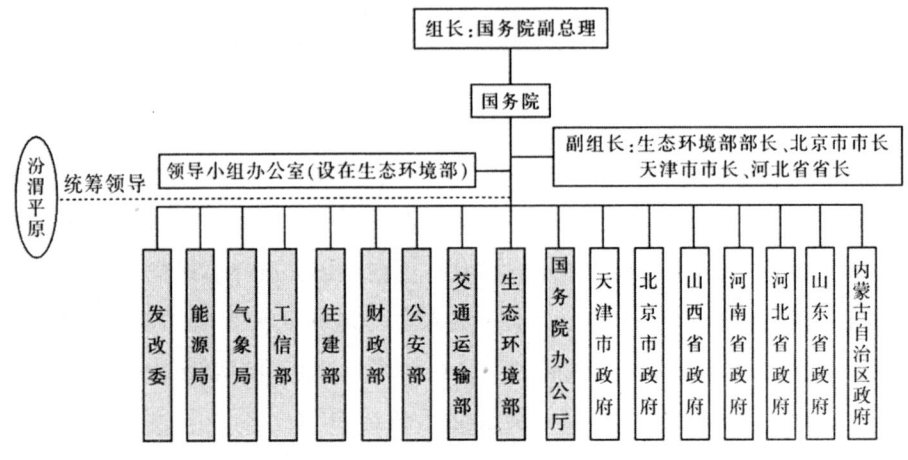

**图 5-4　京津冀及周边地区大气污染防治领导小组（2018）**

在领导小组办公室的支持下，各成员积极贯彻党中央、国务院关于京津冀和周边地区大气污染防治的方针政策和决策部署。组织和推进区域大气污染防治工作，统一研究和解决地区大气环境突出问题。研究确定区域大气环境质量改善目标和重点任务，指导、监督有关部门和地方实施，落实评估和奖惩。组织制定有助于改善地区大气环境质量的重要政策措施，研究防止地区大气污染的计划，探讨有关地区重污染天气应急联动的政策措施等。2014年以来，三地不断加强大气污染治理协作，统一执行区域重污染天气预警标准，强化联合会商研判，以大气污染防治和水生态修复为重点，取得显著成绩。2014 年至 2019 年，北京、天津和河北的空气质量进一步改善，细颗粒物（PM2.5）的年均浓度呈下降趋势。其中，北京从 2014 年的 85.9 微克/立方米下降到 2019 年的 42 微克/立方米，下降了 51%，京津冀整个区域 PM2.5 浓度下降了 46%（如图 5-5）。② 2020 年，京津冀地区平均天气优良天数比例达

---

① 锁利铭. 区域战略化、政策区域化与大气污染协同治理组织结构变迁 [J]. 天津行政学院学报，2020，22（4）：55-68.
② 魏敏. 京津冀生态环保率先突破 PM2.5 年均浓度五年降 46% [N]. 经济日报，2020-02-25.

70.1%，比上年上升8%。2021年1—7月，京津冀及周边地区"2+26"城市PM2.5累计浓度为44微克/立方米，同比下降18.5%。1—7月北京PM2.5累计浓度为37微克/立方米，同比下降7.5%，创历史同期最优水平。

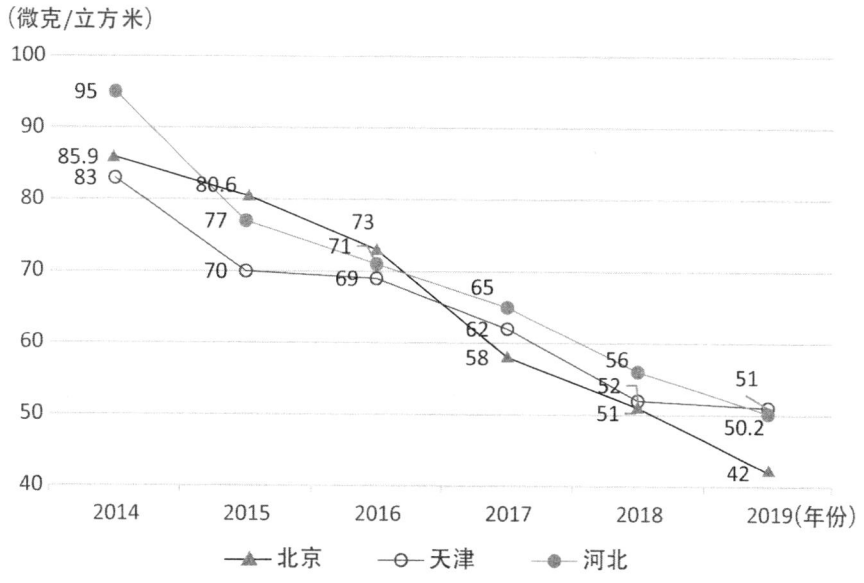

图5-5　2014—2019年京津冀三地PM2.5浓度变化

近年来，北京市同张家口、承德两市对接，初步完成了张承生态功能区建设实施方案，明确了建设目标、内容和进度。三省（市）环保部门主管领导签署了《京津冀水污染突发事件联防联控机制合作协议》协商建立共同推进水污染突发事件联防联控机制。根据联防联控机制，京津冀在水污染防控上坚持落实五个一：第一时间报告、第一时间赶赴现场、第一时间开展监测、第一时间向社会发布信息、第一时间组织开展调查，做到应急指挥一盘棋、应急监测一张图、应急物资一体化、稳定社会一条心；同时畅通信息联络，强化资源共享，完善规章制度，及时通报有关情况；强化地市间、区县间基层环保部门联系沟通。在林业保护方面，三地林业部门2016年2月签署《京津冀协同发展林业有害生物防治框架协议》，共同研究制定北京市生态功能红线、开展京津冀协同发展林业有害生物防治规划调研、探索研究京津冀制定补充检疫对象名单沟通和协调工作机制，共同实施生态环境保护。在森林植被资源保护上，河北省出台了《河北省张家口市及承德市坝上地区植树造林实施方案》，计划到 2022 年完成 209.5 万亩的营造林任务，为京津冀协同发展、冬奥会承办提供生态涵养区的基本功能和生态支撑，总投资额为 34.86 亿元，由中央（预算内投资定额补助 20.95 亿元）、河北（省财政支出 8.68 亿元）和北京（市财政支出 5.23 亿元）共同承担。这种以项目为依托构建"央地纵向+地区横向"的生态修复与补偿机制也成为区域生态协同治理的重要手段。2020 年三省市共同完成植树造林 800 多万亩。

五是加大投入，推进公共服务体制机制突破。

京津冀三地已在社会保障、医疗卫生、教育合作等方面进行了有益探索实践，积累了一定的经验。为推进京津冀养老服务协同发展，满足三地老年人养老服务需求，近年来，京津冀三地在养老服务协同发展的体制机制创新方面积极探索，相继出台了一系列政策措施。三地有关部门签署了《共同推动京津冀民政事业协同发展合作框架协议（2015—2020 年）》《京津冀养老工作协同发展合作协议》《医疗保险合作备忘录》《医疗卫生计生事业协同发展合作框架协议》等一系列合作文件（如表 5-4），旨在打破京津冀地区的户籍限制、行政阻力和"地方保护主义"，努力实现京津冀地区老人异地养老无障碍。[1]《京津冀民政事业协同发展合作框架协议》《京津冀养老工作协同发展合作协议（2016 年—2020 年）》《京津冀区域养老服务协同发展实施方案》等相关规划和政策的出台，推动了区域养老产业协同和相互输出，引导京津社会资本向河北养老服务领域流动。[2] 此外京津冀三省市出台了跨地区养老保险转移接续办法实施细则，发行了符合国家统一标准的社会保障卡，基本实现了城乡居民养老保险制度的名称、政策标准、管理服务和信息系统的"四个统一"，为实施京津冀地区养老保险一卡通奠定了基础。

---

[1] 仝广顺，贾凯旋，任晓雅．京津冀一体化下养老服务业协同发展研究［J］．经济研究参考，2018（70）：8-11．

[2] 韩兆柱，邢蕊．基于整体性治理的京津冀养老服务协同发展路径研究［J］．中共天津市委党校学报，2019，21（1）：71-78．

表5-4 2014—2020年京津冀协同养老部分政策

| 政策名称 | 政策内容 |
| --- | --- |
| 《共同推动京津冀民政事业协同发展合作框架协议（2015—2020年）》（2015年） | 协同规划布局养老机构，引导和鼓励在京养老企业向京外疏散转移，探索开展跨区域购买养老服务；合力破解跨区域老年身份和户籍障碍，重点做好在社会保障、养老保险、救助补贴等方面政策对接，促进制度体系渐进融合和基本公共服务均等化发展。发挥政府推动、市场主导和社会参与的多主体作用，围绕京津冀打造互补互利的养老服务集群，鼓励实力强的养老企业走跨区域的品牌化、连锁化发展道路，聚力打造养老服务新模式、新业态 |
| 《京津冀养老工作协同发展合作协议（2016年—2020年）》（2016年） | 协议合力破解跨区域老年福利和养老服务方面的身份、户籍壁垒，形成"一省两市"养老服务发展新格局，让京津冀三地老人异地养老无障碍 |
| 《京津冀区域养老服务协同发展实施方案》（2017年） | 通过政策创新、机制创立、功能创建，完善区域之间政策衔接和行业监管的协同管理体系；通过区域协作、资源整合，增强养老服务核心保障能力，促进京津冀区域养老基本服务均衡化，推动区域健康养老产业转移和升级 |
| 《北京市通州区与河北省三河、大厂、香河三县市协同发展规划》（2020年） | 培育北三县区域性医疗养老服务功能。鼓励北三县建设医疗卫生与养老相结合的服务设施，全面提升在健康养老领域服务北京市及京津冀地区的能力。研究制定鼓励政策，引导北京优质健康养老资源向北三县延伸。通过机构合作、设置分院等方式，推动在京服务全国和区域的优质医疗资源向北三县纵深布局、完善区域资源共享、双向医疗转诊、异地结算、多点执业等机制，积极促进分级诊疗制度在区域内的实施，为医疗卫生与养老服务事业融合发展创造便利条件 |

资料来源：作者根据相关网络公开资料绘制。

医疗卫生协作方面。为了让百姓看病就医更方便，京津冀三省市卫生健康部门积极推进医疗卫生领域的协同发展，签订了一批合作协议、建立健全了合作机制，开展了一系列合作，出台了多项便民惠民措施。推进实施京张、京承、京保等重点医疗卫生合作项目，京津冀地区近2600家定点医疗机构实现异地就医门诊费用直接结算。居民不用再垫资、跑腿，就可以直接享受医保报销。天津市开通京津冀异地就医直接结算的医院，既包括天津市实力雄厚的综合医院，也有特色鲜明的专科医院；全市相关三级医院几乎全部参与其中，也有部分一级、二级医院；不仅全市各区全面分布，又突出了协同发展重点地区重点需求，进一步便利了异地患者就医报销，也为人员往来、要素流动提供了良好条件。相关异地长期居住人员、长住异地工作人员等在参保地备案后，即可在天津市相关医院享受便利的就医报销服务。

截至2019年，京津冀地区临床检验检查结果互认项目达到36个，互认医疗机构达到411家，覆盖了符合要求的二、三级医疗机构和医学检验实验室；176家医疗机构的21项医学影像资料实现共享。此外，京津冀公共卫生领域全面合作有序推进。近年来，三地卫生健康部门签署20余项合作框架协议，持续推进包括疾病防控、卫生应急、妇幼健康、老年健康、精神卫生、综合监督、食品安全等方面的协同合作，通过业务交流、培训、演练、搭建共享平台等多种形式，促进京津冀三地卫生健康事业可持续协同发展。

人力社保合作方面。北京市分别与津冀两省市签订《加强人才工作合作协议》《推动人社工作协同发展合作协议》和《医疗保险合作备忘录》。三地参保人员社会保险信息实现相互核对及协查。三地之间证件互认的范围进一步扩大，27项专业技术职称资格实现互认。[①] 在本项目的调查中，九成受访者认为京津冀城市间，部分证件能相互认证。其中41.94%的受访者认为"大部分证件能互认"，46.89%的人认为"小部分证件互认"，4.3%的人认为"所有证件都互认"，仅6.87%的受访者认为"无证件互认"情况，如图5-6所示。

---

① 刘清波. 京津冀靠改革创新发力　公共服务均等化水平逐步提高 [N]. 河北日报，2017-02-24.

<<< 第五章 京津冀协同治理的总体评价：主要成绩与困难

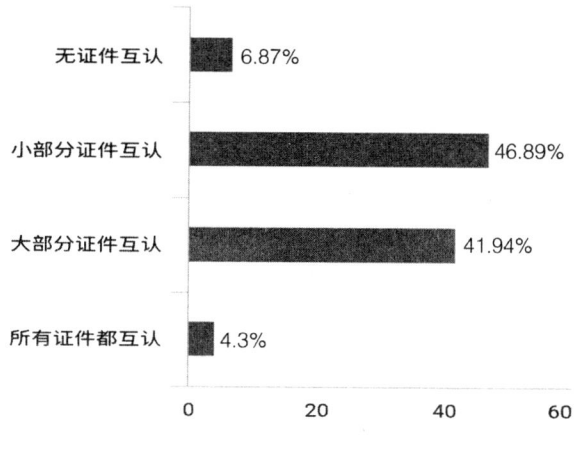

图5-6 京津冀证件互认情况评价

教育合作方面。推动北京优质公共服务资源向天津、河北布局，成立14个跨区域特色职教集团（联盟），开展教育协同帮扶项目。北京市与河北省签署《京冀两地教育协同发展对话与协作机制框架协议》《京冀大学生思想政治教育工作协作方案》及教育合作框架协议，鼓励在京高等学校通过合作办学、学科共建、教师交流挂职等多种模式，开展区域教育合作。支持组建京津冀高等学校联盟，促进高等学校优质教学科研资源共享。北京大学与南开大学等高校联合成立了京津冀协同发展联合创新中心，北京工业大学、天津工业大学、河北工业大学成立了京津冀协同创新联盟；河北省6所交通职业学校纳入北京交通职教集团，破除了京津冀交通人才培养的地域限制，成立了京津冀卫生职业教育协同发展联盟。积极开展优质教育资源合作和教育帮扶，北京景山学校与曹妃甸区投资集团共同签署了合作办学协议。开展三地教育协同发展需求对接，探索基础教育课程开发、教材编写、教学科研等方面的合作和交流。目前，北京景山曹妃甸分校已开学；北京—曹妃甸国际职教城一期已投入使用。总体来看，京津冀协同发展战略提出后，三地公共服务水平的差距的扩大速度处于下降的趋势，协同发展成效显著。①

---

① 叶堂林，李璐. 京津冀公共服务协同治理问题及对策研究 [J]. 理论与现代化，2020（3）：19-23.

## 第二节　京津冀协同治理中的主要问题

在中央战略规划的强势引导下，尽管京津冀协同发展取得了一系列的成果，但是从区域协同治理的角度来看，还有些问题需要解决。

### 一、区域治理目标粗犷，针对性不足

治理目标可以从两个层面来看，一是国家层面的战略目标，二是协同发展中的政策目标。理查森（Richardson）指出，"仅仅依靠谈判和备忘录在城市群内进行有效的政府间合作是不够的，因为城市群发展过程中追求利益将导致频繁的政府间博弈冲突"。因此，面对这种情况，有必要制定城市群总体规划，以确保政府间的战略合作。在城市群总体发展规划的宏观指导下，各城市政府可以制定自己的区域发展政策，有效避免政府间政策冲突，促进城市群协调发展。①

从京津冀区域发展战略目标来看，2015年以来，《京津冀协同发展规划纲要》《"十三五"时期京津冀国民经济和社会发展规划》和《京津冀协同发展土地利用总体规划（2015—2020）》相继出台，代表着京津冀协同治理战略目标的确定。但是现有的战略规划文件，虽然明确了未来京津冀协同发展的方向与目标，也提出了制度创新的总体要求，但是实施主体、实施路径、管理体系等方面的安排仍不明确，约束体系、权责关系与监督机制仍不健全，总的来说发挥的引导作用强于统筹作用。

从京津冀三地制定的"十三五"规划、区域规划、城市规划、土地规划等来看，京津冀三地未形成一个统一规划。例如在生态环境保护方面，京津冀缺乏统一的生态环境治理规划，在执行政策方面也存在差异，执行力度和标准不一，有的地方执行得严格，有些地区则执行过于宽松，影响了生态环

---

① AXELROD R, KEOHANE R O. Achieving Cooperation Under Anarchy: Strategies and Institutions [J]. World Politics, 1985, 38 (1): 226-254.

境的整体建设。在交通一体化发展规划方面,北京、天津、河北都分别制定了相应的交通规划,加快了京津冀地区全覆盖、网络状、多中心路网格局的实现。在制定各自交通规划时,三地也制定了区域交通规划协调的相关合作协议,交通一体化发展的目标、框架已经逐渐明朗,但是三地考虑因素重点不同,在具体规划设计方面也存在差异,配套的政策保障措施没有调整,导致项目推进缓慢。政策体系"微循环"不畅的状况仍较为普遍。例如,异地监管企业以分公司形式落户,无法享受京津两地的政策支持。

现在很多产业配套政策都没有衔接,……例如落地河北的分公司经济指标无法属地入统,但是能耗、环保等指标均纳入属地统计,在节能减排的环保背景下,一定程度上侵占了河北的生态容量和环境空间。

## 二、区域治理主体逐渐多样化,但多元主体参与治理的网络结构尚未形成

Palmer(1991)提出,区域不仅仅是政府为主体的区域,区域的主体还包括非政府组织、企业、个体等。区域治理的本质在于通过多元主体间平等沟通、协商,协力促进良好治理绩效的实现,使区域内各地方收获共赢。[①] 整体治理理论认为,成功的协同治理应该由多个主体组成,不仅包括政府各部门,还包括企业和其他社会组织。在此基础上,实现公共问题的协商解决,实现公共服务的有效供给和资源的充分利用。[②]

目前京津冀协同治理的主体主要是中央政府及地方政府,企业、非政府组织和居民还未成为完全意义上的区域治理主体。虽然近年来非政府组织、企业等参与协同的意愿越来越强烈,相关的合作、研讨会也逐渐增多,并且近年来也签订了非常多的"合作协议",但是在京津冀区域内主要的治理主体仍然是政府,企业、社会组织在京津冀区域治理中的参与程度不高,多元主体参与治理的网络结构尚未形成。问卷调查显示,无论是企业还是社会组织,受访者认为其参与程度一般的占比最多,分别为46.98%和52.38%;且与企

---

① 张成福,李昊城,边晓慧. 跨域治理:模式、机制与困境[J]. 中国行政管理,2012(3):102-109.
② 李瑞昌. 公共治理转型:整体主义复兴[J]. 江苏行政学院学报,2009(4):102-107.

业相比，社会组织的参与程度更低，只有23.81%的受访者认为社会组织的参与程度较高，而选择"企业参与程度较高"的受访者超过了三成（如表5-5）。

表5-5 企业、社会组织参与京津冀协同程度评价

| 组织 | 问卷调查结果 | | | | | |
| --- | --- | --- | --- | --- | --- | --- |
| | 参与程度很高 | 参与程度较高 | 参与程度一般 | 参与程度较低 | 参与程度很低 | 几乎无参与 |
| 企业 | 7.23% | 31.41% | 46.98% | 8.7% | 4.21% | 1.47% |
| 社会组织 | 6.59% | 23.81% | 52.38% | 9.98% | 4.58% | 2.66% |

民众缺乏参与京津冀协同治理政策议程的渠道，这在一定程度上影响了京津冀协同发展目标的实现，无法对区域协同治理行为、效果产生压力。同时，缺乏市场、社会主体的参与使政府在做出相关治理决策时难以准确把握微观主体的政策需求，不利于京津冀协同治理的可持续健康推进。有学者指出，政府合作是解决区域问题的重要力量，但是不应该是唯一的力量，政府在合作中应该只扮演组织者和调动者的角色，以平等合作的方式，用政策过程作为分析工具改进地方政府间关系的构建。① 积极将社会力量纳入区域治理的过程中来，也是世界都市圈的主流经验。例如日本东京都市区主要的参与主体包括中央政府、都县政府，指定城市、市町村政府和团体，经济团体等；法国巴黎大都市区的参与主体除了中央政府和各大区政府以外，还包括各市镇政府、非政府组织等。社会力量参与区域治理的形式多种多样，包括但不限于公私合作提供公共服务、建立对话机制或平台听取公众意见、提供技术支持等。②

---

① 蔡岚，潘华山. 合作治理——解决区域合作问题的新思路 [J]. 公共管理研究，2010 (00)：192-206.
② 苏黎馨，冯长春. 京津冀区域协同治理与国外大都市区比较研究 [J]. 地理科学进展，2019，38 (1)：15-25.

## 三、区域内各领域的发展推进不均衡

治理客体是治理主体所要解决的具体问题，具有很强的公共物品属性。京津冀区域治理的客体是区域内的公共事务，如产业协调、交通一体化和生态环境保护、协同创新、公共服务等。随着京津冀协同发展战略规划的实施，京津冀在交通一体化、产业对接、生态环境治理等领域都取得一定的进展，但各个领域的发展并不同步，而是存在一定的失衡。

### （一）产业分工仍不合理，协调高效产业价值链尚未形成

区域内产业协同的标准是各地方生产部门互补、建设格局特色且分工合理的产业体系。长期以来，由于京津冀三地定位不清晰、部分产业存在雷同，产业链分工合作方面存在难题，京津冀三地组成的首都经济圈目前还未形成合理的产业分工，各城市之间、上下游相关产业之间的联系较少，协调高效的产业价值链尚未形成。Hans Joachim（2013）指出，工业和基础设施的竞争很容易导致城市群中政府之间的紧张关系。出于经济和政治利益考虑，各个城市政府不愿意放弃对早期工业建设的投资。这种产业发展的惯性依赖导致了严重的产业同构，导致各个城市主体的协调与合作举措只存在于文件中，并导致了城市政府对人才、资本、技术和原材料的过度竞争，这些严重阻碍了城市群政府间关系的协调。[1] 比如，在已经出台的"十四五规划"中，北京和天津两地的产业结构趋同性日益明显，且京津冀三地支柱产业并未形成产业链、供应链分工协同的基本架构，相反呈现出各自孤立增长的基本态势。因此，尽管京津冀协同发展取得了一定的成效但是未从根本上改变河北在产业价值链的"低端锁定再固化"的趋势，三地内部发展不平衡的问题有所加剧。

产业结构上北京呈现出"退二进三"、天津"接二连三"、河北"培二育三"的特点。2019 年北京第三产业占比达到了 83.5%，已经处于服务业为主

---

[1] MOMMAAS H. Cultural Clusters and the Post-industrial City: Towards the Remapping of Urban Cultural Policy [J]. Urban Studies, 2004, 41 (3): 507-532.

的发展阶段,而作为重要老工业基地的天津,第二产业占 GDP 比重为 35.2%,已经处于工业化后期,而作为东部沿海地区的河北省,第一产业占 GDP 比重高达 10%,比全国平均第一产业占比还高 2.9 个百分点,河北省依然处于快速工业化进程中。① 作为京津冀协同发展的重要一方,发展相对薄弱,其产业仍以高能耗的重工业产业为主,而且河北省内的分工相似度很高。从三地职能分工来看,京津冀城市群内的分工情况存在着严重的不平衡,只有北京是稳定地大于 1,管理功能突出,其他城市的分工指数都呈现着波动特征,且大多时间是小于 1 的,说明京津冀城市群内的分工不明确,较为缺乏有效的分工和协同,特别是河北省内的竞争较大,不利于各地的可持续发展,如表 5-6 所示。②

表 5-6 2004—2016 年部分年份京津冀城市群分工指数

| 城市 | 2004 年 | 2008 年 | 2012 年 | 2016 年 |
| --- | --- | --- | --- | --- |
| 北京 | 6.77 | 9.33 | 8.95 | 9.00 |
| 天津 | 1.04 | 1.40 | 0.72 | 0.97 |
| 石家庄 | 0.53 | 0.50 | 0.71 | 1.62 |
| 唐山 | 0.39 | 0.35 | 0.30 | 0.57 |
| 秦皇岛 | 0.53 | 0.63 | 0.48 | 0.72 |
| 邯郸 | 0.38 | 0.32 | 0.41 | 0.75 |
| 邢台 | 0.35 | 0.27 | 0.23 | 0.32 |
| 保定 | 0.42 | 0.37 | 0.44 | 0.49 |
| 张家口 | 0.32 | 0.54 | 0.82 | 1.02 |
| 承德 | 0.67 | 1.14 | 1.24 | 1.12 |
| 沧州 | 0.43 | 0.28 | 0.32 | 1.06 |
| 廊坊 | 0.62 | 1.18 | 0.47 | 0.75 |

① 薄文广,屈建成,张宏洲. 新冠肺炎疫情对京津冀协同发展的影响及应对[J]. 理论与现代化,2020(4):49-55.
② 尹向来. 城市群内部协同发展比较研究——以京津冀和长三角城市群为例[D]. 山东师范大学,2019:35-36.

续表

| 城市 | 2004 年 | 2008 年 | 2012 年 | 2016 年 |
|------|---------|---------|---------|---------|
| 衡水 | 0.51 | 0.48 | 0.32 | 0.47 |

资料来源：尹向来. 城市群内部协同发展比较研究——以京津冀和长三角城市群为例[D]．济南：山东师范大学，2019：35-36.

经过多年的协同推进，尽管京津冀产业转移协作已取得一定成效，但依然存在机会多、落地难的问题，主要表现为产业园区基础设施不完善、项目用地指标没有着落、地方政府承诺没有兑现、地方政府招商引资相互竞争、关联产业不配套、引进人才和招聘工人困难等方面。同时受三地现有政策局限影响，京津转出的多为整个产业制造全流程的一个环节，此种转移方式甚至在一定程度上形成了河北新的产业分工价值链的"低端锁定"。如渤海新区生物医药园目前承接的只是北京医药企业原料生产环节，企业需要将原料药再运回北京制成制剂，既增加了企业生产和管理成本，不利于质量的控制和监管，也有可能形成医药产业价值链低端固化。

### （二）区域还未形成多中心网络化的交通模式

京津冀区域交通一体化的发展虽然取得了一些显著成就，但从"加快构建快速、便捷、高效、安全、大容量、低成本的互联互通综合交通网络"的目标来看，还存在一定的距离。目前京津冀区域内的交通网络主要以北京为中心呈放射状分布，还未形成多中心的网络格局，北京的交通枢纽功能过度集中，区域交通网络布局与交通需求不匹配。具体表现在，区域内城市间城际交通网络不完善，中心城市与其他中小城市交通网络建设和发展存在巨大差距，京津两地与河北省的地级城市间的短途客运基础设施严重滞后，中心城区与新城、卫星城之间市域铁路缺乏，各城市之间互联互通性不强。根据2020 年城市路网密度监测数据，京津冀城市群 8 个监测城市的中心城区路网平均总密度仅为 4.5 千米/平方千米。城市群总路网密度指数处于较低水平，远未达到 8 千米/平方千米的目标，其中天津为 6.2 千米/平方千米，是京津冀城市群最高的。除北京、天津、石家庄三大核心城市外，其他城市路网密度较低，均低于平均4.5千米/平方千米，其中保定、邯郸仅为3.0千米/平方千米和3.5千米/平方千米。①

城际铁路联通方面，当前仅建成京津、津保两条城际线路，区域内的其他节点城市间缺乏良好的城际联通。如保定与沧州之间、保定与衡水之间、廊坊与邯郸之间、廊坊与邢台之间的交通联系度至今为零。在京津冀北部地区中承德与周边区域的轨道交通联系度偏低，未与北京、张家口和唐山形成交通组团，尤其是秦皇岛和承德之间、张家口与承德之间的轨道交通联系度仍然为零。空港方面，虽三地均有若干空运机场，但在运营机制、航线设置、配套交通便捷度等方面三地机场差距较大，北京首都机场常处于超负荷运营状态，附近的天津机场、正定机场则运量不足，两极分化严重。港运方面，海港间缺乏职能分工，结构同质化，都以各自营利为首要目标，无序竞争大于合作，交通资源浪费严重。② 同时，受路网形态和运输结构不合理的影响，北京市长期以来作为北方交通枢纽聚集了过多的交通功能，承担了大量东北与华北、西北等区域之间的过境运输，给北京市城市交通、生态环境造成不利影响。天津市交通枢纽地位仍有待提升，河北省一些欠发达地区的交通设施网络薄弱，交通分流和功能分担作用不明显，区域部分城市间互联互通水平和通行效率不高。高速公路路网由于缺乏衔接道路，导致其对周边地区的辐射能力极为有限。北京中心城区交通拥堵情况虽然从数据上看略有缓解，但是调查问卷显示公众对拥堵缓解的直观感受不强。

### （三）公共服务一体化进程相对缓慢，资源要素一体化未破解

尽管京津冀城市群之间就公共服务一体化签订了很多的行政协议，但是协议的落实和推进存在着诸多困境。当前天津、河北公共服务设施水平相对薄弱的问题短期内仍无显著改善。与交通一体化、产业对接、环境治理等领域相比，京津冀公共服务一体化进程相对缓慢。京津冀公共服务资源的跨区

---

① 公丕明，公丕宏，张汉飞. 京津冀协同发展战略的演化与改革方向[J]. 区域经济评论，2020（6）：63-70.
② 韩兆柱，董震. 基于整体性治理的京津冀交通一体化研究[J]. 河北大学学报（哲学社会科学版），2019，44（1）：90-96.

域共建、共享、共治仍然是双轨甚至多轨。2016年京津冀协调发展项目共有36个重点项目，涉及30项公共服务。然而，这些公共服务仅在北京市内疏解，缺乏公共服务合作载体是跨区域共建进展缓慢的主要原因。[①] 另外，跨区域公共服务共建共享尚未形成可行性路径，目前仍属于小范围探索阶段。在医疗卫生、教育、养老等领域，目前的合作办医、合作办学仍局限于少数医院、学校之间的试点实践，并未普遍推开，北京的医疗办学资源并未在津冀之间普遍分享和对接。在医生跨省多点执业、新农合跨省结算、医保异地即时结算等方面，仍存在着诸如机制规范不健全、患者担忧票据不统一、三地医保结算系统差异巨大等问题。就高等教育资源而言，北京和天津有诸多国家级双一流大学，仅北京就有34所，占全国双一流高校的25%。河北省辖域内却没有一所国家双一流大学，唯一的省级双一流大学——河北工业大学还位于天津。河北公共服务资源的巨大缺口加速了生产要素特别是优质生产要素向京津的集聚，进一步拉大三地发展差距。总体而言，北京、天津、河北的公共服务资源仍然非常集中在中心城区，而新的周边城市则是负责产业发展的居住区或功能区，公共服务资源并没有随之推进。就业和居住的分离导致人口的潮汐流动进一步加剧了城市病。

同时，京津冀要素共同体市场建设滞后的局面始终没有突破，行政推动式对接转移一定程度上抑制了市场机制解决问题的通道。区域协同发展的关键是要素的自由流动和融合发展。而就目前的京津冀地区而言，三地要素共同市场建设滞后的局面未得到很大改善。2018年，北京市向津冀的技术合同成交额占流向外省市技术合同成交额的比重仅为7.5%，而同期流向长江经济带省区市的比重则达到50.6%。[②] 资本、金融、土地、劳动力、人才等要素市场都处于碎片化状态，制约了三地市场一体化和经济一体化的发展。不可否认，政府行政命令在推动京津冀协同发展，尤其是非首都功能疏解和产业转移对接的初级阶段发挥着重要的作用。但不能忽视的是产业选择从来不是政

---

① 周京奎，白极星. 京津冀公共服务一体化机制设计框架［J］. 河北学刊，2017，37（1）：130-135.
② 共同书写京津冀协同发展的"历史答卷"——京津冀政协主席联席会议第五次会议综述［N］. 人民政协报，2019-09-27.

府讨论和分工的结果，而应该是资本追逐利益的自然选择。没有水到渠成的市场机制，仅靠命令式的行政推动很难支撑起京津冀后续的进一步协同。更为重要的是，在京津冀三地的市场化进程本身就相对滞后的情况下，各地很容易形成对政府行政主导力量的过度依赖和路径固化，并进一步在路径依赖下丧失政府主导式推动向市场主导式推动转变的契机。[①]

### （四）非首都功能疏解面临诸多现实问题

在京津冀城市群的协同发展中，京津冀城市群的目标是疏解北京非首都功能，减轻北京作为首都的压力，同时拉动京津冀城市群整体发展。然而，北京内部经济发展也不均衡。从地区生产总值来看，北京内部的失衡其实比京津冀城市群失衡更严重。2019年北京市的经济总量为35371.3亿元，其中东城区、西城区、朝阳区、海淀区4区的经济总量占比超过六成，高达63.2%。北京东城区、西城区、朝阳区、海淀区、大兴区、顺义区6区的经济总量为27177亿元，6区占北京经济的比重为76.8%。16个区中的6个区超过经济总量的3/4，其他10个区加起来不足经济总量的1/4（如图5-7）。

从上图可以看出北京各个区的经济发展差距很大。因此，京津冀协同发展的疏解北京非首都功能的目标实际上与北京郊区的发展是存在矛盾的。根据《发展纲要》，当前非首都功能疏解的对象主要有四类：一般性制造业，区域性物流基地和区域性批发市场，部分教育、医疗机构，部分行政性、事业性服务机构。这些疏解对象，相对于北京郊区来说，不仅不能算落后产业，一定程度上还算先进的能带动郊区经济发展的产业。例如，区域批发市场、区域物流中心，这些对促进郊区的发展都有积极的作用。然而，非首都功能疏解是在北京全市进行统一部署推进的，北京核心区在疏解行动的同时，郊区也要求有序开展疏解行动。对于经济发展较为充分的城区，淘汰落后产业、促进转型升级是理智之举，然而，对于北京欠发达的郊区来说，可疏解的行业或对象很少，相反可能还急需要承接北京中心城区向外疏解的产业来发展当地经济。因此，可以看到在北京的核心城区和郊区之间实际上存在严重的

---

[①] 陈璐. 河北蓝皮书：京津冀协同发展报告（2020）[M]. 北京：社会科学文献出版社，2020.

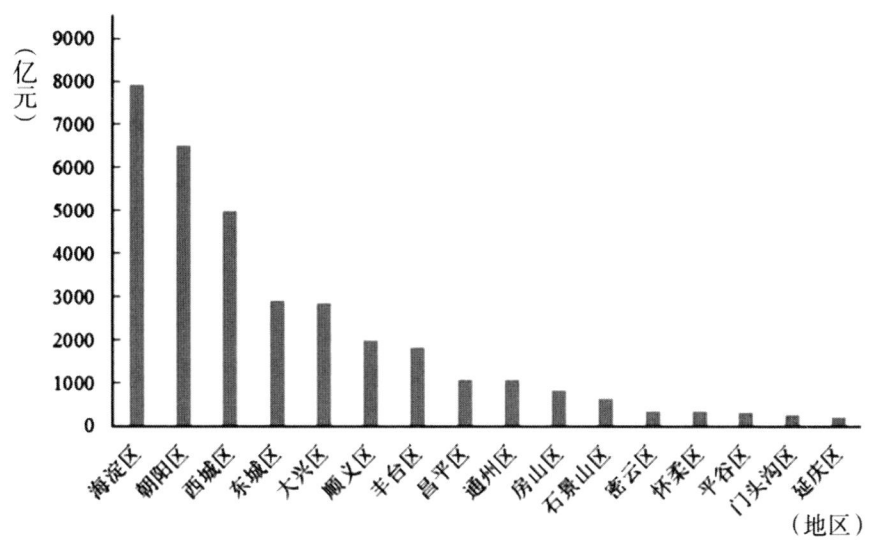

图 5-7 2019 年北京市各区 GDP

两极分化。虽然郊区新城内部是很发达的,有地铁与市区相连,各种配套和基础建设也比较好,在某种程度上就是市区的延伸。然而,北京建设很好的郊区新城,与郊区更大面积的"乡村",并没有什么直接关系,二者是割裂的,北京面积广袤的郊区乡村与面积相对较小的发达城郊新城之间形成了鲜明对比。因此,对于北京市政府而言,更希望将一些优质产业转移到北京郊区而非津冀地区,这是基于自身利益发展的合理选择。只有当北京自身周边区域的产业发展达到一定饱和程度后,才有可能向天津和河北两地实施真正的产业转移[1],因此,三地协同发展面临着优质资源北京不想转、北京转移资源津冀接不住以及北京低端产业津冀不愿接的尴尬局面。

## 四、区域协同治理机制零散而不健全,作用发挥未达预期

希克斯通过分析新公共管理所造成的碎片化和裂解化问题,提出整体性

---

[1] 张杰,郑若愚. 京津冀产业协同发展中的多重困局与改革取向[J]. 中共中央党校学报,2017,21(4):37-48.

治理应该建立有效的协同治理机制,以更好化解彼此之间的冲突,增进相互间的合作。① 治理机制的完善与否直接影响治理的目标能否实现。随着京津冀协同发展重要性的突出,各种区域协同机制相继建立。但是从协同水平与效果来看,京津冀区域协同机制仍然处于建构阶段,尚未形成效力性的制度安排,协同主要基于局部行政指令,缺乏完善的京津冀协同治理机制,导致京津冀协同治理过程中事倍功半,进程缓慢。

### (一)纵向协调机构运作的非常态化与目标导向性

从纵向上来看,京津冀协同主要依靠的是各个层级的"协同发展领导小组"。领导小组通常由权力层级较高的领导和部门牵头,联合多个部门,集中政治资源,协调和领导跨部门、跨系统或跨区域活动的重要组织形式②。它通常不是一个实体性的部门,只是一个职能参谋组织,就某个具体领域的事项进行规划、组织和协调。2014年中央成立了国务院京津冀协同发展领导小组,由国务院副总理担任小组组长,京津冀三地的党委书记任副组长,小组成员则由相关部委主要负责人和京津冀三地省市长组成。京津冀协同发展领导小组主要负责制定和落实京津冀区域发展总体战略、发展规划,具体包括讨论制定每个城市之间的发展对接方式,协调解决跨区域基础设施共建、产业转移、生态环境联防共治、人才跨界自由流动、社会保障对接,决定促进区域协调发展的政策措施和法律、法规,管理和仲裁区域发展中出现的争端和冲突等问题。领导小组办公室设在国家发改委的地区经济司,每年召开一次全体会议,迄今为止(2014—2020)共召开了7次全体会议。会议一般由领导小组组长主持,三地党政一把手参加,发改委、交通、财政等成员单位也会派代表参加。

领导小组还同步设立了专家咨询委员会负责京津冀协同发展战略研究与政策咨询任务。京津冀协同发展专家咨询委员会由16名相关领域的专家组成,并在内部设置了四个小组,分别是规划和交通小组、能源环境小组、首

---

① 彭锦鹏. 全观型治理:理论与制度化策略 [J]. 政治科学论丛(台湾),2005(23):61-100.
② 吴晓林. "小组政治"研究:内涵、功能与研究展望 [J]. 求实,2009(3):64-69.

都功能定位与适当疏解小组、产业小组。在具体运行过程中,领导小组办公室负责日常事务对接与协调,咨询委员会发挥智囊的作用。例如在《京津冀协同发展规划纲要》编制过程中,领导小组办公室会同党中央、国务院30多个部门,三省市和京津冀协同发展专家咨询委员会,多次深入实际调查研究,在听取各方意见的基础上,就京津冀功能定位达成广泛共识;组织专门的班子,集中开展规划编制工作。经反复研究和修改完善,并先后7轮征求各方面意见,形成了《规划纲要》稿。① 为了加强重点领域的统筹协调,中央京津冀协调发展领导小组下面又设立了若干职能领域的领导小组,如京津冀协同发展税收工作小组和京津冀交通一体化领导小组等。中央层面的京津冀协同发展领导小组成立后,三地政府也相继成立了地方政府层面的协同发展领导小组,负责各区域协同发展的组织领导和统筹协调。

领导小组成立后在协调京津冀协同发展方面发挥了重要的作用,但是作为一个职能参谋组织,京津冀协同发展领导小组并不是一级管理机构,只负责与京津冀三地有关社会与经济发展相关的沟通与协作事宜。领导小组的优势在于其较强的灵活性,在不增加管理层次的基础上,有助于三地的信息沟通和传递。但是该模式也存在一些明显的弊端,领导小组组长虽然配置较高——通常由政府各层级一把手担任,但是由于领导注意力分配的局限,在日常领导小组的运行中很难形成常态化领导和协同态势,领导小组组长通常只是参加每年1~2次的会议听取各部门的汇报,这样就导致很多区域协同发展过程中的问题不能得到及时的解决与反馈。

同时,在调研中我们还发现目前京津冀协同发展领导小组的运转逻辑过于倚靠目标导向的逻辑。按照当前的分工,京津冀协同发展领导小组的常态化工作主要由领导小组办公室来执行,即由发改委的地区经济司来执行,但是由于地区经济司作为国家发改委的一个内设部门其职能没有得到立法机构(全国人大)的明确界定,没有独立的决策权。国家发改委官网对地区经济司(京津冀协同发展领导小组办公室)的职能界定是"推进落实区域协调发展战略,组织拟订区域规划和政策。推进实施西部开发、东北振兴、中部崛起、

---

① 张振. 京津冀区域一体化格局2030年基本形成——访京津冀协同发展领导小组办公室负责人[J]. 中国经贸导刊, 2015 (25): 14-19.

东部率先发展和京津冀协同发展、粤港澳大湾区建设、海南全面深化改革开放的战略、规划及重大政策,指导推进雄安新区建设,承担相关领导小组日常工作。承担国家级新区规划布局工作。协调国土整治、开发利用和保护政策。推进重点流域综合治理和流域经济发展。承担实施海洋强国战略有关工作。"可见,地区经济司分管了几乎所有区域的协调发展,不仅包括京津冀,还有粤港澳大湾区、长江三角洲区域一体化、西部大开发、东北等老工业基地振兴等全面工作。据内部人士介绍,地区经济司有编制58人,目前已经满编。但是,负责京津冀区域相关事务的人只有6个。由于人手不够,加之京津冀三地情况又较为复杂,因此实际运作过程中地区经济司很难进行中观过程层面的统筹协调,反而变成了微观层面的项目管理机构,偏离了协同发展领导小组设立的初衷,一定程度上也削弱了三地协同的积极性。

当前京津冀协同发展领导小组办公室的功能定位和发挥作用的方式还存在一定的问题,由于过度依赖权威式的结果导向型干预导致各行动主体的协作意愿和协作行为被挤压,从而加剧区域合作困境。良性的区域协同治理模式应该是以地方政府为核心主体的治理,其运行成效的发挥以区域内各地方政府具有较强的参与府际合作治理的意愿和动机为前提。也就是说,跨域协同治理必须建立在参与者自愿和充分磋商基础上,针对利益冲突和需要合作的领域,通过"内生"的过程完成区域合作制度的供给。作为外部力量的领导与干预应该是基于合作过程的适度管理,确保有权"提出合作各方都可接受并具有说服力的决策。"[1]

总体来看,京津冀目前协同推进仍然停留在非制度化的"问题/事务驱动阶段",表现为相对松散的议事模式,主要还停留在以发布政策文件、召开协商会议等方式来解决协同治理中的问题。跨域事务的治理路径仍然主要依靠自上而下的权威,遇到问题,先一级一级向上级政府申报,再一级一级往下"批示"。例如关于大气污染的治理,三地政府联合国家发改委、生态环境部和中国气象局等成立了"京津冀及周边地区大气污染防治协作小组",但是与中央层面的领导小组一样,该小组临时性较强,属于问题导向型,通过开会

---

[1] RYAN C M. Leadership in Collaborative Policy-Making: An Analysis of Agency Roles in Regulatory Negotiations [J]. Policy Science, 2001, 34 (3): 221-245.

来决定具体的行动。防治协作小组办公室设在北京市环保局下面的一个处，协调权威不足，协调能力十分有限。①

## （二）横向协同机制不健全，合作协议落实和执行难

从横向上来看，京津冀府际之间的主要协同机制是府际联席会议及府际协议（行政协议）。近年来，京津冀在多个领域建立了联席会议制度，如京津冀国土部门定期联席会议制度、京津冀环境执法与环境应急联动工作机制联席会议制度以及京津冀政协主席联席会议制度等。这些联席会议制度一定程度上减弱了行政壁垒对区域协同的影响，但是截至京津冀协同发展规划落实的第7年，京津冀区域最主要的一个高级别联席会议制度还没有建立起来，那就是"京津冀省市长联席会议制度"。

此外，对于大多数已成立的低级别专业性的联席会议，由于其运转的不连续和临时性，导致协调效果非常低。在当前跨区域合作治理的背景下，京津冀政府组织之间召开了很多不同类型、领域的联席会议，但大多数联席会议仅仅停留在会议阶段，处于"只闻楼梯响而不见人下楼"的境地。② 很多地方和部门领导人为了响应区域发展的要求，敷衍式开会、应付式开会，即使会议达成某种协同共识也因为缺乏制度保障而无法落地。大多数联席会议都未就联席会议成员的权利、责任和义务，联席会议的议事规则、会议经费，年度会议的筹备和组织等具体问题作出详细和具体的制度安排。

京津冀区域另一种重要的横向协同机制是府际协议。如前文所述，目前，京津冀三地在环境、交通、市场、科技等领域陆续签署了一系列合作协议，包括《京津冀区域环境保护率先突破合作框架协议》《京津冀协同创新发展战略研究和基础研究合作框架协议》《质量发展合作框架协议（2014—2017年）》等。这些协议的共同特点是：条款多属意向性，抽象而不具体；法律依据不足，约束效力有限。协议能否落实很大程度上依赖领导的关注力及决心。

---

① 赵新峰，袁宗威.京津冀区域政府间大气污染治理政策协调问题研究［J］.中国行政管理，2014（11）：18-23.
② 倪鹏飞.崛起的中国城市群：发展瓶颈在哪里？［N］.财经，2019-03-18.

在这种情况下,多数协议都无法得到有效的落实和执行。数据显示,超6成受访者认为自《京津冀协同发展规划纲要》颁布以来,地区间合作协议数量增多;11.72%的受访者认为,地区间签订协议的数量增多且落实良好;而55.86%的受访者认为,虽然协议数量增多,但未得到很好落实。21.7%、2.2%的受访者分别认为协议数量"无明显变化"或"减少";另有8.52%的受访者表示不清楚。其次,签订协议的落实问题受到质疑。67.58%的受访者肯定了合作协议签订数量的增长,其中超8成受访者同时认为协议未得到很好落实,如图5-8。

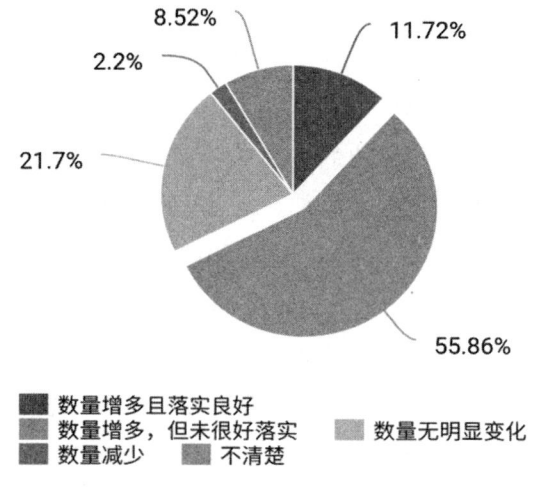

图5-8 京津冀合作协议落实情况评价

而在国外,很多地方政府之间签订的合作协议在主体、内容、签订程序和效力、违约责任方面都有明确的法律规定。例如《日本地方自治法》规定:"地方政府间可以通过签订行政协议来管理跨区域事务。"[①] 美国的《宪法》明文规定了州与州之间可以通过缔结州际协定来解决一些跨州公共事务和行使行政权力,并对协议的内容、缔结及解决方式都做出了明确规定。[②] 西班牙的国内合作协议制度亦受到法律保护,并被广泛应用于加强地方政府间合作

---

① 傅钧文. 日本跨区域行政协调制度安排及其启示 [J]. 日本学刊, 2005 (5): 23-26.
② 何渊. 美国的区域法制协调——从州际协定到行政协议的制度变迁 [J]. 环球法律评论, 2009, 31 (6): 87-94.

<<< 第五章 京津冀协同治理的总体评价：主要成绩与困难

以及解决政府部门之间的行政纠纷。《西班牙公共行政机关及共同的行政程序法》（1992）从原则、目标及领导、合作机构设立的条件、双边委员会及部门会议的组成、协议签署的主体、文本内容、批准程序以及解决机制等方面都做了专门的规定。① 然而，京津冀地区的行政协议目前面临着无法可依的困境。

此外，从北京、天津、河北三地的经济发展指标来看，协调发展对三地经济发展的促进作用明显，但从三地的横向比较来看，经济差距仍然较大。由于经济基础不同，河北与天津、北京的许多经济发展指标存在较大差距。2019年，北京实现地区生产总值35371.3亿元，同比增长6.1%；天津市国内生产总值1410.42亿元，同比增长4.8%；河北省GDP为35104.5亿元，同比增长6.8%（如图5-9）。就2019年GDP总量而言，北京和河北的GDP基本持平，但三地的GDP绝对差距仍然很大。在人均GDP方面，北京、天津和河北分为三个阶段，依次下降，北京是天津的1.8倍，天津接近河北的两倍，河北人均GDP甚至远低于全国平均水平。

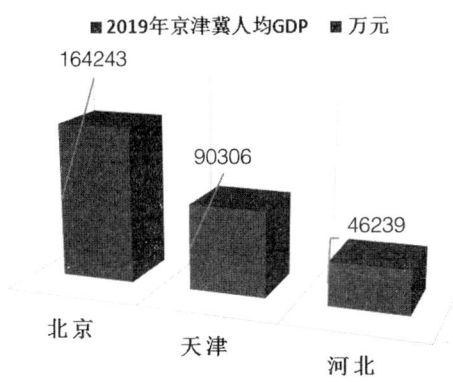

**图5-9　2019年京津冀人均GDP**

数据来源：2019年北京、天津、河北国民经济和社会发展统计公报。

---

① 王春业. 赋予政府协议以法律效力——经济区域法制协作的又一途径［J］. 中共天津市委党校学报，2011，13（2）：79-87.

## 本章小结

《京津冀协同发展规划》实施以来，京津冀协同发展取得了重大的进展与成效。在中央政府引导下规划体系和顶层设计日趋完善，随着国务院京津冀协同发展领导小组以及京津冀地方层面相应的协同领导小组及各类专项工作小组的成立，京津冀区域协同推进的主体逐渐明确；各类合作对接机制、协同机制不断完善，交通、生态、产业等重点领域的协同发展取得显著成效。

但是综合来看，相对于区域协同的长期战略目标而言，目前的京津冀协同，仍存在重宏观轻微观、重规划轻落实、重投入轻结果、协同实践分散化、各领域推进不均衡、体制机制障碍难破除等问题。具体表现为：第一，区域治理目标粗犷、针对性不足。区域宏观规划与各类分项规划虽渐成体系，但缺少相应的微观落实对接机制和明确的实现路径，政策体系"微循环"不畅的状况仍较为普遍。第二，区域治理的主体逐渐多样化，但多元主体参与治理的网络结构尚未形成。京津冀区域内主要的治理主体仍然是政府，民间投资和社会组织参与较少。政府方面缺少对民间主体参与协同的政策鼓励和支持。就政府内部而言，推进主体仍以发改系统为主，相关工作人员兼职居多，专职负责京津冀协同工作的人手有限；其他政府部门参与相对较少，政府间协同不足。第三，各领域协同推进不均衡，交通、产业对接进展相对明显，公共服务、要素资源一体化和创新发展等方面推进相对缓慢。第四，区域协同治理机制零散而不健全，未建成体系化的协调机制，纵向上由于高级别领导小组运作非常态化，实行的是"一事一议制"，导致协调效果难以保证；横向协同机制不健全，特别是缺少三地高层领导持续参与推动的协调机制，导致一些深层问题难以突破解决。现有的合作协议式的协作行为又经常因为领导人变动、缺乏约束监督机制等原因而落空。未来如何深化推动京津冀一体化需要在深入剖析影响区域协同治理相关影响因素的基础上做进一步的探讨。

第六章

# 关键变量集合下的京津冀跨域协同治理影响因素分析

本章从整体性治理的关键变量出发,在评述相关文献的基础上构建了京津冀协同发展的影响因素解释框架。整体性治理,作为一种从全局和整体的维度对政府组织进行有机协调与整合的治理范式,它包含三个关键变量:网络、协作和整合。基于对关键变量集合下整体性治理的不同理解,学界分析了利益、资源、目标、社会资本、信任、文化、体制、制度及信息共享等因素对区域治理的影响,根据这些因素的关联程度,本书根据其发生作用的机理及场域将其划分为三类,网络结构中的显性因素、互动机制中的隐性因素、整合功能下的共享因素,以此为基础对京津冀协同发展的影响因素进行分析。①

## 第一节 网络关系结构中的显性因素:利益、目标和资源

网络关系结构静态地反映了利益、目标、资源等主导因素在合作、整合等变量中的变化,是利益态势的主要作用域。作为利益凝聚的产物,网络关系结构的形成过程必然伴随着多主体的讨价还价博弈行为,其中资源和目标

---

① 蒋敏娟,张弦. 新时代京津冀协同发展及影响因素研究——基于整体性治理关键变量的分析框架[J]. 行政论坛,2019,29(6):139-146.

是两个重要因素。多主体在共同目标的基础上形成合作关系，对个体目标的重视使利益博弈具有开放性，利益格局促进了网络关系结构的形成。

## 一、利益分化下的各自为政

网络关系结构的形成受到利益状况的重要影响。合作的相互作用将使利益的状况朝着"增量"的方向转变，激励行为体之间互动的效果将产生"联结力"，以加强行为体之间的网络联系，而收益位置的负移会导致关系结构模糊，整合的功能是，通过加强和消除正反利益，确保主体关系结构的有序化。地方政府利益是作为形式主体的地方政府和地方政府公务员为代表的行为主体利益的综合。具体来说，地方政府的利益包括：辖区公众总体利益、地方政府作为一级行政主体所追求的机构利益、地方政府公务人员（特别是地方政府领导）所追求的个人利益。京津冀三地政府是平行的关系，彼此之间相互独立，各自都有各自的利益。公共选择学派的学者丹尼斯·缪勒指出，政府和其他任何人一样，将利用其权力追求自身利益，而不是社会和公共利益。[1] 地方政府具有明显的"自利"和"利他主义"，其中"自利"是政府的基本属性之一，换言之，政府偏离了公共效用最大化的目标，追求自身的效用最大化，政府间关系的首要内涵是利益关系。[2] 城市群内的每个政府都是一个利益集团。作为行使公共权力的地方行政组织，一方面要完成本辖区内的经济社会管理任务，履行管理职能；另一方面，城市群政府的官员争取在其公职生涯中获得最大程度的政治支持。在现行的政治体制下，地方政府的行动约束更多来自上级政府，并在上级政府制定的绩效评估体系中"力争上游"。在以行政区划为绩效评估单元的规则指引下，各个城市群内的政府必然会更加关注短期经济增长，因为它不仅能反映政府的政绩，还能带来更多的晋升机会。作为理性经济人的城市群政府具有强大的驱动力最大化其管辖范

---

[1] 缪勒. 公共选择理论 [M]. 韩旭，杨春学，等译. 北京：中国社会科学出版社，2010：75-78.

[2] 谢庆奎. 中国政府的府际关系研究 [J]. 北京大学学报（哲学社会科学版），2000，37 (1)：26-34.

围内的利益。这一趋势导致了城市群内政府间的非合作博弈。

面对经济利益，北京、天津、河北都是独立的个体，都有自己的"一亩三分地"，带有浓厚的地方保护主义色彩。由于区域政治资源的配置基本上是按行政区划进行的，地方政府在公共政策制定过程中的利益博弈实际上切断了各种资源之间的关联和联系，撕裂了区域公共管理的完整性和统一性。例如，为了促进辖区内的经济发展，各级地方政府竞相采取各种优惠政策，吸引能够带来 GDP 和税收的项目。同时，他们采取各种手段限制和阻止准备转移的公司，有时甚至以行政手段干预地方经济发展。① 京津冀特别是北京和天津背后的利益，导致京津之间难以达成有效的协调机制。即使三地政府高层签署多项合作协议，也难以建立和实施双赢的协调机制。由此，作为"理性经济人"的京津冀地方政府组织，因其个体的理性导致了区域整体福利的损失，从而产生了所谓的"奥尔森困境"。②

## 二、目标不一致带来的矛盾和冲突

除了利益要素外，另一个重要的影响协同的显性因素是目标。舍默霍恩（Schermerhorn）认为组织是否具有共同目标是影响组织协同的一个重要因素。他认为，只有当组织对目标和需求形成共识，并且各组织对自己的权力领域没有构成较为敏感话题时，组织之间的合作才是有可能的。③ 京津冀三地的地位的不对等和目标的不一致，在协作系统中，地位越高的协作主体对协作过程的控制越强——在确定协作目标、设置协作议程和协作行动的过程中，地位越高的协作主体的影响力越大，控制更多的协作资源，并对协作过程有更强的控制，使协同成为一种"强者主导"的治理模式。京津冀三省市虽然地理位置毗邻、行政级别相同，但是经济发展水平、功能定位、政治地位等差

---

① 薄文广，陈飞. 京津冀协同发展：挑战与困境［J］. 南开学报（哲学社会科学版），2015（1）：110-118.
② 奥尔森. 集体行动的逻辑［M］. 陈郁，郭宇峰，李崇新，译. 上海：上海人民出版社，1995：2.
③ SCHERMERHORN J R. Determinants of Interorganizational Cooperation［J］. Academy of Management Journal, 1975, 18（4）：108.

异很大。北京是作为首都的直辖市,处于京津冀城市体系的第一层级;天津是普通直辖市,处于京津冀城市体系的第二层级;河北是普通的省,面积较大,地理条件复杂,下辖多个市县,省内区域发展差距较大,其11个地级市分别处于京津冀城市体系的第三层级和第四层级。[①] 从三地最高领导人的政治地位看,按照惯例,北京市委书记、天津市委书记也是中共中央政治局委员。他们是党和国家领导人,政治地位高于不是政治局委员的河北省委书记。不平等的政治关系往往使地位较高的主体在协调过程中的控制权扩大,地位较低的主体的利益遭受损失,导致主体之间的矛盾和冲突。[②]

从城市发展的目标定位来看,北京的战略定位是全国政治中心、文化中心、国际交往中心、科技创新中心。在京津冀协同发展战略下,北京的核心目标是有序疏解非首都功能、改善生态环境质量、优化空间组织结构、缓解交通拥堵等。北京希望通过京津冀协同发展战略能够实现高污染高能耗产业的关停并转,同时以功能疏解带动人口疏散,控制人口规模。天津对自身的战略定位是北方的经济中心。天津想发展成为北方经济中心,但事实上,北京从未放弃北方乃至全国经济中心的功能,甚至在金融等方面加强了中心地位。在两大城市都想占据京津冀发展中心的背景下,利益冲突不可避免。当天津无法与北京争夺京津冀中心地位时,其自身的发展条件和势头也使天津有足够的实力拒绝或敷衍京津冀区域一体化进程。河北在京津冀协同发展框架下的定位是现代商贸物流重要基地、产业转型升级试验区、新型城镇化与城乡统筹示范区、京津冀生态环境支撑区。因此,对于河北而言,其诉求是希望通过与北京市和天津市的合作,获得相应的技术、资本、人才资源,加快经济发展,提高公共服务水平,发展现代化的产业体系,从而缩小与京津的经济差距。然而,河北多年来为推动京津冀一体化发展所做的努力并未得到应有的回报,反而与京津的发展差距越来越大,甚至产生了"环首都贫困带"。在这种情况下,公平准则和"被剥削"的政治担忧将抑制河北参与深度

---

[①] 杨龙,胡世文. 大都市区治理背景下的京津冀协同发展 [J]. 中国行政管理,2015 (9):13-20.

[②] SHARFMAN M P, GRAY B, YAN A. The Context of Inter-Organizational Collaboration in the Garment Industry: An institutional Perspective [J]. Journal of Applied Behavioral Science, 1991, 27 (2): 181-208.

区域合作的积极性。

## 三、虹吸效应下的资源要素的单向流动

在整体性治理视域下,学界通常会用资源依赖理论作为解释合作动机产生的原因之一,即如果不同部门之间存在资源依赖的关系,就会产生合作的意愿。资源稀缺会促进组织寻求或者更容易接受组织间的协同配合。① 在资源依赖理论的解释下,由于任何组织都不可能永远拥有所需要的一切资源,在知识、信息、资金、权力、能力、人才等资源与目标之间总会产生某种战略差距。为此,组织为了获取资源就会对外界环境产生依赖。② 在组织之间的关系中,如果一个组织非常需要一种资源,而这种资源在该组织中非常稀缺,并且没有替代的来源,那么该组织将高度依赖控制这种资源的其他组织。如果组织的双方都高度依赖另一方所拥有的资源,就会形成对称的依赖关系,很容易达成合作共识和交换资源。哈本特(Halpert)认为促进机构之间合作的主要因素是对生存的追求,当组织面临资源短缺或者在寻找资源、权力和市场的扩张过程中遇到危机或感到可能有危机时,组织进行协作的意愿就会大大提高③。然而,当组织间的资源需求程度不同,一个组织的依赖性大于另一个组织时,就构成了不对称依赖,很难就资源交换达成共识。

事实上,区域合作治理是指地方政府与其他地方政府共享资源,以应对因资源不足而产生的跨区域问题。面对跨区域的公共问题,当地方政府高度依赖该区域其他地方政府所拥有的资源时,就会形成对称依赖,这很容易产生合作和采取集体行动的意愿。当区域内地方政府之间的资源依赖程度存在较大差异时,就构成了不对称依赖,地方政府实施协同治理的意愿较弱。在区域协同治理中,资源主要包括政治地位、经济实力和合作能力。其中,政

---

① SCHERMERHORN J R. Determinants of Interorganizational Cooperation [J]. Academy of Management Journal, 1975, 18 (4): 108.
② WEISS J A. Pathways to Cooperation among Public Agencies [J]. Journal of Policy Analysis and Management, 1987, 7 (1): 94-117.
③ DAVID L R, DAVID A W. Interorganizational Coordination: Theory, Research, and Implementation [M]. Iowa: Iowa State University Press, 1982: 54-72.

治地位是指在国家中的地位和作用；经济实力反映了行政决策的基本物质条件，包括财政支持和人力资源；合作能力主要是指获取和交换信息的能力，通常包括过程监督、签署授权、协商和协调矛盾等[①]。

在京津冀的三角关系中，资源的依赖突出体现在河北对京津尤其是对北京的依赖，三者之间的依赖关系是典型的非对称型依赖。北京因为其特殊的政治地位，自动吸引了来自周边甚至全国的大量人才、信息、资金、技术等资源，从而有条件形成了一个相对封闭的生态循环圈。在北京、天津和河北之间经济和政治地位不平等的背景下，北京的一些决定或者发展决策可以独立决定和存在，而不考虑或较少考虑天津和河北的利益。为此有学者指出京津冀协同发展问题的根源在于分权体制和强势政府导致的行政性分割。毫无疑问在京津冀的三地关系中，北京作为首都，经济、社会、文化全面领先，是绝对的强势政府。在这种非对称的权力分割下，京津冀的合作丧失了基本的条件。[②]

随着"疏解非首都功能"目标的确立，北京与河北增加了资源与要素的流动，但是这种流动或输出是不平等的，北京目前输出的主要是低级要素，而对河北最为缺乏的人才、技术、知识的输出十分有限。在这种单向依赖关系中，河北难以获得高水平的发展。天津市由于发展基础较好，近年来的发展速度也不断加快，天津滨海新区具有各方面的优势，吸引了大量企业入驻，发展势头迅猛。在"虹吸效应"作用下，资源要素都向着两大都市聚集，由于产业结构的同构，上下游关联较少，这导致京津之间也无法产生资源互补效应。在这种非均衡的资源依赖格局下，基于合作的组织关系网络就难以形成。

---

① PROVAN K G, Milward H B.. A Preliminary Theory of Interorganizational Network Effectiveness: A Comparative Study of Four Community Mental Health Systems [J]. Administrative Science Quarterly, 1995, 40 (1): 1-33.

② 倪鹏飞. 崛起的中国城市群：发展瓶颈在哪里？[N]. 财经, 2019-03-18.

## 第二节 协作互动机制中的隐性因素：社会资本、信任与文化

社会资本、信任和文化是协作互动机制中的关键隐性因素。在整体性治理中，隐性因素虽然不像显性因素那么直接，但却是影响整体性治理的关键方面。这些要素在相互交织的作用下会产生一种无形力量，影响协作互动机制对网络关系结构的维护和协同效应的实现。

### 一、社会资本弱化带来的公民参与不足

所谓社会资本就是指普通公民的民间参与网络，以及具有诸如信任、互惠关系、交往规范等特性的社会网络，它们能够促进社会合作，提高整个社会的效率。[①] 社会资本的生成路径决定了它具有积累性、非正式性和不易显性化的特点，是影响整体治理的隐性因素。多主体之间的互动需要多重激励，不仅需要物质利益要素的激励，也需要社会资本的隐性激励。社会资本作为一种无形因素，具有信任、互惠和规范的内在关联结构。社会资本与主体互动存在紧密关系，主体互动越频繁，社会资本越稳定和牢固。良性的社会资本的存在能够促进不同社会主体之间的交往与合作，促进各种信息的流通和交换，为合作领域内的成员提供所需要的资源和种种便利条件。

京津冀地区地处首都及其周边，地理位置特殊，政府实力较强，政治敏锐性较强。政府的态度更加谨慎，缺乏支持非政府组织和公民参与发展的积极性和动力，导致该地区各类社会组织的发展相对滞后，难以与政府和企业形成三方互动，进而承担起促进区域协调发展的职能。与长三角和珠三角相比，京津地区的各种社会团体发育明显落后。截至 2020 年 8 月 31 日，京津冀三地各类社会组织总数约为 53880 个，只相当于长三角（上海、江苏、浙江）

---

① PUTNAM R D. Turning in, Turning out：The Strange Disappearance of Social Capital in America [J]. Political Science and Politics, 1995, 28 (4)：664-683.

的29%，也远远低于广东省（如表6-1）。从社会组织的活力来看，目前京津冀民间组织、社会团体以及居民对京津冀合作的热情和参与度远远不够，各种自发性组织的组织性较差，组织内部较为松散，京津冀政府力量的强大也从侧面压制了社会资本的生成。

表6-1 三大区域社会组织数量对比（截至2020年8月）

|  | 京津冀 | | | 长三角 | | | 珠三角 |
|---|---|---|---|---|---|---|---|
|  | 北京 | 天津 | 河北 | 上海 | 江苏 | 浙江 | 广东 |
| 社会组织数（个） | 14337 | 6399 | 33144 | 17322 | 97234 | 70354 | 71785 |
| 区域总数（个） | 53880 | | | 184910 | | | 71785 |

资料来源：中国社会组织公共服务平台，http://www.chinanpo.gov.cn/search/orgindex.html，最后访问时间为2021年8月31日。

地方政府在区域协调过程中仍习惯于行政主导和政府包办，对社会组织和资本的参与机制关注不足。从制度层面来看，目前社会组织的参与主体地位尚未得到完全的认同。很多社会组织缺乏参与治理的渠道和资源，即使通过各种途径发表政策建议，真正得到反馈和采纳的也少之又少。目前京津冀协同发展主要依靠行政力量，不管是首都功能的疏解，还是交通、产业对接都是以行政手段推进，还没有形成多元主体广泛参与的治理格局。

## 二、信任缺失下的脆弱性合作

德国社会学家齐美尔指出：信任是在不知道或不能确定他人行动的条件下，相信他人未来可能行动的心里预期。[①] 信任是协作的核心组成部分，是整体性治理的关键要素。信任能够在协同者之间产生安全感和确定感，是合作达成的黏合剂，有利于区域协作意愿达成。同时信任还能减少合作成本，因为它能够更快地减少协作过程中的疑虑、反复和猜忌，从而降低协商成本和

---

① 邹继业，李金龙，武俊伟. 地方政府间信任关系的博弈分析[J]. 经济与社会发展，2010，8（12）：72-74.

交易成本。正如 Doney 和 Cannon 所说,区域合作伙伴间的信任是一种资源,这种资源能够有效减少权利让渡过程中因不确定性和资产专用性所可能产生的机会主义的行为,从而促进政府间的有效合作。① 信任能够改变合作主体的行动意图,促进沟通和交流,并且建立可靠的预期,从而大大减少信息搜寻成本、谈判成本和监督成本。但是信任并不会自然而然地存在于合作伙伴之间。跨界合作的信任会遇到许多阻力,比如说,不充分的制度平台、无法创建共享文化和共享知识机构等。②

在京津冀的协同发展过程中,由于历史的和制度的多重因素,信任关系尚未完全建立起来。特别是北京和天津两个核心城市在历史上的竞争很多,所以两者的信任度非常低。目前仍然处于京津冀协同治理新的发展阶段,需要三方让渡一部分已有利益作为协同治理成本,以置换协同治理后续的收益。但由于缺乏信任机制,诸如怎样投入、谁先投入、投入多少等协同治理成本问题难以协调。③ 基于低信任度的区域协同氛围,在缺乏外力干涉或遇到重大突发事件的情况下,京津冀三方中任何一方都不会抛出"橄榄枝"采取积极主动的措施推进协同治理,而会采取一种保守的观望态度,没有哪一方会率先承担协同治理的成本。

## 三、行政文化与竞争文化抑贬下的协同失灵

整体性治理区别于其他公共管理模式的重要标志就是文化和价值观的差异。④ 为了克服传统官僚制和新公共管理的弊端,整体性治理强调的是公共利益的实现和政府整体效果的最优,因而在组织文化上,着重塑造公共部门内部的"凝聚性文化"和牢固、统一的价值观。对整体性文化和价值的追求与

---

① DONEY P M, CANNON J P. An Examination of the Nature of Trust in Buyer-seller Relationship [J]. the Journal of Marketing, 1997, 61 (2): 35-51.
② PERRI 6, LEAT D, SELTER K, STOKER G. Towards Holistic Governance: The New Reform Agenda. [M]. New York: Palgrave, 2002: 125.
③ 李金龙,武俊伟. 京津冀府际协同治理动力机制的多元分析 [J]. 江淮论坛, 2017 (1): 73-79.
④ 曾凡军,王宝成. 西方政府治理图式差异较析 [J]. 湖北社会科学, 2010 (10): 48-51.

重塑，使这种文化理念在改革实践中为政府的政策选择和治理变革提供价值引导。对于京津冀协同发展而言，其面临的现实文化困境就是，市场经济文化缺乏，行政文化较浓；竞争文化盛行，合作文化缺乏。

与长三角、珠三角相比，京津冀地区国有经济、行政干预、行政因素力量大，行政垄断色彩强，经济外向度和市场化程度相对较低。长三角、珠三角的产业聚集都是随着改革开放的深化在市场导向下产生的政府间合作而日益加强。而京津冀区域市场化发育不足，与长三角城市群相比，除了2012年之外，2010—2016年，北京的市场化指数一直低于上海；其次，绝大多数年份北京、天津和河北的市场化指数均低于上海、江苏和浙江（如表6-2）。在京津冀区域，企业的迁移不完全受市场力量的引导，地方政府往往会选择动用行政手段干预地方经济发展。同时，京津冀三地的合作文化尚未形成。这样的文化理念和氛围造成了三地政府对于自己属地以外的诉求不能正确地理解和积极配合，协同止于被动应对阶段。在"一亩三分地"的行政思维影响下，京津冀各主体的区域意识都比较淡薄，官方及民众都未形成深层次的京津冀区域认同感。长期以来，北京和天津甚至在区域合作的概念上一直未达成一致意见，北京倾向于使用"首都经济圈"概念，天津则倾向于使用"环渤海经济圈概念"，双方争抢区域经济中心和协同中心定位，甚至各自成立一些协调组织，导致区域协调困难重重。

表6-2 2010—2016年三大城市群市场化指数得分

| 城市群 | 地区 | 2010年 | 2012年 | 2014年 | 2016年 |
|---|---|---|---|---|---|
| 京津冀 | 北京 | 7.94 | 8.75 | 9.37 | 9.14 |
| | 天津 | 7.06 | 9.02 | 9.29 | 9.78 |
| | 河北 | 4.98 | 5.44 | 6.03 | 6.42 |
| 长三角 | 上海 | 8.79 | 8.70 | 9.77 | 9.93 |
| | 浙江 | 8.18 | 9.28 | 9.73 | 9.97 |
| | 江苏 | 8.59 | 9.94 | 9.64 | 9.26 |
| 珠三角 | 广东 | 7.73 | 8.33 | 9.30 | 9.86 |

资料来源：根据王小鲁，樊纲，胡李鹏．中国分省份市场化指数报告（2018）[M]．北京：社会科学文献出版社，2019：216-217，相关数据整理。

## 第三节　整合功能下的共享因素：体制、制度与信息共享平台

整体性治理的前提在于主体共识的达成，制度是合作共识的理性表达。它可以预防和解决合作冲突，加快整体治理的整合进程。[1] 希克斯认为，制度既是社会结构及责任结构的连接要素，也是组织活动的限制和压力。[2] 制度供给不足是造成京津冀区域协调发展进程缓慢的重要原因。制度作为外生变量，影响着主体关系结构的顺序和合作互动的方向。在参与协调之前，各主体可能是面临稀缺资源的竞争对手。在不合理的制度设计下，协调主体在协调过程中会再次陷入竞争，导致协同力失效；[3] 即使合作的参与者不是竞争对手，不合理的制度安排也会使其行为缺乏约束，导致参与者在合作过程中产生搭便车的行为，造成合作绩效低下、可持续性差。[4] 同时，体制和制度通过激励或惩罚，影响所规范主体的预期收益与预期成本，从而引导其行为。而信息共享平台作为整体性治理中的重要桥梁也会影响整体功能的实现。

### 一、体制之痛："分灶吃饭"的财税体制

财税体制对政府间的关系和政府的利益有着直接的影响。1994年的分税制和财政分权改革的推行，唤醒了地方政府的利益需求，让各个地方政府一定程度上成为了独立经济利益的主体，根据"分灶吃饭"的财政体制，谁的

---

[1] 吴春梅，庄永琪. 协同治理：关键变量、影响因素及实现路径 [J]. 理论探索，2013 (3)：73-77.
[2] PERRI 6, Nick GOODWIN N, EDWARD P. Managing Networks of 21$^{st}$ Century Organizations [M]. Basingstoke：Palgrave Macmillan, 2006.
[3] GUPTA A K, Lad L J. Industry Self-Regulation：An Economic, Organizational, and Political Analysis [J]. Academy of Management Review, 1983, 8 (3)：416-425.
[4] BRYSON J M, CROSBY B C, STONE M M. The Design and Implementation of Cross-Sector Collaborations：Propositions from the Literature [J]. Public Administration Review, 2006, 66 (S1)：44-55.

税源多留成多，这在一定程度上激发地方发展经济的积极性，同时也导致地方政府之间的竞争加剧。地方政府官员出于对自身政绩的追求和对地方利益的保护，往往会对人才、资源、要素和市场进行争夺，对本地市场和企业进行封锁性保护，创造出制度性壁垒，从而对区域经济的发展造成极大损害，出现了所谓的"行政区经济"问题，主要表现为：第一，生产要素不能跨区流动，税收区域市场分割。分税制使本级企业的利润与地方财政收入相关，地方经济利益刺激了利大税高企业的发展，地方政府为增加财政收入、解决就业，利用行政手段人为设置行政壁垒，阻碍生产要素的跨行政区流动，使区域性统一市场不能形成，出现对内开放远远滞后于对外开放的怪象；第二，重复建设和投资，功能趋同、资源浪费和恶性竞争。地方政府受地方利益的驱使，都从本辖区出发考虑和制定政策，地方政府行为日益经济化、公司化，由于利益冲突而导致重复建设与投资。例如，京津冀三地都建立了高新技术产业园，并出台了各种优惠政策吸引投资，但这些产业园没有明确的分工体系。激烈的竞争促使产业结构进一步同构化，不利于区域经济的协调发展。[①]

## 二、制度之痒：GDP 考核与官员晋升制度

与此同时，跨区域的协同治理还受到中国一项基本政治制度的深刻影响，即 GDP 考核与官员晋升制度。中国的干部晋升制度，注重对地方官员发展经济绩效的评价。尽管近年来一直提倡逐步淡化 GDP 评估指标，但在实践中，由于经济发展仍然是政府工作的重心和主要关注点，仍未发展出比 GDP 更直观可比的绩效指标，因此 GDP 仍然是干部晋升中考虑的主要因素。研究发现，地区的经济发展水平与官员晋升之间存在正相关关系。[②] 地方官员的升迁与变动，间接强化了辖区之间的竞争，导致区域合作意识弱化。政府官员作为"理性经济人"不仅仅追求经济利益还追求政治利益。在现有的绩效考核体系下，大多数地方政府官员关心的是辖区内的经济利益是否能够得到实现，

---

① 马海龙.京津冀区域治理：协调机制与模式［M］.南京：东南大学出版社，2014：38-93.

② 周黎安.中国地方官员的晋升锦标赛模式研究［J］.经济研究，2007（07）：36-50.

以及如何将以经济利益为主要表现的"政绩"转化为"政治收益"即获得中央或上级的嘉奖及职位的升迁。从长期来看，协同治理可以促进地方经济发展，但从短期来看，北京、天津和河北促进地方政府间协调的过程对政治成就的影响有限；相反，如果集中力量发展本地经济的话，地方官员政绩会短期内效果显著，并极易获得晋升的机会。因此，传统政绩考核方式对京津冀地方官员的协同工作具有明显的负导向作用。在财政分税制和干部晋升制两大制度的激励下，发展区域经济成为地方政府自然的选择，因为发展经济既可以直接提升经济利益，也可以增进政治利益的获得。

## 三、信息共享渠道和平台的缺乏

整体性治理强调多个行为者相互沟通交流，共享信息与资源，共同制定目标与决策的过程。① 信息共享是实现区域整体性治理的前提。成功跨越政府部门、行政界线和私人领域的协同合作不仅有赖于更好的信息共享，也需要一种结构性方案，负责收集、再利用和共享数据信息。② 随着信息技术和网络化的发展，整体性治理下的协同工作越来越需要信息管理和服务平台的建设和发展。但是目前京津冀区域既未形成常规化的信息沟通渠道和模式，又缺乏信息沟通和共享的平台。京津冀三地政府拥有大量的信息，但它们分布在不同的部门系统中，互不关联，相关应用业务系统缺乏统一的技术规范，缺乏统一的集成、系统标准，行业信息管理规范性缺乏，数据库重复建设的问题突出。③ 由于信息系统的纵向自组织性和碎片化，各部门无法有效、快速地从其他部门获取有用的业务信息，政府间的合作受到极大限制。

2015年京津冀三地签订了《京津冀区域环境保护率先突破合作框架协

---

① AMIRKHANYAN A. Collaborative Performance Measurement: Examining and Explaining the Prevalence of Collaboration in State and Local Government Contracts [J]. Journal of Public Administration Research and Theory, 2000, 19 (3): 523-544.

② 孙迎春. 发达国家整体政府跨部门协同机制研究 [M]. 北京: 国家行政学院出版社, 2014: 170.

③ 陈兰杰, 刘彦麟. 京津冀区域政府信息资源共享推进机制研究 [J]. 情报科学, 2015, 33 (6): 109-114.

议》，在该协议中明确提出"建立三省（市）环境信息共享平台，共享环境质量、污染排放以及污染技术、政策等信息。"但是由于缺乏具体的措施，目前环保信息共享平台仍未建成。由于缺乏清晰规范的信息沟通渠道和程序，北京、天津、河北三地环保部门无法共享空气质量检测、污染源排放等数据，信息成本非常高，抑制了合作性的集体行动的达成。又如在交通一体化方面，由于信息壁垒的影响，区域实时交通信息缺乏权威的官方信息共享平台。人们主要利用民间软件和无线电获取道路实时交通信息，而区域交通基础设施在实时信息集成方面的发展相对滞后。[①]

## 本章小结

本章从整体性治理的关键变量出发，在评述相关文献的基础上构建了京津冀协同发展的影响因素解释框架。整体性治理，作为一种从全局和整体的维度对政府组织进行有机协调与整合的治理范式，它包含三个关键变量：网络、协作和整合。网络是多元节点之间的平等合作关系，协作则强调整体性治理过程中的主体之间的互动性。而整体性治理中的"整合"是一种以公民和需求为基础的合作性整合，是对新公共管理理论强调市场化、分权化、竞争意识所造成的政府治理分散化、碎片化现象的回应。

从整体性治理的角度看，京津冀协同发展受多方面的因素影响。一是网络关系结构中的显性因素，包括利益、目标和资源。京津冀三地政府是平行的关系，彼此之间相互独立，各自都有各自的利益。且三地在区域合作治理的过程中存在地位不平等及目标不一致的现象。京津冀特别是京津之间背后的利益出发点，导致京津之间达成有效协调机制的困难很多，即使在三方政府高层彼此签订多份合作协议的情况下，基于共赢的协调机制依然难以建立和落地。同时，京津冀区域内经济发展差距大，且经济活动同质化严重，也容易引起经济资源单项聚集的"虹吸效应"，严重影响区域之间的合作与协

---

① 韩兆柱，董震. 基于整体性治理的京津冀交通一体化研究［J］. 河北大学学报（哲学社会科学版），2019，44（1）：90-96.

调。二是协作互动机制中的隐性因素,包括社会资本、信任与文化。所谓社会资本就是指普通公民的民间参与网络,以及具有诸如信任、互惠关系、交往规范等特性的社会网络,它们能够促进社会合作,提高整个社会的效率。京津冀区域社会资本弱化一定程度阻碍了区域协同治理网络的深化。由于地处首都及周边,具有特殊的区位,政府力量比较强大且对政治敏锐性较强,相对于非政府组织的发育和公民社会的参与,政府的态度较为谨慎,因而缺乏扶持其发育的积极性和动力,导致该地区各种社会组织的发育和发展也相对滞后,难以和政府及企业形成三方互动,进而承担推进区域协调发展的职能。且在京津冀的协同发展过程中,由于历史的和制度的多重因素,信任关系尚未完全建立起来。由于缺乏信任机制,诸如怎样投入、谁先投入、投入多少等协同治理成本问题难以协调。同时,京津冀区域面临市场经济文化缺乏,行政文化浓厚;竞争文化盛行,合作文化缺乏的困境,亦在很大程度上遏制了合作的持续与深化;三是整合功能下的共享因素,包括体制、制度与信息共享平台。整体性治理的前提在于主体共识达成,而制度是合作共识的理性表达,它可以防范和化解合作冲突,并加速整体性治理的整合进程。"分灶吃饭"的财税体制、GDP 考核与官员晋升制度都从不同程度上抑制了区域合作的产生,最后区域信息共享渠道和平台的缺乏导致各部门不能有效地从其他部门快速地获得有用的业务信息,政府之间的协同合作因此受到极大的限制。

# 第七章

# 国外跨域协同治理的经验借鉴

目前,协调发展的主要障碍之一是区域社会经济发展的全面深入合作需求与现实中行政区区划分割、沟通不畅的矛盾。这种矛盾主要是由行政区划和管理体制造成的。行政体制下的组织结构和管理机制的分割提高了跨部门协同、资源优化配置的难度,区域内地方政府之间难以产生竞合效应。治理体制和治理机制是推动城市群协同治理的关键性要素,也是当前制约我国城市群发展的主要障碍。借鉴发达国家跨域协同治理经验,对于促进我国区域协同发展具有重要的意义。

## 第一节 世界级都市圈发展的经验借鉴

纵观西方发达国家先进经验,基于中央政府的介入程度、政府管制和市场机制双重力量的相互作用,以及区域特色、历史文化、民族性格的考量,跨域协同治理的模式主要有三种,一是以大伦敦都市圈为代表的政府主导协同模式;二是以日本东京都市圈为代表的混合协同模式;三是以法国巴黎的"地方联合体"为代表的一体化自治协同模式。①

---

① 蒋敏娟. 城市群协同治理的国际经验比较—以体制机制为视角 [J]. 国外社会科学, 2017 (6): 47-53.

## 一、以大伦敦都市圈为代表的政府主导协同模式

英国伦敦大都会区汇集了英国四大城市，即伦敦、伯明翰、利物浦、曼彻斯特和十多个中小城市和众多小城镇，是英国的产业密集带和经济核心区，总面积45000平方千米，占全国总面积的18.4%；人口3650万，占全国总人口的64.2%，经济总量占全国的80%以上。在这个城市群中，大伦敦是整个城市群的中心，包括伦敦和其他32个行政单位，共33个次级行政区，是英国政治、经济、文化中心和交通枢纽。

### （一）治理体制

从治理体制上看，大伦敦都市区的协调发展主要依靠高层行政协调机构的建立，即直接运用高层中央政府的行政权力，注重统筹协调全局和长远发展战略规划。在大伦敦都市圈发展的早期，由于城市数量繁多且在行政区划上隶属于不同的区域管辖，因此大伦敦城市群一体化一度发展缓慢。为了解决这个问题，1994年英国保守党政府上台后，针对伦敦城市群发展中的诸多战略管理和综合协调问题，成立了"伦敦政府办公室"，作为中央政府在伦敦的下属派出机构，负责伦敦地方一级的战略规划和综合协调发展。后来为了更好地协调区域发展，英国政府又成立了专门的机构——"伦敦规划咨询委员会"，作为大伦敦协调发展的研究和咨询机构。但是这种综合协调的模式仍然存在很多问题，伦敦城市群在历史上的发展出现了明显的地区不平衡。

1997年工党政府重新上台执政，启动了着眼于分权的宪政改革。2000年，成立了大伦敦管理局（Great London Authority，GLA），对伦敦市和大伦敦地区的32个自治区（市）行使总体管辖权。大伦敦政权的主要职能是研究制定伦敦发展战略规划，努力实现大伦敦都市圈的协同发展。以15~20年长期发展战略规划为重点，主要解决人口变化和合理布局、创造城市可持续发展繁荣、确保城市交通通达便捷等问题，为市民和游客提供优质的城市生活环境。在这种管理体制下，大伦敦城市群形成了两级政府管理体制，即"大伦敦市政权"和32个自治区政府。前者对关乎城市群整体发展的战略规划问题

进行统筹，而后者负责各自区内的日常事务，比如治安、卫生、住房等居民每天都会接触的事务，权责划分明显。需要强调的是，改革后负责统筹协调的大伦敦市政权与各个区（市）政府之间并不是上下级关系，而是合作与协调的关系。此外，针对特定领域的事务还成立了诸多委员会，例如为了解决伦敦人口过于密集的问题，伦敦政府组织成立了巴罗委员会，并提出了"巴罗报告"，该报告针对由于工业所引起的市区工业与人口聚集，提出疏散伦敦中心区的工业和人口的建议，同时将伦敦划为四个同心圆。随后，《新城法》的通过，使新城建设运动开始掀起，其本质就是在离伦敦50千米的半径内建成8个伦敦新城的卫星城。这样，通过政府的相关介入，都市圈内的人口集中、住房条件恶化以及工业发展用地紧缺等问题得到了有效的解决。

从伦敦城都市圈的主导协同模式来看，无论是之前的"伦敦政府办公室"，还是后来的"大伦敦市政权"，其协同的模式仍然是以政府为主体，中央政府直接运用高层次的行政力量，建立高层次的行政协调机构或者通过县市合并等方式建立一个庞大统一的大都市区政府进行城市群的协同治理，在具体领域的治理上如环境污染治理等也采用了类似的政府主导模式（见专栏7-1）。因此我们将大伦敦城市群的协同治理模式称之为政府主导协同模式。也有的学者将这种合并政府的模式称为"大盒子"模式。① 但是政府主导的协同模式并不意味着政府是唯一治理主体，实际上在大伦敦城市群的协同治理过程中，英国民间社会组织一直是一个重要的参与主体。伦敦都市圈的建设与发展离不开官方、半官方与民间组织合作形成的基本思想及制定的发展规划。大伦敦的规划遵循了英国社会活动家霍华德爵士在19世纪末提出的"以小城镇群取代大城市，努力保持小城镇就业平衡"的城市规划理念。1997年，英国非政府规划组织"伦敦规划咨询委员会"发布了《大伦敦发展战略计划》，提出了区域发展的四个目标：强大的经济实力、高水平的生活质量、可持续发展的未来和为所有人提供机会。经过几十年的建设，伦敦大都会区由封闭走向开放，最终形成了由内伦敦、大伦敦、标准大都会劳动区和伦敦

---

① SAVITCH H V, VOGEL R K. Paths to New Regionalism [J]. State and Local Government Review, 2000, 32 (3): 158-168.

大都会区组成的圆形都市圈。① 此外，著名的伦敦城市管理委员会也是一个由普通市民组成的非政府管理委员会。它本身代表了伦敦企业和居民的利益，在引进投资方面也发挥着非常重要的作用。

**专栏7-1　大伦敦都市圈：政府主导模式治理环境污染**

大伦敦都市圈的生态环境经历了污染—治理与污染并存—生态环境改善的过程。20世纪60年代的伦敦是世界知名的"雾都"，2000年伦敦居民拥有机动车的家庭超过50%，部分地区的道路交通对硫化物排放贡献高达68%，对一氧化碳排放贡献高达98%。通过都市圈生态文明治理，伦敦成为当今世界闻名的"绿都"，其成功经验主要包括以下几个方面。

一是以绿色低碳和区域共治革新城市规划理念。2000年成立大伦敦政府，并组建大伦敦管理局（GLA）统筹33个行政单元的城市管理事务，制定《大伦敦空间发展战略》，以区域绿色发展为目标构建区域治理体系，并制定了严格的碳减排目标。英国中央政府在大伦敦都市圈的环境治理中发挥了主导的作用，严格监控区域规划下的政策行为。二是制定严格的法律改善空气质量。1956年英国颁布了世界上首部空气污染防治法案——《清洁空气法》。此后，政府为改善环境又陆续出台了《污染控制法》《环境法》《污染预防和控制法案》等一系列污染治理法案，以控制伦敦的大气污染。同时，由政府建立道路空气质量监测和评价体系，对大伦敦都市圈内的氮氧化物、硫化物、一氧化碳等物质进行实时监测，根据监测结果划分空气质量管辖区以分类施策。三是以立法手段保障绿化用地供给。1938年，颁布的《绿带法》要求在大伦敦地区构筑直径为16千米的绿带环，草地和水面的面积要达到2/3，私人花园占到大伦敦总面积的1/5；1944年出台的《大伦敦规划》，明确提出要在城市周围建

---

① 冯怡康，马树强，金浩. 国际都市圈建设对京津冀协同发展的启示［J］. 天津师范大学学报（社会科学版），2014（6）：7-12.

设多层次的绿化带，建成后的绿化带占英国国土面积的6%。四是建立严格的垃圾分类、回收体系处理废弃物。大伦敦管理局将废弃物分为工业垃圾、生活垃圾和商业垃圾三类。生活垃圾细分为厨房和花园垃圾类、玻璃类、油类、纸类、金属类和塑料类。在此基础上严格垃圾分类处理并强化回收利用。

通过大伦敦都市圈多元主体的跨区域协同共治，大伦敦都市圈逐步形成现在的多环开放式绿色空间格局，区域生态系统得以逐渐恢复，伦敦逐渐成为"绿都"。

资料来源：改编自韩慧，李光勤. 大伦敦都市圈生态文明建设及对中国的启示 [J]. 世界农业，2015（4）：40-45，56.

### （二）治理机制

从机制设计来看，新的协同治理模式充分考虑了各利益主体的博弈与平衡。大伦敦市的市长要接受来自两方面的监督，一方面来自伦敦市政府，另一方面来自伦敦地方议会。议会成员大多数来自各自治市区。有关大伦敦城市区域内的整体规划也不是由大伦敦市政权的领导说了算，而是要综合平衡来自各自治区（市）代表的意见。大伦敦市各职能机构的成员也有很多来自各自治区（市），确保各地方利益在各个领域都能得到表达，同时各自治市也可以针对跨界议题如交通、环境以及大都市区总体发展战略等内容提出各自的意见供市长参考，或者在各自立场上提出相关措施。在有关城市群整体发展的重要决策上始终强调各个区政府的平等主体地位，并提供充分的交流与磋商平台，从而在协商中达成能让各方一致接受的方案。在大伦敦城市群协同治理的过程中，英国政府还特别强调法律机制的建设。英国议会于1944年、1946年和1985年分别制定出台了《绿带法》《新城法》和《地方政府法案》对以英国伦敦为核心的城市群发展战略规划和区域协调发展进行约束。2000年成立的大伦敦政权也是在《大伦敦市政府法案》（1999）通过的基础上成立的。该法案对大伦敦政权的组织机构构成、运作方式、大伦敦市政府与各自治市的权力分配等做了明确的法律规定。

同时，在对于都市圈内不同圈层的功能实现上，英国政府也制定了相关的法规和战略。通过大伦敦计划，在伦敦市中心48英里半径范围内划分了四个圈层，并与放射状道路系统相结合。采取"分区管制"的政策对单个圈层实施不同的空间管制政策，特别是控制和降低中心内圈的密度，并通过绿地圈层实施隔离，防止建成区的持续扩散。正是通过这种方式政府有效控制了大伦敦的无序蔓延。在《大伦敦空间发展战略》中提出，将伦敦分为五大分区和五大现代服务业功能区，并将某些具体区域界定为基本区域、强化区域和重建区域，有效保证了都市圈的有序发展。伦敦都市圈协同发展在政策引导下，保障了都市圈规划的方向，再加上相关法律手段的支持作用，有效地促进了伦敦大都市圈的形成和协同发展。

## 二、以日本东京都市圈为代表的混合协同模式

日本是世界上最早提出"都市圈"概念的国家。其中以东京为核心的都市圈最为著名，在不到半个世纪的时间内发展成为日本政治、经济、文化、教育和科技中心，也成为与伦敦、巴黎、纽约相齐名的世界城市。东京都市圈包括一都三县（即东京都、神奈川县、千叶县与埼玉县），面积1.34万平方千米（占全国3.5%），现有人口4000多万，约占全国的三分之一以上，经济总量更是接近全国一半，城市化率达90%以上，是日本经济最为发达的地区。根据2012年经济统计调查结果显示，东京都的企业数量占全国9.8%，从业人数占全国12.9%，附加价值额占全国20.3%，批发零售业的销售额占全国32%，这些指标均以绝对优势占据全国首位（日本统计省，2014）。[①] 东京都利用其有利的经济与政治条件，强调"突出首都圈，淡化都县市"，基于首都圈广域联合自治体的战略精神，牵头首都圈的协同发展[②]，将早期的"一极单核"空间结构转变为当前的"多核分散"格局，不同城市既保持了一定的独立性，又形成了特色鲜明、错位发展的分工格局（外部功能互补），城市

---

① 日本统计省."经济指数"基础调查［EB/OL］.总务省统计局网，2014-02-26.
② 王凯，周密.日本首都圈协同发展及对京津冀都市圈发展的启示［J］.现代日本经济，2015（1）：65-74.

之间通过发达的交通体系保持了紧密的联系。日本东京都市圈的发展模式与大伦敦都市圈的政府主导协同模式不同,采用的是混合协同模式,即更加强调政府之外的社会力量在城市群协同治理中的作用。

### (一) 治理体制

东京都市圈的治理体制被称为"统分结合的体制"。为了协调东京都市圈的发展,1950年日本政府成立中央一级规划统筹机构——首都建设委员会,该委员会成员包括中央政府的建设大臣,众参两院议员,还包括了东京都知事、东京都议员以及学术界代表。1956年升级为总理府下属的首都圈整备委员会。通过升级改造委员会从原来的实行合议制的独立性议事机构转变为总理府直属、委员长由建设大臣兼任的中央直属办事机构,促进了跨区域的协调发展。首都圈整备委员会成员既包括各级政府代表,又包括商界和教育界的代表,来源十分广泛。委员会下设区域规划发展部特别注重吸纳大学教授及相关领域企业代表参与。在中央与地方权力的划分上,首都圈整备委员会充分尊重东京都地方人士的意见,与社会积极合作。1947年日本政府颁布的《地方自治法》赋予了都道府县各级地方政府相应的自治职能,并规定各地方政府可以通过设立协议会、共同设置机构、事务委托、设立事务组织和区域联合组织等形式处理区域性事务。此外,东京都市区还成立了都市区服务局,隶属于日本综合开发署,负责东京都市区的规划和建设。作为政府的执行机构,服务局负责协调都市区与其他机构之间的关系。东京城市群管理体系充分体现了日本城市群建设中"政、商、教"一体化的战略理念,将政府、企业、教育机构紧密结合,通过上述三方的合作,促进城市群的发展。

### (二) 治理机制

在具体治理机制运行上,东京都市圈特别强调市场的协调作用。东京都市圈的形成与发展,以市场推动为主。在东京定为日本首都之后,东京地区的工业率先发展,人口迅速集聚,海运、采矿、造船和钢铁业获得迅猛发展。随后,日本处于战后恢复重建时期,需要大量的土地、劳动力,紧靠大城市、海运以及便利的铁路、公路等交通条件,为此,城市群的贸易和重化工业蓬勃发展起来，产业和人口在东京高度聚集，核心城市东京的城市功能日益强大。核心城市的辐射效应使东京向周边城市和地区进行产业转移，进而形成以东京为中心、经济技术文化紧密相连、分工较为明确的东京都市圈，并成为日本国民经济的主要聚集区域。市场机制，特别是在产业组织和人口协调方面，利用其价格机制解决了中心城市的人口疏离和城市过度扩张问题，有效平衡了城市群各城市的发展。

东京都市圈的发展和经济整合，除市场机制因素之外，政府历次的规划协调也起了很大作用。1956—1999年，日本政府先后五次对东京城市群的基本计划和开发方式做了修订。规划修订的指导思想就是试图把东京都中心区的部分功能分解出去，其规划的基本思路就是强调建立"分散型互联网结构"的区域空间模式，强化组成各区域之间的联合以及提高区域的独立性等。随着首都圈人口的急剧增长，规划内容也日益宽泛，包括了整备规划和项目规划。整备规划内容"以基本规划为依据，针对既成市、街、地以及城市开发地区和其近郊整备地带的开发事项制定出详细的规划"。项目规划主要是涵盖了年度建设项目的具体施工内容以及进度。"基本规划作为首都圈发展和建设的依据，能预见并合理制定区域的发展方向、布局、规模，同时对环境进行较为科学的预测和评价。规划还能协调各地在发展中出现的各方面的矛盾，统筹首都圈中的各项建设，对其整体建设发展起着较强的引导作用。"[①] 通过历次规划建设，东京都市圈逐渐形成了以东京为核心，以新宿、池袋、涩谷、大崎等7个副中心为次核心，以及横滨未来21世纪港、埼玉新中心等多个新兴核心城市为辅助的多核心都市区架构。通过大力发展区域性交通网络，将各个中心城市有效联结起来（如表7-1）。

理性的规划和有力的执行相辅相成。为了落实区域发展规划，东京都市圈形成了一套以法律—规划—报告—评估为主体的正式制度约束，以法律法规的形式从事前、事中和事后三个方面全程保障协同的有效开展。1946年日本颁布《特别都市规划法》，1950年出台《国土综合开发法》《首都建设法》等。其中，《首都建设法》明确指出"东京不仅仅是一个地方自治政府，更是

---

① 杜德斌，智瑞芝. 日本首都圈的建设及其经验[J]. 世界地理研究，2004，13（4）：9-16.

表 7-1 东京都市圈历次规划的主要内容

| 规划次数 | 规划期限 | 规划地域范围 | 规划人口规模（万人） | 规划思路 |
|---|---|---|---|---|
| 第一次 | 1958年—1967年 | 离东京市中心半径约为100千米的地域 | 2660 | 在东京中心区外设置5千米~10千米绿化地带，防止建成区膨胀；在市街地开发区域建设卫星城，吸收人口及产业 |
| 第二次 | 1968年—1975年 | 东京、埼玉、千叶、神奈川、茨城、栃木、群马、山梨等八都县 | 3310 | 将东京作为全国经济高速增长的管理中枢，并对其进行相应的城市改造；在周边各城市开发区，继续推进卫星城市的开发政策 |
| 第三次 | 1976年—1985年 | 东京、埼玉、千叶、神奈川、茨城、栃木、群马、山梨等八都县 | 3800 | 改正东京市中心的一极依存形式，建设"区域多中心城市复合体"，形成多级多圈型结构，谋求周边区域的社会、经济、文化机能的发展 |
| 第四次 | 1986年—1999年 | 东京、埼玉、千叶、神奈川、茨城、栃木、群马、山梨等八都县 | 4090 | 延续第三次规划思想，进一步强化首都圈中心区的国力中枢职能，并提出发展副中心，承担中心区的部分功能；强化各组成区域之间的联合以及提高地区的独立性 |
| 第五次 | 1999年—2015年 | 东京、埼玉、千叶、神奈川、茨城、栃木、群马、山梨等八都县，并包含其周边区域 | 4180 | 在第三、四次规划的基础上，再次强调建立区域多中心城市"分散型互联网结构"的空间模式，进一步提出了以多样化、个性化的家庭办公等职住模式的设想 |

资料来源：转引自冯怡康，马树强，金浩．国际都市圈建设对京津冀协同发展的启示 [J]．天津师范大学学报（社会科学版）2014（6）．

日本的中心、与世界各国接触的首都"。该法强调东京都城市的建设不是一个地方治理的问题，而是国家政策层面的问题。此后，日本政府又相继颁布了多个法律支持都市圈的发展。1956年，日本政府颁布《首都圈整备法》，该法首次明确将东京都与周边城市作为一体化的区域，并将其明确为法定规划对象，开启了大都市圈发展阶段。此后，该法虽几经修订，但长期以来都是首都圈协同发展最根本的法律依据。随着首都圈的建设发展与规划的实施，相关法律也在不断补充完善。除了基本法，日本政府还就专项课题制定专门的法律法规实施区域土地规划和产业转移。例如，通过《首都圈建成区内工业等设施控制法》《首都圈城市开发区地区整治法》及《商务流通城市整治法》等强制性的法规将早期聚集在东京核心区的工业、教育、行政办公及批发仓储流通等多类设施逐步分散，并依法推进了诸多卫星城和新兴工业城市的建设。

在规划考核方面，东京都市圈确定了"整备圈年度报告制度"，用于监测和考评整备圈计划的实施与推进情况，并设立专门的评估环节通过定量化的评估来推动规划的落实。例如，为了提高都市活动的效率，规划中提到的国际活力试验区、新活力创造区、广域合作据点区、个性化自力更生区、亲自然居住区等都建立了评估指标，旨在平衡城市功能和居住功能。以就近就业为例，评估标准为：通勤时间超过60分钟的人口明显减少，国际活力试验区减少约19%，总体减少60万人；平均通勤时间控制在36分钟左右，未来国际活力试验区将与巴黎相同；使老年人能够在通勤时间不到30分钟的情况下找到工作。

在区域协同治理过程中，东京都市圈还建立了利益补偿、利益分享、利益分配等激励机制与约束机制相结合的利益调整机制，以加速互惠偏好的形成。例如，在第二个首都圈筹建计划中，采用了"内部约束"和"外部发展"的规划理念。在使用许可证制度和附加税等工具限制东京内部产业发展和办公设施的同时，在周边县市设立办公中心，将首都圈核心城市和新发展的商业核心城市结成定向帮扶联盟，实现优势互补与合作开发。[①]

---

① 王凯，周密.日本首都圈协同发展及对京津冀都市圈发展的启示［J］.现代日本经济，2015（1）：65-74.

## 三、以法国巴黎的"地方联合体"为代表的一体化自治协同模式

法国巴黎都市圈是以巴黎为核心城市,沿塞纳河而建的带状城市群,包括巴黎、阿姆斯特丹、鲁昂、勒阿弗尔等城市。都市圈总面积14.5万平方千米,总人口4600万人,人口密度为317人/平方千米。[①] 它是法国为限制巴黎都市圈的扩张,改变原有的向心集聚发展的城市结构,在塞纳河下游更大范围内规划布局产业和人口而形成的带状城市群。法国的城市化水平很高,但由于其国土面积大,城镇众多,大多数城市(镇)都很小且分散。法国有96个省、36000多个市镇,全国共设22个行政大区。出于重大基础设施建设、工业发展、环境保护、城市规划建设以及教育、科技、文化、卫生等社会公用事业的发展等一系列共同要求,周边许多城市(镇)自20世纪60年代以来,自愿成立联合协调机构,积极促进相互间的一体化协同发展,探索切实有效的统筹自治协调机制。[②] 从发展模式来看,巴黎都市圈是以"地方联合体"为代表的一体化自治协同模式。

### (一)治理体制

地方联合体是巴黎都市圈治理的最重要的主体,包括多种形式:市镇、聚居联合会、市镇联合公共公司、都市共同体、城市共同体、市镇共同体、省议会、大区议会等。其中聚居联合会、市镇联合公共公司、都市共同体、城市共同体、市镇共同体为主要的地方联合体形式(如表7-2),在区域治理中发挥着重要功能。[③] 其中市镇联合体是城市或市镇之间的行政法人的联合组织。该组织设有一个联合委员会,作为维持其日常运作的常设机构。该委员会的成员由每个市镇按照一定的比例选出的代表组成,委员会办公室有专门

---

[①] 冯奎,郑明媚. 中外都市圈与中小城市发展[M]. 北京:中国发展出版社. 2013:46.
[②] 鞠立新. 由国外经验看我国城市群一体化协调机制的创建——以长三角城市群跨区域一体化协调机制建设为视角[J]. 经济研究参考,2010(52):20-28.
[③] COLE A M. Decentralization in France:Central Steering, Capacity Building and Identity Construction[J]. French Politics,2006(4):31-57.

的办公经费,且成员是专职人员。在常设机构之下,还设有很多专门委员会作为非常设机构。例如为修建高速公路设立的特别委员会、就环境的共同治理和保护设立的专门委员会等。但这些委员会成员不同于常设机构的工作人员,他们不是全职的,而是兼职的,没有固定报酬,只有少量的行政活动经费。一旦合作事项结束,这类委员会也随之取消。在巴黎都市圈协同治理体制中,中央政府发挥着支持和保障的作用。中央政府通过法律保障地方联合体的权力,包括将部分城镇的税收和权力转移给联合体,如公共服务设施网络的规划权、建设和运营权、对联合体内企业征收特别税的权力等,在结构单一的法国,中央政府是地区政策的强有力的制定者和执行者。

表7-2 巴黎都市圈的地方联合体

| 类型 | 数量 | 功能 |
| --- | --- | --- |
| 市镇(communes) | 36500 | 地方规划、建筑许可、小学的建设和维护、垃圾处理、公共福利等 |
| 聚居联合会(voluntary intercommunal syndicates) | 无数据 | 灵活的市镇联合体,可以是单一功能的(SIVU),也可以是多功能的(SIVOM) |
| 市镇联合公共公司(EPCD) | 约2250 | 永久性的市镇联合组织,负责垃圾处理、交通、经济发展、住房等公共服务 |
| 都市共同体(urban communities)<br>城市共同体(city-wide communities)<br>市镇共同体(communities of communes)<br>省议会(departmental councils) | 96 | 社会事务、部分高等教育、道路修建与维护等 |
| 大区议会(regional councils) | 22 | 经济发展、一些交通设施、基础设施、国家—区域规划、部分高等教育、培训以及公共卫生等 |

资料来源:转引自张衔春,胡映洁,单卓然等.焦点地域·创新机制·历时动因——法国复合区域治理模式转型及启示.经济地理,2015,35(4):9-18.

法国的都市圈协同治理模式，既借助行政力量特别是地方政府的力量，但是又不重构行政层级框架，其最主要的特点是中央政府几乎不干预，而是强调在政府现有组织架构的基础上由各个城市群主体自主建立一个自治的协同管理体制和机制。它有明确的法律地位、基本职责和运行机制模式，还通过法律明确其正常运转的财政支持渠道，一旦形成共识和签署协议，就对整个联合体的成员都具有法律约束力，这些对于促进城市群的一体化协调发展起到了很好的推进和保证作用，这种模式收到了相当好的实际效果，使得众多相邻城市之间都能够得到一体化的协调发展。与前两种模式相比，自治协同模式更加强调"治理"而不是"管理"，倡议"以灵活的治理横向网络代替单一僵化的政府管理模式，吸纳区域内其他非营利组织、商业社团和公民组织参与整体治理。"①

### （二）治理机制

在运作方面，以市镇联合体为例，其运行通常需要经过六个步骤：第一，进行全面的调查与研究；第二，征求各方面的意见和建议；第三，协商讨论；第四，起草方案，同时进行适当的修改讨论；第五，共同签署协议；第六，以协议为指导开展各种行动。在具体的政策执行过程中，市镇联合体委员会通过平等磋商、有效对话机制，实现城市群内所有市镇的利益平衡，推动区域整体协调发展。在整个过程中，联合体委员会尤其注意做好两方面的工作：一方面向公民传达各种政策、会议内容和发展思想等；另一方面向各级市（镇）政府下达会议情况和会议报告，同时还结合具体情况向隶属的省份或大区汇报，而且一旦签署协议，各方就必须承担相应的法律责任。② 此外，法国政府也善于运用法律手段支持都市圈规划，以法律形式规范城市规划，保障规划的权威性和可执行性。1932 年，法国议会通过法律提出要打破行政区划

---

① 叶林. 新区域主义的兴起与发展：一个综述［J］. 公共行政评论，2010，3（3）：175-189.

② 鞠立新. 由国外经验看我国城市群一体化协调机制的创建——以长三角城市群跨区域一体化协调机制建设为视角［J］. 经济研究参考，2010（52）：20-28.

对城市群发展的限制，根据地域发展需要设立了城市群，对城市群实行统一规划。1994年批准的《巴黎大区总体规划》，是该地区发展过程中必须遵守的法律文件，经过20多年的波动，该法规仍然保持着其权威性和可执行性，并且对促进法国经济发展和巴黎城市群的最后建成起了重要的指导作用。

同时，随着欧盟的东扩，巴黎城市群中的区域平衡发展显得极为重要，为此，《巴黎地区国土开发计划》提出降低巴黎中心区密度，提高郊区密度，促进地区均衡发展的观点。随后，又通过《城市规划和地区整治战略规划》《巴黎地区整治规划管理纲要》《巴黎地区区域开发与空间组织计划》《城市规划和地区整治战略规划》等一系列指导规划强调：巴黎城市群整治的基本原则是强化均衡发展，促进城市之间的合理竞争，区域内各中心城市之间、各大区之间保持协调发展。1994年，在巴黎大区总体规划以及整治计划的引导下，划分出建设空间、农业空间和自然空间，强调三类空间相互协调，均衡发展。2000年"大巴黎交通出行规划"提出，通过建设城市副中心、外迁部分机构等措施，分散中心区功能和交通压力。2007年，"大巴黎计划"提出着重解决交通运输、古建筑保护和高耗能旧工业退化等问题，着力建设"可持续发展、具有国际竞争力、不再有郊区的绿色环保大都市"。在政府的协调作用的发挥上，明确规定了政府可以对哪些内容干预，哪些内容明确不干预，同时强调对一些重大的项目政府负有决策责任，如大型基础设施建设、建筑产业政策、城市开发组织、环境保护与巴黎盆地地区的协调等。巴黎城市群通过政府这样一系列的规划和调整把一个城市所具有的多种职能分散到规模不同的各个城市之中，以此形成了一个大中小城市体系健全、城市间实现有机分工和协作的都市圈。

## 第二节　欧盟区域协同治理的发展经验

欧盟是当今世界区域协同治理领域的成功范例，在欧洲一体化进程中，随着成员国在经济、社会、政治和外交领域合作的逐步推进，成员国逐步释放部分主权，并通过授权或分立的方式将某些权力授予欧盟机构，促进欧盟内部的协同共治,在经济和社会一体化建设方面取得重大突破,实现了货币、经济、社会乃至政治领域的超国家整合,成为一个超国家组织。欧盟的成功主要源于它有相对较为完善的长效合作模式以及区域内的较为和谐的利益让渡机制。整个地区现有成员国28个,人口约5亿,经济社会发展水平很不平衡。可以说欧盟并不是一个国家,而是一种主权联盟形式,或者说一种新型政体,其成员国基本上在《欧洲联盟条约》(Treaty of Maastricht)的规范下进行合作和竞争。这个条约包含两个部分,一个是《欧洲经济与货币联盟条约》,另一个是《政治联盟条约》,分别从经济和政治两个方面规定了各成员国的权利与义务,是联盟得以实现的基础。欧盟区域协同发展的经验对于京津冀的协同发展亦具有一定程度的借鉴意义。

## 一、欧盟协同治理的主体与结构

欧盟治理的主体是多元化的,它不再仅仅由国家引导。所有具有社会、政治、经济和行政职能的行动者以及具有一体化利益和价值要求的行动者都以不同的方式参与欧盟治理进程。欧盟协同治理的主体跨越不同的层次(如表7-3),既有超国家层面、国家层面的治理主体,又有次国家层面即地区层面和社会个体层面的治理主体。不同层次的治理主体的影响力和决策方式不尽相同,但是在功能上是相互补充、在行动上是相互依赖、在目标上是协调一致的。通过不同层级治理主体的协调形成了兼具横向和纵向的双向维度特征的新的治理模式。从纵向权力扩散来看,欧盟的超国家政治同盟以一种纵向权威的方式对各成员国实施管理,成员国必须按照共同体条约来行使国家权力。[①]

---

① The Committee of the Regions and the Implementation and monitoring of the principles of subsidiarity and proportionality in the light of the Constitution for Europe. Luxembourg [EB/OL]. European communities, 2006.

表 7-3 欧盟多层次的治理结构

| 层次 | 主体 | 实例 |
| --- | --- | --- |
| 超国家层面 | 欧盟机构 | 欧盟理事会、欧盟委员会、欧洲议会、区域委员会、欧洲投资银行（EIB） |
| 国家层面 | 成员国 | 法兰西共和国、荷兰王国 |
| 次国家（地区）层面 | 地方当局 | 德国巴伐利亚洲、法国科西嘉省 |
| 社会个体层面 | 欧洲公民个人、法人 | 工会、社团、欧洲法院个体当事人 |

资料来源：转引自喻锋. 治理视野下的欧盟区域协调发展研究 [D]. 武汉：武汉大学，2009：40.

## （一）超国家层面的治理主体

从超国家层面即欧洲层面来看，治理的主体主要有五个：欧盟理事会、欧盟委员会、欧洲议会、区域委员会和欧洲投资银行。欧盟治理结构的主要特征就是治理主体的多元性和混合性。在超国家层面的五个主要机构中，只有欧盟理事会的构成严格遵守国家代表原则，其他四个主要机构都是由非国家或政府的代表构成。[①] 下面具体介绍一下欧洲理事会、欧盟委员会、欧洲议会和区域委员会四个治理主体。

### 1. 欧盟理事会

欧盟理事会（Council of European Union）也称为"欧盟首脑会议"，是欧盟最重要的决策机构，它是由欧盟成员国元首和政府首脑组成的常规性峰会，为欧盟的运作设定广泛的议程，寻求相关重大问题的最终协议。理事会的所有成员代表被授权代表各自国家政府作出表决和承诺，致力于维护自己国家的自主权。理事会由一名主席和一名秘书长组成，采取非常任制。各个成员国每 6 个月轮换代表出任主席和秘书长。主席一般由欧盟理事会轮值主席国的外交部长出任。理事会秘书长兼任共同外交和安全政策高级代表，由欧盟

---

① 曾令良. 欧洲联盟治理结构的多元性及其对中国和平发展的影响 [J]. 欧洲研究，2008（3）：1-17.

成员国共同选举和任命。理事会内部设有总务理事会（General Affairs Council）和专项事务委员会（Specialized Affairs Council）。欧盟理事会的主要职能在于"为联盟的发展提供必要的推动力，确定总体政治方向和优先事项，但不行使立法职能。"① 具体职权包括决策和立法权、协调经济和社会政策的权力，授予及批准预算的权力等。通过这些职权的行使，确保了欧盟理事会作为决策机构的重要作用。专项事务委员会的涉及范围非常广，包括经济与金融、就业、社会政策、健康与消费者事务以及农业与渔业等各领域的理事会。理事会通过行使职权直接或间接掌控有关区域发展的方向。②

### 2. 欧盟委员会

欧盟委员会（European Commission）是欧盟的行政领导机构，负责法律和政策的执行与监督。根据《罗马条约》和《欧洲联盟条约》的规定，欧盟委员会的主要责任是作为区域性机构及区域利益的代表保证欧盟法律的执行和实施；向理事会提出立法动议、监督欧盟法规的实施、代表欧盟负责对外联系和经贸谈判，对外派驻使团；执行预算；发布共同体年度报告等。欧盟委员会包括27个委员，其中一名担任欧盟委员会主席领导整个委员会，非主席的那些委员根据职责被称为某某（比如外交）事务专员。欧盟委员会主席由欧盟理事会和成员国政府首脑一起决定，并需要得到欧洲议会的赞成。委员会共设有23个总务司负责制定各个不同领域的政策。例如第二总部主要负责经济金融方面的协调，第六总部负责农业领域的相关政策管理与实施。欧洲联盟委员会通过执行与区域政策有关的法律以及在区域发展政策领域行使决策权和立法权来处理与区域政策有关的事项。同时，它在管理一系列基金方面也发挥着重要作用，如结构化基金和集合基金，这些基金是欧盟地区非常重要的政策工具。

### 3. 欧洲议会

欧洲议会（European Parliament）为欧盟的参与立法、监督、预算和咨询

---

① 欧洲联盟基础条约：经《里斯本条约》修订 [M]. 程卫东，李靖堃，译. 北京：社会科学文献出版社，2010：38.
② 喻锋. 欧盟区域协调发展的治理转型及其结构特征 [J]. 国家行政学院学报，2008 (4)：99-102.

机构，是欧盟唯一由所有成员国的选民直接选举产生的机构，以在欧盟立法方面代表各个成员国人民的利益，并确保其他欧盟机构以民主方式运作。欧洲议会设议长 1 人，副议长 14 人，司务官 6 人，组成议长执行局（Bureau of the European Parliament），负责领导议会及其机构的日常行政工作。同时还设有 20 个专门委员会，包括外事委员会、发展委员会和国际贸易委员会三个涉外事务委员会以及预算、地区发展、经济与货币事务、就业与社会事务委员会等 17 个对内管理委员会。多年来，随着欧洲条约的变化，议会获得了大量的立法和预算权力，使其能够与理事会成员国政府的代表一起确定欧洲项目的前进方向。作为共同立法者，欧洲议会在经济治理、移民、能源、运输、环境和消费者保护等广泛的领域享有和欧盟理事会同等重要的权力。议会与理事会共享通过和修改立法提案以及决定欧盟预算的权力。此外，欧洲议会还拥有一系列的监督和控制权，这些使其能够对其他机构进行监督，监督欧盟预算的正确使用并确保欧盟法律的正确实施。

**4. 区域委员会**

区域委员会是欧盟的地方和区域大会，以《罗马条约》为基础。它是一个咨询机构，由次国家、区域和地方机构的代表组成。其目的是让成员国和地方当局在欧盟立法进程中有更大的发言权。委员会成员的来源非常广泛，既有工会组织、技术专家，还有科学家、学者等。[1] 各区域委员会的职能是在欧盟决策和立法过程中行使协商权，处理与经济和社会凝聚力有关的事项。在具体情况下，欧盟理事会和欧盟委员会有义务与各区域委员会协商。欧洲理事会在确定结构基金的任务、优先事项和组织以及在规划结构基金以外的具体行动时，应与委员会协商；在作出与执行欧洲区域发展基金有关的决定时，必须征求各区域委员会的意见。各区域委员会目前由 317 名成员组成。区域委员会的成员人数一般按人口分配。区域委员会由各区域的成员国和成员国的地方社区提名和选举，经欧洲理事会和欧洲议会协商后，最终任命同

---

[1] 刘文秀，汪曙申. 欧洲联盟多层治理的理论与实践 [J]. 中国人民大学学报，2005 (4)：123-129.

等数量的成员和候补成员。区域委员会的任期为四年,不能连任。①

## (二)国家层面的治理主体

事实上,区域协调发展政策的过程也是一个利益再分配的过程。主权国家中央政府在解决地区发展差距问题、促进欠发达地区快速发展方面发挥着不可替代的作用。各国的经验表明,在不同的国家,全球化等外部环境因素对经济增长、贫困和收入分配的影响差异很大,其影响在很大程度上取决于各国采取的政策。成员国政府一般都有自己的区域政策体系,同时接受欧盟共同的区域政策协调和一体化。因此,成员国在欧盟区域协调发展治理结构中处于第二层次。为了应对区域发展差距,保持与欧盟及其他成员国和地方政府的政策协调,欧盟成员国建立了相应的职能机构体系,处理自身和欧盟与区域协调发展相关的事务。例如,法国早在1963年就成立了土地规划和区域行动委员会,随后相继成立了"全国土地改善委员会"与"区域和城市部"等新机构。意大利政府设立了一个特别机构,即南部地区发展部。换言之,法国和意大利的做法是设立一个全职机构,作为政府的一个具体部门,拥有自己的独立预算,并统一行使国家和区域政策的公共管理职能。丹麦、德国等国家主要采取"部门联合型",即中央政府相关部门共同干预区域发展的政策和管理,并通过多项战略规划推动相关政策落实②。

欧盟成员国政府通过实施具有自身特色的区域政策,运用有利于缩小区域发展差距的财政、税收和金融工具,逐步推进区域产业结构布局调整,针对不同类型的问题实施不同的政府干预。同时,致力于建立统一、公平的国内市场和制度环境,消除制约要素在区域间自由流动的制度壁垒,按照市场法的要求,促进各区域自主发展和公平竞争,根据比较优势合理配置资源,实现区域间的共同发展。此外,即使在欧盟共同区域政策形成之后,欧盟成员国也利用政府间框架下的欧盟体系进行竞争和博弈,以实现自身在共同体中的利益最大化。例如,当区域发展基金开始运作时,欧洲共同体没有明确

---

① 喻锋. 欧盟区域协调发展的治理转型及其结构特征 [J]. 国家行政学院学报, 2008 (4): 99-102.
② 陈瑞莲. 欧盟国家的区域协调发展: 经验与启示 [J]. 理论参考, 2008 (9): 61-64.

的发展战略,但也面临预算困难。因此,区域发展基金往往成为成员国之间政治谈判的筹码。

### (三) 次国家层面

在欧盟的治理体系中,主权国家之下的次国家区域和地方属于治理结构的第三层级,包括各联邦国家的各个组成行政区,单一制国家统辖下的各地方政府以及若干海外飞地、特殊区域等。这些国家以下区域和地方是一个职能政治和监管领域,其职能机构负责规划和实施欧盟和成员国的政策和法律。[①] 正如《伯尔纳报告》所指出的,"地方当局作为欧盟决策的合法参与者,打破了只有中央政府才能在欧盟代表其国家的共识"。地方政府和地方当局在欧盟治理中的地位和影响力日益提高。地方也成为欧盟治理结构的重要组成部分。一方面,这是因为这些国家的地方政府有明确的宪法地位,中央政府不能随意侵犯和剥夺它们的权利;另一方面,在全球地区主义的影响下,权力下放和地方治理运动深深扎根于欧洲联盟及其成员国的心中。针对区域协调发展政策进程,国家以下各级、区域和地方当局还负责制定和实施欧盟区域发展筹资计划和项目。因此,可以说,区域政策的形成是欧盟、国家和地方三方互动的结果。在实践中,次国家和地区参与欧盟区域协调发展治理的方式主要包括以下内容。

首先,在目前的欧盟宪法体系内,许多欧盟成员国已在布鲁塞尔设立了常设联络处。这些有代表性的利益机构是国家以下区域和地方政府与欧盟之间沟通和联系的纽带和中介。他们通过游说、收集信息来争取欧盟项目,且将游说的目标放在欧盟委员会和欧洲议会上。正是通过与欧盟的这种"直接对话",国家以下区域才真正参与到欧盟治理中。其次,作为欧盟一级次国家、区域和地方当局的利益代表,区域委员会在欧盟立法和决策中的作用和影响正在日益扩大。区域委员会的成立在欧盟和地方政府之间建立了直接联系,地方政府在欧盟也进入了一个新阶段。在欧盟层面上表达次国家层面的声音不仅意义重大,也为次国家、地区和地方当局之间的经验交流、联络和互利创造了机会和平台,从而增加了新的对话层次。最后,欧盟次国家和地

---

① MICHELLE C. European Union Politics [M]. Oxford: Oxford University Press, 2007: 288.

区之间的合作不仅寻求在欧洲层面发出自己的声音,寻求欧盟对地方特色的关注,而且涵盖了更广泛和具体的主题,包括经济和社会融合、欧洲基础设施网络的建设、卫生、教育与文化、就业与福利、环境保护和职业教育等。①

### (四) 社会个体层面

欧盟特别强调政府、企业工会和家庭之间的和谐和合作关系,欧盟内部不论是私人部门还是公共部门已经逐步改变了过去的等级制度和官僚主义作风,转向分散决策、建立伙伴关系和网络联结。一大批跨国社会团体、政党、商业利益集团、舆论、工会和环保组织也以自己的方式参与,通过各种方式表达自己的利益,在整个区域政策过程中发挥着重要作用,并日益突出公共部门、私营部门和第三部门的"协同"作用。自20世纪80年代末以来,在德国和其他欧盟成员国的区域发展中出现了大量各种形式的公私伙伴关系,特别是公私伙伴关系项目,如欧洲非政府区域协会,法国、德国和爱尔兰的农民利益团体,意大利商会等。② 在跨国网络的帮助下,它们可能对不同层次的区域协调决策产生影响。此外,特定的个人和公民群体也以特定的方式参与了欧盟区域协调治理的进程。这个小组包括各种官方和非官方的"智囊团"以及各行各业的专家。他们基于自身的专业背景知识向欧盟区域政策决策层提供建议,监督资金使用和评估区域政策执行绩效,以确保区域政策及其实施的科学性和严肃性。

综上所述,在纵向上,欧盟建立了超国家、国家和地方层面的多层次区域治理体系,多层次、多主体的治理体系在欧洲一体化中发挥着重要作用,它打破了原来各自独立的民族国家主体的组织形态,通过立法的形式,限制单一国家在特定领域内权益过度扩张的倾向,确保各级权利的平衡和利益表达机制的正常流动。通过合纵连横方法散布于以各地域为界的众多不同层级中,确保国家政府、区域行为体、超国家行为体和拥有一定执行权力的其他代理机构等都可能成为决策的主体,直接或间接地参与决策。(如图7-1)欧

---

① 喻锋. 治理视野下的欧盟区域协调发展研究 [D]. 武汉:武汉大学,2009:97-98.
② 冯兴元. 欧盟与德国:解决区域不平等问题的方法和思路 [M]. 北京:中国劳动社会保障出版社. 2002:5.

盟多层次治理的一个重要特征是,各个层级的不同行为体之间并不是上下级关系,即超国家机构并不凌驾于国家机构、次国家机构等其他层次行为体之上。不同层次行为体之间是互相监督和制衡的关系。一方面,作为欧盟政策执行的主要行为体的国家政府和次国家政府与地方当局,要受欧盟委员会和欧洲议会的监督,另一方面欧盟层次的治理也受制于成员国层次的约束,从而形成了一种新型的行政权力制衡关系。① 当前的欧盟区域协调发展治理结构侧重对欧盟各机构功能的分配和共同利益团体与成员国利益之间的均衡。各行为主体彼此联系、相互依赖,在功能上互补,在目标上协调一致,由此形成了一种包容开放的集体决策模式。

## 二、欧盟协同治理的机制与工具

### (一)欧盟区域协调发展治理决策机制

欧盟各体系的作用本质上是协调成员国的行动,促进它们之间的稳定合作,然后实现它们的共同目标。欧盟成员国寻求超国家层面的合作并非来自某些预先确定的共同体利益,而是基于这样一个事实,即合作对各方都有利,或者在满足自身利益的同时满足共同体利益。在此基础上,欧盟相关政策的决策机制也体现了共同体混合状态的特点,并兼顾了其他多层次治理主体的特点。长期以来,欧盟关于欧共体事务主要政策过程的决策和立法大多基于传统的"共同体方法"。20世纪90年代以前,共同体方法是欧盟经济和社会政策领域治理的主要模式。根据共同体方法,欧洲联盟理事会在制定共同体法律和重大问题决策方面发挥主导作用。与此同时,欧盟委员会和欧洲议会等其他超国家机构也参与其中,分享决策权并发挥影响。所有法令的通过都需要得到欧洲理事会特定多数的同意或一致通过。在政策制定和实施过程中,欧盟委员会、欧洲议会和授权立法委员会、社会组织甚至私人团体参与提供信息和专家意见,以最终制定折中方案,使共同体法律能够在成员国和国家

---

① 王再文,李刚. 区域合作的协调机制:多层治理理论与欧盟经验[J]. 当代经济管理,2009,31(9):48-53.

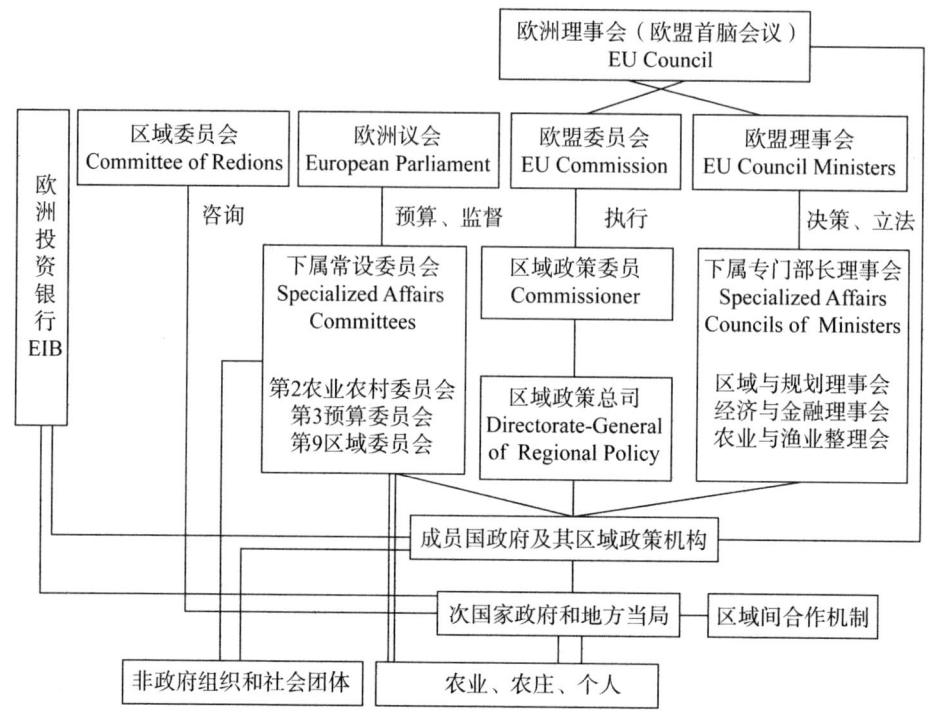

**图 7-1 欧盟区域协调发展治理结构**

资料来源：喻锋. 治理视野下的欧盟区域协调发展研究 [D]. 武汉：武汉大学. 2009：101.

以下各级成功地转变和遵守。作为欧共体事务的重要领域之一，区域政策决策过程在很大程度上也遵循欧共体方法的基本原则，包括欧洲理事会、欧盟委员会，欧洲议会和区域委员会构成了一种多样化的决策模式。共同体方法确保了国家行为体不能在垄断层面进行区域的政策制定，将公共决策权和政策制定的职责与职能赋予多种不同类型的行为体所共享。

欧盟区域政策的决策过程是一个共同决策的过程，通常包括以下四个阶段：①提出草案和建议。欧盟委员会区域政策总部根据区域发展的需要和利益相关者的需要，提交关于区域发展的草案和建议。②提交讨论和修改。决议草案提交欧洲联盟理事会；欧洲联盟理事会、欧洲议会和区域委员会进行内部磋商，就委员会提交的草案进行公开辩论和讨论，提出修正意见。修正意见应提交给欧盟委员会后形成正式的修正案。③批准和表决。修订后的法律草案，经多次修订后，提交欧洲理事会批准，并提交欧洲议会表决。④实施。经批准的法律草案必须返回欧盟委员会的主管机构（主要是区域政策总局），失败的法律草案必须重新通过立法程序，否则将被放弃。从上述过程可以看出，欧盟理事会作为主权国家利益的协调机构，拥有最终决策权，代表政府的决策方向；欧洲委员会和欧洲议会作为超国家利益的代表，区域委员会作为次区域和地方利益的代表，根据协商程序、合作程序、同意程序和联合决策程序参与决策。从欧盟共同决策的程序来看，国家行为体的意见仍居于主导的位置。

### （二）欧盟区域协调发展协商民主机制

欧盟在深化区域经济政治整合的进程中形成了特定的"协商民主制"（deliberative democracy）。协商民主使社会伙伴和其他非政府组织以及地方和国家一级的代表能够以开放和协作的方式参与区域一级的协调发展议程，有助于改进区域政策的执行，创造一个开放和协调的治理环境。以欧盟委员会和地区政府的关系来看，二者并不是上下级关系，而是一个合作伙伴关系。欧委会只对地区政府的计划提供原则指导、咨询和建议，而地区政府在与欧委员充分协商的情况下可以独立制定具体的发展计划及资金使用方案。这样既能够实现对财政援助的有效监督，又能赋予区域政府充分的自主权，使其根据本地区的实际情况灵活选择发展项目。

《欧洲治理白皮书》提出了欧盟治理"善治"的若干要求：要求欧盟更接近欧洲公民；使欧盟更加有效；加强欧洲的民主；加强该组织的合法性。实现这些目标在很大程度上取决于各国政党和公众舆论的积极参与；实现这一目标的具体途径是努力在欧盟及其公民之间建立沟通机制和平台，并改善公民对欧盟事务的参与。依照《白皮书》的界定，市民社会包括了工会、雇主组织、非政府组织、专业协会、慈善团体、草根阶层组织以及教会和宗教团体等其他将市民纳入本土和地方生活中的组织。鉴于在多样化的社会结构下问题议程的复杂性和不确定性，通过公民参与的政策制定来提升政策的有效性不失为公共管理和法治化进程的一个有益的路径。① 在 2007 年至 2013 年推出新的欧盟区域政策计划之前,欧盟就社会和非政府组织区域政策的制定展开了一场重大辩论,希望全面听取基层的意见和声音,提高区域政策的社会基础,确保政策的实施。此外,在开放协调的背景下,政党和公众舆论在欧盟区域政策体系中也发挥着重要作用。该党在促进欧洲环境合作以及公众舆论对区域政策的影响方面发挥了积极作用。这些例子表明,欧盟更加注重公开协调公众舆论的方法来加强民众的理解,以提高民众对欧盟治理机制的支持与合作意愿。

### (三) 区域协调的财政工具:欧盟区域共同发展基金

为了解决成员国财政独立造成的利益分离和发展不平衡问题,欧盟一方面利用欧共体法律法规限制成员国的财政政策,另一方面,通过基金等金融工具确保充分协调区域发展。最具代表性的区域金融工具是联合区域发展基金。该基金是区域一体化治理的血液和资源。1988 年,欧盟创建了一个新的区域政策工具,即结构基金(structural funds),旨在支持落后地区的经济发展。结构基金来自欧盟预算,并由理事会和欧洲议会批准,是欧盟的一项特殊财政支出。结构基金由四部分组成:欧洲社会基金、欧洲地区发展基金、欧洲农业指导和保障基金、渔业指导融资基金。

**1. 欧洲社会基金 (ESF)**

欧洲社会基金于 1958 年根据《罗马条约》的有关规定成立,后来成为结构基金的重要组成部分。"其基本目的是促进工人就业,增加工人在社区和职业中的流动性,并通过提供职业培训提高工人适应产业变化和生产体系的能力"。ESF 的内容包括:①为工人和企业提供各种培训;②为失业者、妇女和移民提供就业渠道;③为残疾人融入社会和消除劳动力市场上的歧视提供援助;④通过改革教育体制和建立教育设施网络,增加劳动力资本。在 2000 年至 2006 年的规划期间,ESF 预算达到 65 亿欧元,约占整个结构基金的 31%,为改善欧盟内部劳动力质量和促进就业作出了巨大贡献。

---

① SCOTT J, TRUBEK D M. Mind the Gap: Law and New Approaches to Governance in the European Union [J]. European Law Journal. 2008, 8 (1): 1-18.

## 2. 欧洲地区发展基金（ERDF）

欧洲地区发展基金的目的在于支持落后地区的工业发展和基础设施建设、支持中小企业的发展。从基金总量上来看，地区发展基金是四个基金中所占比重最大的，其基金额约占整个结构基金的一半。该基金的使用包括：以拨款或低息贷款的形式投资落后地区的产业，减免税收；将公共支出用于落后地区的道路、港口和住房等项目；对落后地区的企业提供补贴，降低生产成本，鼓励劳动密集型企业发展；控制新企业的选址，尽量在落后地区设立企业。实践证明，该基金作为欧盟区域政策的第一项金融措施，在促进欧盟成员国经济发展和社会进步方面发挥了重要作用。具体而言，ERDF 主要通过以下方式实现其目标：①通过投资为企业（特别是中小企业）提供援助，以创造就业机会；②支持研究创新，加强电信、环境、能源、交通等基础设施建设；③支持区域发展，促进区域间合作；④技术支持。①

## 3. 欧洲农业指导和保障基金（EAGGF）

欧洲农业指导和保障基金最初是作为共同农业政策的一部分设立的。其目的是通过农业生产现代化和农村地区发展措施促进农业部门的结构调整。该基金通过提供优惠贷款和补贴，促进援助农村地区的结构改革和农业现代化，为采用新技术、改善农业产业结构和发展农村非农产业提供资金支持。该基金致力于协助山区和贫困地区的农业发展，并允许成员国向确定的山区和贫困地区的农民提供补贴。

## 4. 渔业指导融资基金（FIFG）

渔业指导融资基金由欧盟于1993年创建，旨在帮助受沿海地区渔业产量下降影响的渔民。"该工具的建立取代了欧盟渔业部门以前的政策工具，并作为 EAGGF 的一部分使用。"该基金的目标是促进渔业部门的结构调整，并更新船队，为水产养殖的发展提供优惠的财政支持，保护海域，促进渔港的建设以及渔业产品的加工和销售。渔业指南中融资工具的具体范围包括：所有欧盟沿海地区的一些目标区域和成员国的特别规划区域。

欧盟结构基金改革加强了区域一体化，"改革使结构基金成为具有实际经

---

① 祝宝良，张峰. 欧盟地区政策[M]. 北京：中国经济出版社，2005：61-63.

济影响的工具。"① 欧盟结构性基金已经从强调竞争转向解决地区发展不平衡，转向加强经济和社会聚集，进而转向追求可持续的经济和社会发展。事实上，除结构性基金外，欧盟还设立了凝聚基金又称融合基金（Cohesion fund），为人均国民生产总值低于欧盟平均水平90%的成员国如西班牙、希腊、葡萄牙、爱尔兰等国提供财政资助，帮助它们发展交通基础设施和改善生态环境，缩小与发达地区的差距，逐步达到建立经济和货币联盟所需的预算赤字和国债标准，以加强欧盟的经济凝聚力和政策协调。② 总体而言，欧盟通过上述资金的组合，实施了区域协调政策，使落后地区赶超发达地区，重建衰退的老工业区，振兴落后的农村地区，支持城市或国家跨境地区的滞胀地区。

### （四）信息化助力区域规划：依托大数据技术实行精细化治理

欧盟区域政策的成功离不开科学规划。欧盟依据人均GDP和失业率等统计经济指标，结合卫星遥感、移动通信等网格化大数据划分区域单元，而不只是依靠行政区划来划分，这样有助于精准定位特定的"落后区域"，厘清不同区域的发展现状和共同问题。③

为了实施共同地区政策，进而更有针对性地制定区域发展规划与精细化的区域政策，欧盟还创造了一套独立的地区分类系统——欧盟地区单元统计体系（Nomenclature of Territorial Units for Statistics，NUTS）。该统计体系由欧盟统计局和成员国的统计局共同合作完成，主要目的是为欧盟提供统一的地域单元划分，以提高政策实施的精细化及区域管理的科学化。根据NUTS统计体系，欧盟将成员国的所有领土分成254个地区（regions），并将需要帮扶的落后地区按照不同情况分为三级体系。一类落后地区为人均国内生产总值低于欧盟平均国内生产总值75%的地区，被称为"目标1区"（objective 1）；第二类落后地区针对的是一些以煤炭、钢铁、造船等夕阳产业为主导的工业区，

---

① BUTTON, KENNETH. Regional Economic Performance Within the European Union, Cheltenham, LK, Northampton, MA [M] USA: Edward Elgar Publishing, 1999: 57.
② 张荐华. 欧洲一体化与欧盟的经济社会政策 [M]. 昆明：云南人民出版社, 2011: 120-121.
③ 王伟进, 陈勇. 跨区域发展与治理：欧盟经验及启示 [J]. 学习与实践, 2020 (4): 63-75.

基于产业转移更新迭代、结构调整造成的结构性困难的地区,被称为"目标2区"(objective 2);第三类落后地区指的是除"目标1、2"以外的所有地区,对这类地区帮扶的主要内容是提供职业培训并促进就业。同时该体系还将每个成员国划分为若干个 NUTS 1—NUTS 2—NUTS 3 三级区域,在 NUTS 2 层次上实施区域政策并进行绩效评估。这种逐级递减的区划划分方式既避免了区域政策的实施对象范围过大、政策效果不明显的问题,也避免了因实施对象范围过小而无法实现以点带面的问题。①

大数据还被应用到公共服务一体化中。在医疗保险领域,欧盟建立了完善的欧洲医疗保险体系网络,统一要求成员国使用 E 表(E forms 标准化健康信息表)和 EHIC(European Health Insurance Card,简称 EHIC)卡进行医疗。表包含社会保障记录、治疗证书、信息获取请求、社会保障连续性和其他信息。EHIC 卡是保护欧盟公民医疗权益的凭证。每个成员享有平等的社会保障待遇,跨国医疗患者享受的医疗服务应与当地居民享受的医疗服务相同。

## 第三节 国外跨域协同治理的经验启示

从区域发展的历史来看,我国城市群一体化发展较为缓慢。京津冀协同发展上升为国家战略以后尽管取得了阶段性的成效,但是与社会经济发展和社会各界期望相比,京津冀一体化程度不理想,京津冀城市群协同治理的合理体系和机制还有待完善。我们需要借鉴国外城市群协作体系和治理机制的经验。世界著名都市圈及欧盟协同治理的经验为我国跨域协同治理发展提供了宝贵的经验和启示。

---

① 张可云. 欧盟区域政策的制度基础与中国区域政策未来方向 [J]. 湖湘论坛,2010,23(3):59-65.

## 一、体制方面经验启示

### (一)建立纵向与横向相结合的区域协调管理体制

纵观西方国家的三种主要的协同模式以及欧盟的多层次协同治理体系,结合我国行政体制的特点,我国的城市群协同治理首先应该探讨建立纵向与横向相结合的区域协同管理体制。从纵向上来说,由于中国是单一制集权程度较高的国家,因此法国巴黎都市圈的一体化自治协同模式可能不适用于我国,但是我们可以参照英国大伦敦都市圈,实行顶层政府主导型治理模式,发挥中央政府统一治理和协调的作用,建立一个统一而权威的区域一体化管理机构,作为最高决策机构,研究制定区域协同发展一体化规划、设置区域发展基金、组织研究重大区域问题并提出政策建议,承担中央政府和区域各省市政府之间的协调与联系。在具体的角色定位上应该明确中央政府作为统筹协调治理的角色,坚持在追求区域总体利益的同时兼顾各个地方政府的利益。在横向上,针对重要的协调领域设立各种专业委员会和工作小组。例如,针对重大交通基础设施、环境、物流信息流、社会保障等领域组建跨部门、跨地区的任务小组或者工作小组等。任务小组由各城市相关部门的业务代表组成,并邀请政府部门以外的专家参与,针对特定的公共事务问题进行分析研究与决策协调。

### (二)通过多元主体的广泛参与推动协同治理

协同治理的概念内涵之一就是"多元主体参与"。从国外城市群协同治理的经验可以看出,虽然不同发展模式下社会组织参与治理的方式不同,但毫无疑问民间社会团体都是重要的参与主体,他们通过建立管理委员会、城市论坛、合作协议等方式,在推动城市群达成共识、深化交流、促进区域一体化方面发挥着重要的作用。当前我国的区域合作只是一种纯粹的政府管理,缺乏众多利益相关者的参与。要进一步提升区域合作质量,必须适时改进已有的区域合作策略,增进地方政府与企业以及其他非政府组织的协作互动,以形成区域内多元利益相关者的协作性治理。① 例如，在政策规划与协商环节，可以学习日本的"官商学"一体化的协同模式，吸纳、引导大学教授、专家学者及其他非政府组织参与协同治理。引导公众在区域规划和区域政策协调中发挥重要作用。此外，城市群政府还可以通过广泛的公私合作、委托代理和购买服务等方式向社会组织转移部分服务职能。社会主体的广泛参与，将有效提高城市群治理的效率与公平，弥补政府主导模式的不足。

## 二、机制方面经验启示

### （一）完善支持区域一体化的法律法规体系

国外发达国家有着悠久而深厚的法治基础，并强调在大都市区的组织和管理方面的立法保障。英国伦敦都市圈的政府主导协同模式、日本东京都市圈的混合协同模式以及法国巴黎都市圈的市政联合体协同模式，都有法律保障。相比之下，中国目前有关的城市规划法律只有《城市规划法》《土地管理法》，而且相关法律规定多为原则性要求，缺乏可操作性。无论是中央层面还是地方法规层面，都缺少城市主体之间协同合作协议的具体规定。中国的区域一体化战略也需要建立坚实的法律法规基础。国家一级应制定法律规范来指导和规范区域一体化和经济合作，而地方一级应制定具体的法律法规来促进一体化。② 为此，应尽快出台《区域政府间关系法》《区域合作法》等，通过制定相应的区域规划法律法规，把区域治理建设纳入正式的法律轨道。可以借鉴法国通过法律提出打破行政区域壁垒的做法，运用法律手段支持区域建设的整体规划，保障整体规划的权威性，推动整体规划的有效落实。一方面，积极推动国家立法机关尽快通过专门的法律法规或增加专门的法律规定，为区域及城市群一体化联合协调机制的建设提供法律依据和法律支持，为效

---

① 张紧跟. 从区域行政到区域治理：当代中国区域经济一体化的发展路向 [J]. 学术研究（9）：42-49.
② 卓凯，殷存毅. 区域合作的制度基础：跨界治理理论与欧盟经验 [J]. 财经研究，2007，33（1）：55-65.

果评估、纠纷仲裁调解、处罚提供法源支持。另一方面，推动城市群地方行政区划法律法规尽快整合。通过专门法规或补充专门法律规定，消除地方市场格局和地区封锁，使地方行政壁垒失去法律法规的支持，确保城市群协调机制的建设和有效运行，为地方纠纷仲裁和调解提供法律依据。

### （二）建立一整套制度化的合作保障与平等协商机制

城市群的协同治理还有赖于制度化的合作保障机制的建立。只有形成清晰的角色定位、责任划分以及彼此遵循的机制，合作治理中的冲突和矛盾才能稳定地得到消除。① 奥尔森指出，一个集体要想实现一致行动，就必须同时或者至少具备以下两个条件：集团人数较少；有强制性措施作为保障。否则，作为"经济人"的个体在寻求个人利益最大化时往往有搭便车的理念及行动，而这必将有损公共利益的实现。倘若人人都秉持这种理念及行动，集体目标的实现则根本无从谈起。② 完善的合作规则及协同保障机制是有效推进跨域协同治理的前提。地方政府合作过程中对于合作收益的讨价还价，最终都要通过地方政府间行政管辖权让渡达成共识，并通过形成文本的方式将利益分配方案固定下来。③ 文本化的契约和规则能够有效约束合作过程中的各种预期及非预期的行为。此外，参照欧盟和世界主要都市圈的治理经验，区域协同治理由于涉及诸多不同的治理主体，应该要更加重视平等协商的重要性，区域内的利益分配和矛盾冲突都可以通过平等协商来实现。根据协同治理的要求，协商机制的一个关键要素是确保地方当局成员享有平等的地位权力和脱离过去单纯以行政权限划分和行政区域变更为基础的观念，为整合行政理念，建立城市群合作的组织平台和合作机制，使各城市经济主体充分表达意见，都市圈中的其他相关行动者，如工业协会、民间社会，也需要有参与的机会。④

---

① 韦倩. 影响群体合作的因素：实验和田野调查的最新证据 [J]. 经济学家, 2009 (11)：60-68.
② 奥尔森. 集体行动的逻辑 [M]. 陈郁, 郭宇峰, 李崇新, 译. 北京：格致出版社, 2014：27.
③ 杨龙, 彭彦强. 理解中国地方政府合作——行政管辖权让渡的视角 [J]. 政治学研究, 2009 (4)：61-66.
④ 王佃利. 区域公共管理的制度与机制创新探析：以山东半岛城市群为例 [J]. 北京行政学院学报, 2009 (5)：11-15.

## (三) 建立合理的利益激励与补偿机制

阿伦德（Ahrend）等提出大都市区协作成功的关键是明确治理改革的长期收益和短期成本，并通过激励机制促进大都市区进行合作治理。[①] 在当前我国区域经济一体化程度不断加深的背景下，实际上不少城市群都建立了相应的利益协调机制，如"长三角协作办公室"以及各种联席会议、高层论坛等。但是就目前的发展表现来看，这些机制尚未发挥出理想中的协同功能，在运行过程中似乎都有点"雷声大、雨点小"的意味。究其原因，在于我国城市群已有的协同体制缺乏城市群之间合理的利益激励与补偿机制。城市群内各个城市鉴于这样那样的原因，参与合作的意愿并不持久。也许在城市群试点阶段和总体规划启动阶段，这些机制仍然可以发挥宏观协调和战略规划的作用。一旦进入规划的具体实施阶段，其不规范性、不完善性和不稳定性就会暴露出来，尤其是在城市群地方政府之间出现复杂的利益纠纷之时。[②] 加之财政分权、行政分权和官员晋升博弈在我国地方竞合机制形成过程中发挥着杠杆式的激励作用，所以官员只对上、对内负责，参与外部横向协同的动力不足。我国传统的横向合作更多的是靠自上而下的政治动员而非平等协商的博弈机制，因此协同难以持续。城市群协同要想突破当前的协同障碍，最关键的是要通过利益激励与补偿机制，实现城市群内各地方政府之间的"利益均沾"与"成本共担"，通过建立区域事务治理的责任和风险共担机制，防止出现"搭便车"和"公地悲剧"现象。在区域发展战略上，考虑到不同城市的发展基础，实行差异化、互补化的战略。只有在这个思路下开展协同与合作，才能使城市群内的各个城市主体真正实现一种地位平等、利益兼容的协同治理。

---

[①] AHREND R, KIM S J, LEMBCKE A C, SCHUMANN A. Why Metropolitan Governance Matters and How to Achieve It [M]//David Gómez-Álvarez, Robin Rajack, Eduardo López-Moreno, Gabriel LanfranchI: Steering the Metropolis: Metropolitan Governance for Sustainable Urban Development. 2017: 225-238.

[②] 任维德，乔德中. 城市群内府际关系协调的治理逻辑：基于整体性治理 [J]. 内蒙古师范大学学报（哲学社会科学版），2011, 40 (2): 50-55.

## 本章小结

经过多年的探索与实践，京津冀协同发展已经进入加速推进阶段，协同治理取得了一系列重大成果，但是与社会经济发展和社会各界期望相比，京津冀一体化程度不理想，京津冀城市群协同治理的体制和机制还有待完善。相比之下，国外在跨域协同治理领域发展时间较长，更为成熟，我们需要借鉴国外跨域协同治理的经验。以英国伦敦、日本东京和法国巴黎都市圈为代表的世界级都市圈及欧盟协同治理的经验为我国跨域协同治理发展提供了宝贵的经验和启示。

具体而言，体制方面，首先为了打破区域地方政府各自为政，保证局部利益让位整体利益，跨域治理首先要建立的就是统一领导、多层次的协同治理体制。以欧盟为例，其获得成功的关键性要素在于多层次、多主体的治理体系和协调机制。其次，建立跨越行政边界的"合作体系"。例如建立区域合作委员会，通过权力的再分配与集中，提高区域成员的整体行动能力。第三，通过多元主体的广泛参与推动协同治理。城市群的整合涉及政府、企业和公众等多方利益相关者群体。他们的利益要求重叠或冲突，利益集团能否通过对话、沟通、协商达成共识，形成共同的解决方案，对一体化的发展至关重要。机制方面，一是要完善支持区域一体化的法律法规体系。国外发达国家有着悠久而深厚的法治基础，并强调在大都市区的组织和管理方面的立法保障。英国伦敦都市圈的政府主导协同模式、日本东京都市圈的混合协同模式以及法国巴黎都市圈的市政联合体协同模式，都有法律保障。二是要充分发挥市场机制的作用。世界级城市群都高度重视市场机制在区域治理中的作用。京津冀城市群的发展必须选择市场主导与政府主导相结合的模式，这种模式有利于打破地区封锁，消除地方"保护主义"和部门利益，建立统一的区域市场，促进经济发展，充分发挥市场经济体系调节基本经济生活的内在能力。三是要建立一整套制度化的平等协商机制。城市群的协同治理还有赖于制度化的合作保障机制的建立。地方政府合作过程中对于合作收益的讨价还价，最终都要通过地方政府间行政管辖权让渡达成共识，并通过形成文本的方式将利益分配方案固定下来。四是要建立合理的利益激励与补偿机制。只有建立合理的利益激励和补偿机制，才能实现地方政府的长期合作。

# 第八章

# 京津冀区域协同治理的优化路径

京津冀的协同发展有赖于网络、协作、整合等整体性治理的关键变量发挥作用，而这些变量又深受利益状况、资源、目标、社会资本与文化、体制和制度等因素影响。为此，我们应该从以下三个方面努力调控关键变量，推动京津冀区域实现整体性治理与协同发展。

## 第一节 激发显性因素表达，优化网络关系结构

整体性治理理论主张发挥政府部门的主导作用，以满足公众需求为导向，对部门层级、功能和公私伙伴关系进行整合，使政府组织实现整体性协调。按照社会网络的思想，地方政府之间的合作行为是理性决策的结果，地方政府在不同合作领域的决策都是自身利益的驱使下形成自组织的网络关系。[①] 建立多元化网络关系结构的前提是组织整体协调发展，放弃局部或个体发展，这就意味着，在网络关系中，既要确保京津冀三个政府主体的利益，又要兼顾社会组织等主体的利益，在求同存异、互惠互利的基础上促进协同。

### 一、建立有效的利益协调与保障机制

区域协同最大的问题就是利益不平衡问题。长期以来，之所以形成了北

---

[①] FEIOCK R C. Rational Choice and Regional Governance [J]. Journal of Urban Affairs, 2007, 29 (1): 47-63.

京过度发展而环北京相关区域发展乏力现象,甚至形成了"环北京贫困带"的说法,其核心原因就在于北京可以借助首都的特殊政治优势,将资源源源不断地吸纳聚集,从而形成了华北区域明显的区域差异问题。因此,可以说,利益的协调是整个京津冀协同的要害和题眼。弗林德斯认为城市政府之间的关系取决于它们之间的利益博弈,尤其是同级城市政府之间的利益博弈。利益是影响政府间关系的最直接因素。如果区域间合作共生的成本大于合作带来的收益,或者合作的收益没有预期的那么高,那么合作活动的进展就不会顺利。在合作治理实践中,处于弱势地位的合作主体往往面临更大的压力和损失风险。在理性逻辑下,弱势主体会选择通过减少支付来止损。在这种情况下,协调系统需要为弱势主体做出承诺并提供保障,使其努力获得应有的回报和利益。[1] 在行政区域方面,区域合作必然涉及人口的流动和企业的迁入与迁出,这在一定程度上损害了被转出地区的利益,这就要求政府采取措施确保迁移活动不会对转出地造成重大损失。因此,区域协同治理首先要确保的就是利益的保障。具体而言,城市群内部的利益保障机制又可以细分为分享机制、分摊机制和补偿机制(如图8-1)。当跨区域项目的建立和实施给整个区域带来可观的利益时,分享机制要求在区域间的利益分配中找到一个平衡点,实现区域利益分享;分摊机制旨在建设对合作进程具有关键和直接影响的跨区域基础设施和生态环境屏障。由于这些项目的建设需要大量的时间和成本,因此,需要各地区分担成本;补偿机制主要包括生态补偿和产业转移补偿。前者是对环境污染的补偿和对发展机会损失的保障,后者是对产业转移后税收和收入损失的补偿。

在协调京津冀三地政府关系上,要"明确三方在政策协同中的权利、责任和利益"[2] 将京津冀政府维系在一个共同逐利、平等享受利益的空间中,建立利益分享机制、分摊机制和补偿机制。2014年后,北京、天津、河北三地逐步探索和完善了产业转移的税收利益协调和滦河治理的生态补偿,在一定

---

[1] MERRILL SANDS D, SHERIDAN B. Developing and Managing Collaborative Alliances: Lessons from a Review of the Literature [J]. The Organizational Change Program, 1996 (3): 1-28.

[2] 杨宏山,石晋昕. 从一体化走向协同治理:京津冀区域发展的政策变迁 [J]. 上海行政学院学报,2018, 19 (1): 65-71.

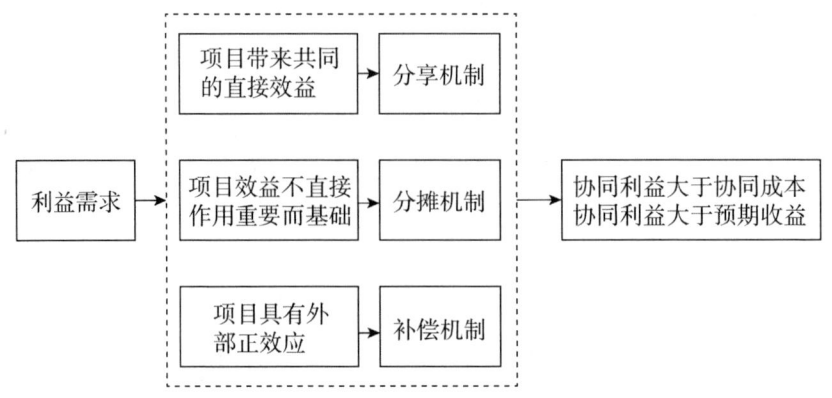

图 8-1 城市群内部协同发展的利益保障机制

程度上促进了产业的协调发展。但是,补偿和共享机制仍然不足,分摊机制仍然不健全,协调发展水平仍然不高。

首先,分享机制主要体现在区域政府的财政分配上,目前由于京津属于政策高地,吸引集聚资源的能力更强,而河北需要配合首都的各类事务甚至牺牲自身的部分发展利益,导致京津冀三地的财政收入水平差距巨大,最终结果就是三地在区域协同能力、动力和效率方面有较大差异,面临利益冲突时也难以达成共识,因此需要建立"财源共建、收益共享、服务共担"的区际利益让渡与分配的长效机制。例如尽快建立合理的税收分成机制,探索建立跨区域项目财税利益分享机制,建立"飞地经济"财税利益分享机制等。[①]其次,建立京津冀区域治理成本分摊机制。在提供跨区域的公共物品时,应充分考虑不同地区的成本分摊问题,对于京津冀三地来说,提供跨区域的公共服务和进行环境治理需要付出巨大成本,应做到事权和财权相匹配,其关键在于建立京津冀区域治理成本分摊机制。在短期内,仍然可以充分利用专项转移支付来实现基本公共服务的快速均等化。虽然专项转移支付存在"资金分散"和交叉设置等弊端,但在短期内,专项转移支付仍然是提供基本公共服务的主导方式,从长远来看,必须调整转移支付结构,加强一般转移支付力度,但同时也必须要加强公众监督,减少地方官员的寻租行为,从而提

---

① 安树伟,王瑞娟. 京津冀协同发展的三个难点问题 [J]. 前线,2019 (6):57-60.

高地方政府的公共服务供给能力。① 最后，完善生态补偿机制，探索建立中央政府补偿为主、地方间横向补偿为辅的常态化生态补偿机制。充分发挥中央政府在区域利益再分配过程中的调控作用，明确中央政府与地方政府的补偿边界、资金分成及分工。

## 二、统筹区域发展规划，制定清晰平衡的目标体系

三地应在区域协同发展规划及国家的统筹发展下重新调整自身的目标定位。北京应积极承担区域合作的成本，发挥辐射带动作用；天津从服务北京和辐射河北的定位出发，不再定位于"北方经济中心"，而是注意发挥和保持在京津冀区域发展港口和物流与先进制造业上的优势，在北京和河北之间起到桥梁和承上启下的作用。② 2019年1月16日至18日，习近平总书记在京津冀三省市考察并强调：要从全局的高度和更长远的考虑来认识和做好京津冀协同发展工作，增强协同发展的自觉性、主动性、创造性，保持历史耐心和战略定力，稳扎稳打，勇于担当，敢于创新，善作善成，下更大气力推动京津冀协同发展取得新的更大进展。③ 2019年，国家发改委发布的《关于培育和发展现代化都市圈的指导意见》（以下简称《意见》），为京津冀城市群高质量发展和经济转型升级提供了政策支持。《意见》提出的京津冀发展目标包括：加强城市间的产业分工与合作，推进基础设施整合，加强生态环境的共同保护与共同治理，加快统一开放市场建设，构建都市圈一体化发展机制，促进公共服务共建共享。

在中央相关总体设计与指导意见的基础上，区域的协同还有赖于目标的细化与平衡。目标不清晰，则会在具体行政运作中产生如下问题：一是在具

---

① KOTSOGIANNIS C, SCHWAGER R. Accountability and Fiscal Equalization [J]. Journal of Public Economics, 2008, 92 (12): 2336-2349.
② 杨龙，胡世文. 大都市区治理背景下的京津冀协同发展 [J]. 中国行政管理, 2015 (9): 13-20.
③ 习近平在京津冀三省市考察并主持召开京津冀协同发展座谈会时强调：稳扎稳打勇于担当敢于创新善作善成 推动京津冀协同发展取得新的更大进展 [N]. 人民日报, 2019-01-19.

体执行中的模糊,对于北京而言,由于疏解"非首都功能"与其本身的经济发展有一定的冲突之处,因此,在化解时,很容易产生具体执行中的避重就轻,将大量低经济价值的产业外迁,而对于高经济价值却不符合首都核心职能的产业保留。二是具体资源指标设计的模糊,目标决定资源,模糊的目标必然无法引导行政资源进行有效的支撑。三是战略考核体系的缺失。战略规划与考核是相辅相成的,考核的核心是为了支撑和约束战略的准确执行。当没有一种明确清晰的目标时,就无法进行层层目标的分解,并且围绕具体目标配置行政资源,下达行政任务,进行绩效评估。因此,目标的清晰是在京津冀协同中首先应该高度重视和力图解决的问题。只有在明确目标的基础上,才能促进京津冀协同发展规划的有效实施,提升京津冀区域的整体竞争力。

目标除了要高度清晰、具体、准确外,还需要考虑目标的均衡。这种均衡包括区域目标的均衡及短期与长期目标的均衡。就区域目标而言,由于京津冀协同涉及京津冀三个区域,而不简单等同于"泛北京经济圈"。因此,在制定区域目标时,就必须同时考虑到多个区域的目标均衡。例如,在制定具体的化解北京的经济职能目标时,就必须要同时制定加强河北、天津经济职能方面的目标,并配置相应的行政资源和考核体系。而从短期与长期的目标平衡而言,目标必须在时间尺度方面进行平衡,在解决短期面临的问题的同时,必须考虑到整个区域长期的发展与平衡。特别是要考虑到几十年后,整个京津冀的人居、生态与功能分配体系。未来京津冀城市群的协同发展应该综合考虑交通、产业和城镇空间布局,从公共服务一体化角度切入,在强化轨道交通建设的同时,同步推进教育、医疗为代表的公共服务业的高质量建设。以日本和新加坡等地为例,这些国家都采取了建设外围交通轨道的思路,以新城轨道交通站点为核心集中配置教育、医疗、养老等公共服务资源,通过外围地区的产城融合实现中心城区城市功能的疏解。① 对于京津冀区域而言,只有把产业和人口承接地的公共服务水平提高到与中心城区一样甚至更高的水平,才能提高承接地的吸引力,进而使得人才和产业的主动迁移成为可能。

---

① 张国华. 合力推动京津冀公共服务一体化 [J]. 前线,2020(5):55-57.

## 三、建立公平有效的跨区域协调的资源分配机制

区域的协同发展离不开资源的协调与配合。京津冀协同发展需要在明确各主体的优势功能地位的基础上，建立公平有效的跨域协调的资源分配机制，实现区域资源整合。北京"虹吸效应"产生的原因在于其特殊的政治地位造成的资源的聚集，但是这种资源聚集并不是来自经济效率上的自然聚集，而是通过行政权力所形成的特殊聚集。这种聚集，本质上具有不公平性，人为造成了公共资源的差异悬殊。解决这一问题的一个可行办法是将资源分配与合作行为挂钩。建立实体性的跨区域资金管理机构，由各区域政府各自让渡部分财政资源，交由该机构支配，用于解决跨行政区域或特定领域的事务，如环境污染治理。关于资金使用的原则和方向，则需要区域协调委员会通过。也可以借鉴欧盟的经验，设立多种类型的区域扶持基金（如表8-1）。① 由国家财政与地方省市财政划拨专款建立区域发展基金，对欠发达地区提供资金和项目帮助，针对基础设施建设、公共服务与社会发展、产业发展、研发创新等不同领域，构建完善的基金体系，为缩小地区发展差距，形成统一区域协调发展与合作的稳定资金来源。

**表8-1 欧盟的资源协调分配主要工具和内容**

| ERDF | ESF | EAGCF-G | FIFG | CF |
|---|---|---|---|---|
| 欧盟区域发展基金 | 区域社会基金 | 欧盟农业指导和保证基金 | 渔业指导的财政工具 | 聚合基金 |
| 基础设施、投资、研发 | 职业培训就业补助金 | 农村地区发展旅游投资 | 渔场发展渔业现代化 | 环境和交通基础设施 |

发展基金以区域协调发展为目标导向，其主要用途应该是：支持大都市区内基本公共产品和服务均等化建设项目，特别要加大对欠发达地区的资金

---

① 陈瑞莲. 欧盟国家的区域协调发展：经验与启示 [J]. 政治学研究，2006 (3)：118-128.

倾斜力度；支持影响大都市区整体发展的项目，如跨区域基础设施建设、生态环境治理等；支持能够推动大都市区各个主体合理分工的重大产业布局调整。

同时还应增强资源分配的有效性。所谓有效性，是指资源的分配要产生实在的效率。资源的分配有两种，一种是沿着市场效率最优的方向进行流动，而这种流动在地理经济学中会形成聚集-反流的现象。而另一种是沿着权力配置方向进行流动，在权力配置上，只会形成强者愈强的马太效应。因此，资源分配的有效性要保证根据市场规律，牢牢围绕生产效率流动。在京津冀协同中，要求减少权力所产生的对北京的资源聚集效应，而利用新的基础设施建设和人才，实现周边落后区域的生产效率优势，从而吸引经济职能的转移。

## 第二节 注重隐性因素培育，深化协作互动机制建设

社会资本的培育有助于深化协作互动机制。多元主体应积极参与协作互动平台建设，提高互动频率，提升互动质量，努力深化互信。

### 一、培育社会资本，实现多元治理

城市群的整合涉及政府、企业和公众等多方利益相关者群体。他们的利益要求重叠和冲突。利益集团能否通过对话、沟通、协商达成共识，形成共同的解决方案，对一体化的发展至关重要。无论从行政边界还是从内部事务来看，京津冀地区都远远超出了一个地方政府的管辖范围。构建纵向管理与横向治理相结合、多利益集团广泛参与的矩阵式区域治理网络，将有效提高效率和公平性，弥补政府主导模式的不足。[①] 京津冀的协同发展涉及社会发展的方方面面，仅仅依靠政府协同很难真正实现整体性治理，迫切需要政府转变一元主导的模式，主动联合并引导企业、社会组织和公民参与区域协同治

---

① 杨振山，程哲，蔡建明. 从国外经验看我国城市群一体化组织与管理 [J]. 区域经济评论，2015（4）：143-150.

理，构建京津冀多主体网络化协同治理模式。

具体来说各治理主体的角色和作用如下，首先，政府是京津冀协同治理多元化主体的重要组成部分。在京津冀协同治理过程中，政府不是多元化主体中的唯一主体，但其仍居于主导地位，承担着更多的责任。虽然市场经济的发展改变了政府发挥作用的外部环境，使市场在资源配置中起主要作用，但是政府在京津冀协同治理中仍然具有不可替代的作用。政府作为京津冀协同治理中的主导主体，发挥的作用主要包括：提供治理所需的制度，促进京津冀协同治理法律法规体系的建立；负责公共资源投入，促进京津冀协同多元治理体系的建立；承担领导规划责任，促进京津冀协同规划的组织和实施；统筹协调，促进非政府主体的发展等。围绕京津冀协同治理目标，政府将政府间，政府与企业、居民、社会组织，以及政府系统内各部门、各子系统的关系协调好，有效协同各主体的行动，积极扶持其他主体，监督并促进其发展，促使各主体积极提升京津冀协同治理的绩效。

其次，企业是市场的主要代表，是现代社会的重要组成部分。市场是交易的产物，在京津冀协同过程中，市场的交易行为能够促进合作的产生，是实现政府优势和企业优势（人力资源、信息、物资和财富）的互补，能够解决京津冀协同治理中的合作困境。企业作为京津冀协同治理中的关键主体，发挥的主要作用包括：促进企业自身生产和经营，提供产品和服务，承担和实现社会责任等。

再次，在京津冀协同治理中，社会组织与政府和企业进行互动，形成优势互补的合作关系，能够有效弥补政府和市场的失灵问题，发挥重要的支撑作用。社会组织作为京津冀协同治理中的支撑主体，发挥的主要作用包括：监督政府和市场，弥补资源不足；传播信息，制定公共政策；发挥良好的社会价值，增强公民参与能力；协同各地区力量，成为跨地协同的重要纽带等。政府应积极推动建立区域性行业协会或商业联盟，资助地方行业协会和其他地区行业协会之间的交流，研究区域间产业合作，加强民间交流。北京、天津要充分利用其丰富的学术资源，推动区域学术协会的建立并积极开展区域学术交流；通过交流意见或政治宣传，帮助地方各级政府制定和解释政策，并以多个专题的形式参与京津冀协同治理。①

最后,居民在京津冀协同治理中既可以被看作治理的对象,也可以被看作是参与治理的主体。公民作为京津冀协同治理的基础主体,发挥的作用主要包括:表达需求、监督反馈和评价判断。居民参与可以有效弥补京津冀协同治理中其他主体的不足。四类主体的角色和作用如下,如图8-2所示。

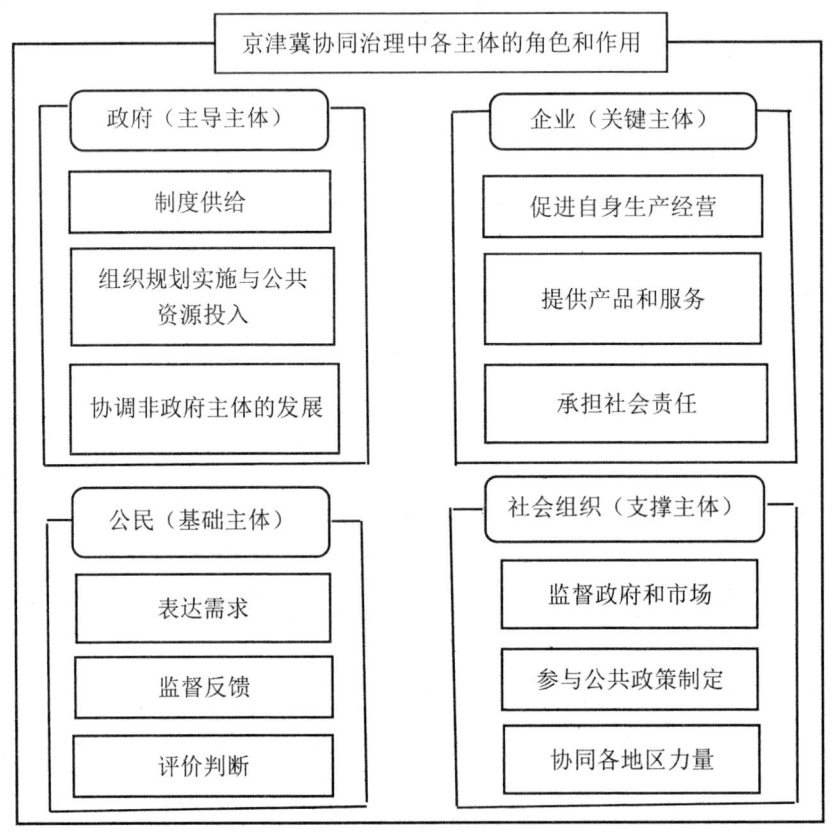

图8-2 京津冀协同治理中各主体的角色与作用

当然,目前京津冀区域的社会组织力量和公民参与还比较薄弱,因此政府一方面要着力消除阻碍非政府组织成长的行政藩篱,大力培育区域内的商

---

① 魏巍."高位推动"模式下区域协同治理政策的时空演进——以2014—2019年京津冀协同发展的政策文本分析为例[J]. 长白学刊,2021(1):82-90.

会、联盟、行业协会等，强化工商、文化、社会服务类社会组织的培育和引导，放开制度束缚，改革和完善社团组织管理办法，致力于法治秩序，撤销严格而繁琐的审批程序，实行方便的申请登记制度，提高非政府组织的合法性，使其成为京津冀跨域合作的重要载体。另一方面要创造条件，建立多种形式的民众参与渠道，通过建立专家咨询机构和开办协同发展论坛等方式，不断加强政府部门、学术界、企业界和民间多层次间的沟通交流。在现有的联席会议和框架协议基础上，结合具体的规划项目，建立民意诉求机制、决策公示制度，给予社会主体更多的自主规划权。对涉及区域协同发展的重大问题，由政府、企业、社会广泛参与的协调组织，提出切实可行的解决方案，通过发动全社会的力量去积极解决全社会的事，形成区域合作所必需的网络化、交互性的社会合作机制。[1]如在重大基础设施的资金投入环节，建立广泛的投融资机制，加大企业、社会资本参与投资建设、运营管理的力度，给予企业一定的所有权，改变完全由政府出资的传统模式，提高社会主体参与治理的积极性。

## 二、加强政府与市场的互动，发挥市场机制的作用

京津冀协同发展布局承载重大的历史使命，要建设成为具有较大影响的城市群、产业带。首先要从城市发展、产业转移、人才引进和技术创新等方面入手，以经济发展战略为导向，塑造区域经济可持续发展道路。[2] 政府应充分发挥市场在区域经济联系中的纽带作用，依靠市场实现要素在区域内的流动、聚集和扩散，打破"虹吸效应"。尽管目前京津冀一体化是在政府的推动下进行的，但从长远来看，市场力量才是推动京津冀区域发展的持久动力。[3] 长三角地方政府之间的合作之所以相对成功是市场经济充分发挥作用的结果。

要真正实现京津冀的协同发展，就要充分发挥市场的激励作用，实现市

---

[1] 肖柯. 社会资本理论视野下的我国和谐社会构建 [J]. 理论月刊, 2007 (1): 35-37.
[2] 鲁勇威, 张颖. 京津冀协同发展的区域一体化 [J]. 前线, 2020 (1): 63-65.
[3] 武建奇, 母爱英, 等. 世界大都市圈协同发展模式与京津冀协同发展路径研究 [M]. 北京：中国社会科学出版社, 2018: 124.

场在资源优化配置中的基础性作用。实现从"京津"两个独立中心向多城市、多中心联动发展模式转变，充分发挥北京和天津的辐射带动作用，实现京津冀真正的协同发展。

（1）打破市场壁垒，构建区域一体化的市场体系。习近平总书记在京津冀协同发展的"七点要求"中曾明确提出"要着力加快推进市场一体化进程，下决心破除限制资本、技术、产权、人才、劳动力等生产要素自由流动和优化配置的各种体制机制障碍，推动各种要素按照市场规律在区域内自由流动和优化配置。"[①] 消除京津冀要素流动的体制性和制度性障碍，清理阻碍区域市场统一和公平竞争的地方性法规，建立统一的区域市场规则，促进京津冀各要素自由流动，降低区域市场运行的交易成本，努力提高区域市场化程度和水平。

（2）大力培育市场主体，构建全面规范和高效的区域一体化市场运行机制。只有市场主体活跃起来，协同发展才具有可持续性。京津冀地区国有经济比重大，政府管理部门密集且层次较高，要打破这种格局，需要大力培育市场主体，发挥非公有制经济的冲击力，激发市场活力。[②] 从制度共建、市场信息交流、流通设施互联互通、市场监管共同治理等方面，推进市场一体化协调发展机制，加快区域要素市场一体化建设。

（3）建立政府与市场的合作伙伴关系。政府可以通过购买、委托授权、合作出资等方式与市场主体开展多种契约性、制度性的联动，建立良性、友好、互惠的合作伙伴关系，实现对区域公共事务的有效治理。

（4）为了保证市场机制发挥基础作用，使京津冀地区的资源得到合理有效的配置，京津冀地区还应加强立法和执法方面的合作。

## 三、塑造基于平等、信任和互惠的合作文化

整体性治理主张整体、开放、协作和互信等基本价值理念。正如 Tom

---

① 习近平强调京津冀一体化协同发展，打破自家"一亩三分地"思维定式 [N]. 人民日报海外版，2014-02-28.
② 周立群，曹知修. 京津冀协同发展开启经济一体化新路径 [J]. 中共天津市委党校学报，2014（4）：100-104.

Christensen，Per Lægreid 所说，整体性政府模式发挥作用的关键在于文化和价值，结构调整并不能充分地实现整体性政府倡议的初衷和目标。① 从京津冀协同发展的侧重点来看，当前京津冀协同发展过于侧重推动产业协同、交通一体化和生态联防联控等"硬件"方面，而文化、制度和法律等"软件"方面的治理并未得到深入的展开。文化作为一种隐性因素会在很大程度上影响政府和其他组织对待协同的态度和行为。社会既存的文化信念、伦理道德作为社会成员的一种"共识知识"，会决定处于一定社会博弈安排中的每个博弈者对他人的行为和策略选择的预期，对制度及其实施机制的形成产生作用。② 重"硬件"轻"软件"的治理理念会导致协同治理效益低下，治理效果难以持续。因此要想实现京津冀的协同治理，就必须着力塑造基于平等、信任和互惠的合作文化。

在整体性治理理论看来，信任是一种代理关系，是治理得以顺利运行的基石。在区域政府的博弈中，信任能够稳定竞争与合作的未来预期，降低沟通协调的交易成本，减少各自的机会主义行为。具体而言，构建区域信任机制可能需要经历以下几个步骤：首先是谨慎试探阶段。区域内各个地方政府或城市政府可以就一些承诺的意向进行对话，建立横向沟通机制。通过初步沟通，城市政府可以了解对方的基本政治、经济和文化状况。其次第二阶段是签订合同。在初步的对话和沟通阶段之后，该地区的地方当局可以根据法律规范共同签署合作协议。最后是友好善意阶段。该地区的所有参与者都超越了对合同条款的依赖，最重要的是他们能够找到一种方法，通过谈判和协商来调和彼此的利益冲突。深入了解每个成员的长处和短处，认真对待或接受彼此的意见。③ 京津冀区域地方政府之间建立共同信任是需要时间的，友好善意阶段是高级的信任阶段。当京津冀三地进入友好善意的高级阶段时，京津冀三地的合作互动也将进入一个新的发展阶段。

习近平总书记提出着力加大对京津冀协同发展的推动，从顶层设计涉及

---

① CHRISTENSEN T, LAEGREID P. The Whole-of-Government Approach to Public Sector Reform [J]. Public Administration Review, 2007, 67 (6): 1059-1066.
② 赵泉民. 集体主义文化与中国合作制经济的困境——基于中西方文化精神比较的视野 [J]. 人文杂志, 2005 (4): 52-57.
③ 崔晶. 都市圈地方政府协作治理 [M]. 北京：中国人民大学出版社, 2015: 126.

方面要自觉打破"一亩三分地"思维定式，树立"命运共同体"意识，形成区域共同体意识和同呼吸、共命运的区域文化共识。培育京津冀协同主体平等协商的理念，破除"行政区行政"思维，确立区域公共管理理念，打破影响区域一体化可持续发展的长期行政分割的地区行政管理体制障碍，清除地区间构筑的无形的"柏林墙"所带来的区域协作障碍，促进资源整合。① 在京津冀区域内部，两市一省的主要领导应该奉行"整体性治理"的理念，摒弃"画地为牢"的行政等级观念和封闭保守思想，意识到平等协商是达成共识的基础，北京方面应放下架子以平等的姿态对待津冀；而京津两市也必须端正态度，把河北及所有城市视为平等的主体。整体性治理理论认为，领导及起关键作用的部门公务员会通过自身参与、对组织结构的影响和控制进程三个途径影响协同的实现和合作的走向。② 为此，我们应加强对京津冀主要领导人合作文化价值的引导，加强京津冀官员合作治理主题培训，消除对地方政府协同治理的思维偏见，增强地方政府协同治理意识。还可以定期组织官员访问政府协调治理下的典型地区，学习他们的有益经验。鼓励他们放弃地方保护主义，摆脱"行政区域"的思维障碍，减少对京津冀协同治理的阻力。

## 第三节 加大共享因素供给，促进结构和功能的整合

体制、制度和信息共享平台等共享因素的有效供给，有利于整合功能的发挥与协同效应的实现。③ 在宏观结构中，一方面要推动多个主体之间横向相互作用制度的连接、组合，还通过制度和法规保障主体之间的正式与非官方交互机制的互补，提升协同功效。在具体内容上，政府应当建立促进多元主

---

① 吕志奎. 发展区域公共管理 推进京津冀区域一体化 [J]. 中国科技投资，2010 (10)：76-79.
② HUXHAM C, Vangen S. University of Strathclyde Leadership in the Shaping and Implementation of Collaboration Agendas: How Things Happen in a Joined-up World [J]. Academy of Management Journal, 2000, 43 (6): 1159-1175.
③ 吴春梅，庄永琪. 协同治理：关键变量、影响因素及实现途径 [J]. 理论探索，2013 (3)：73-77.

体协同治理的外部环境，建立适应的体制和机制，加强对共同治理创新政策的支持和对多元主体协同成果的认定和保护等。

## 一、建立跨区域的协同治理机构，突破体制制约

当前在京津冀都市圈内，三个省级行政单位和河北省各市级行政单位的"3+X"的模式之下，地方政府间存在着上下级隶属关系、同级政府间关系、斜向交叉关系等多种关系，呈现出一种复杂的网络状关系结构，行政级别不对等、信息不对称、地方保护主义、产业同构等现象都阻碍了地方政府间合作关系的建立。[1] 若想真正实现区域内政府间的横向交流与合作，就必须跳出这种严格的行政区思想，建立一体化的区域协调机构。道格拉斯·诺思指出："有效的组织是矛盾及纠纷解决的关键"。[2] 基于中国的国情，在现阶段依靠更高层次的权威机构来进行协调仍然是有必要的。正如芒福德所说："要促进区域经济的发展，就必须设立具有法定资格的、有规划和投资权利的区域性权威机构"，并在权力、职责、资金等方面给予协调机构保障，使之高效运作。[3] 通过建立协调机构整合跨区域政策和资源，建立横向联络机制和合同预算制度，有利于相对独立的机构和部门跨越组织职能边界，打破囚徒困境，促进不同主体之间为共同目标的协调实现一体化。目前建立的京津冀协同发展领导小组作为中央主导的跨行政区协调机构具有较高的权威性和执行力，但是其具有强烈的"等级制纵向协同"色彩，随着社会问题非结构化和跨界管理需求的急剧增长，这种协调模式会面临挑战。因此，我们应该借鉴整体性治理的思路，构建多元利益主体广泛参与、多层次的京津冀跨区域协同治理机构。借鉴国际经验，考虑到京津冀区域的实际情况，新型的跨区域治理

---

[1] 韩兆柱，单婷婷. 基于整体性治理的京津冀府际关系协调模式研究 [J]. 行政论坛，2014，21（4）：32-37.
[2] 朱巧玲，卢现祥. 新制度经济学国家理论的构建：核心问题与框架 [J]. 经济评论，2006（5）：85-91.
[3] 科勒—科赫，等. 欧洲一体化与欧盟治理 [M]. 顾俊礼，等译. 北京：中国社会科学出版社，2004.

机构应该具备以下几个方面的原则与特征（如表 8-2）[①]：

表 8-2 新型跨区域协同治理机构设置的原则与特征

| | |
|---|---|
| 代表性 | 机构的建立采用政府主导，区域经济、社会组织和公众社会多元参与的模式，使其能够充分发挥区域内各利益群体和社会组织以及企业在协作机构中的作用，具有典型的代表性 |
| 决策权 | 机构具有国家、各行政机构让渡的区域内各利益主体赋予的区域治理权力 |
| 执行权 | 机构的建立有相应的法律依据，并能依法行使各项任务 |
| 常设性 | 机构有相应的编制和行政经费来源 |
| 财权 | 机构有一定的财政能力，可以解决各行政区间的利益分配和损失补偿等问题，能够建立平台，解决利益集团和地区之间的利益冲突 |
| 三权分离 | 机构是多元的、多层的、网络式的，实行设计决策、执行和监督三权分离 |
| 监督和评价机制 | 机构有利于建立完善的区域发展制度基础、设计科学的区域发展规划以及实施可操作性的政策工具，并建立起一整套科学的区域政策监督评价体系 |
| 地方适应 | 机构能够执行对地方政府的激励政策，并能赋予实施，能调动地方积极性 |

资料来源：白易彬．京津冀区域政府协作治理模式研究［M］．北京：中国经济出版社，2017：176-177.

鉴于上述原则和特征，在京津冀区域协同治理现有框架结构的基础上，本研究建议将原先的组织框架完善为以国务院京津冀协同发展领导小组为指

---

① 白易彬．京津冀区域政府协作治理模式研究［M］．北京：中国经济出版社，2017：176-177.

导,京津冀区域协同治理机构为决策主体、相应的专题协作委员会等为支撑的新型区域协同治理结构。实行决策、执行和监督"三权分离"的体制。在决策层面可以成立由中央层面、相关部委、三地政府主要负责人参与的协调机构作为"董事会"负责区域政策总体规划及专项规划的编制,设立一体化的区域发展基金,组织协调区域资源及地区不同利益主体之间的关系并约束地方政府行为,① 在执行层面成立以三地政府为主体的"经理层",负责执行"董事会"决策,统筹本地区发展与跨区域协同之间的关系。具体包括组织实施区域性重大项目,组织研究重大区域问题,监督、协调和评估区域一体化政策任务的推进情况等。"经理层"内部可以根据行业建立不同的协调组织,这些协调组织既可以是官方的也可以是非官方的;"董事会"按照各个功能中心贡献度、重大议题推进情况进行资源配置,对"经理层"进行绩效考核,并辅之以企业、社会组织和民众参与的"监事会"监督。② 在成员安排上既包括各成员单位的政府组成人员,也包括一定比例的企业及社会组织代表人员。通过赋予跨区域协同治理机构相应的财政分配权和监管权,从而确保对整个区域政策的有效贯彻和执行。

此外,京津冀的各个城市政府之间也需要建立常态化的沟通和协调机制,提高协同效率,避免事事都经过中央政府级和省级的协调机构。例如可以建立类似欧盟的"京津冀城市理事会",由河北的唐山、石家庄、沧州、张家口、承德、秦皇岛、廊坊、保定、邯郸、邢台、衡水共11个地市与北京、天津两个直辖市的市长组成。城市联盟理事会的作用在于对区域总体规划中涉及的各城市间具体事务进行决策,尊重单个城市主体的权利,表决采取多数同意规则。③

---

① 王伟进,陈勇.跨区域发展与治理:欧盟经验及其启示[J].学习与实践,2020(4):63-75.
② 王欣.京津冀协同治理研究:模式选择、治理架构、治理机制和社会参与[J].城市与环境研究,2017(2):16-33.
③ 杨明.京津冀一体化过程中政府合作机制研究[J].中国国情国力,2014(8):30-32.

## 二、加强制度规范的供给，以法律形式规范跨域治理的协商机制

京津冀区域协同治理涉及三个省级区域的协同联动，既面临着打破行政区划壁垒，破除体制机制障碍等问题，也面临着区域协同的制度规范、制度创新与政策创新等难题。如何解决区域合作中重规划轻执行、重形式轻结果、重协议轻绩效等突出问题，促进区域治理走上制度化和法制化轨道具有重要研究价值。因此，未来京津冀区域协同治理的持续深入推进必须加强制度规范的供给。建议应该以协同立法为重要的抓手和突破口，初步出台有利于京津冀协同的法律、法规和政策文件。首先在国家层面，由全国人大成立京津冀区域发展委员会，负责制定区域法律并监督执行，加快推动京津冀区域立法，履行预算审批、仲裁协调、执行监督等职能。其次，区域层面可以成立立法协调机制，对各地法律法规进行统一协调，实现法制成果共享。如清理京津冀三地社会管理领域的矛盾法律法规，清除一些不合理、冲突、障碍性法规，从法律层面创新三地社会保障异地转移对接方式，努力促进区域社会资源的平等共享。特别是在跨区域利益协调和合理补偿方面，更需要法律的保障。北京、天津和河北原来的区域水资源和生态补偿由中央政府协调，地方政府提供援助补偿，大部分是临时政策。京津冀一体化战略实施后，这种补偿方式迫切需要依法构建，即以法律形式确定补偿方式，在法律层面形成科学合理的长效补偿机制。[①] 最后，以法律的形式明确地方政府与社会合作治理的原则和机制，包括合作的形式、内容和范围，各方的责任、权利和义务，审议和决策机制以及争端解决的方法。其目的是建立区域利益协调的法治体系，以便更好地在京津冀跨区域社会治理的资金来源、资源利用、设施建设、监督评价等方面进行协商与合作。

---

① 张丽莉. 跨域治理：京津冀社会管理协同发展的新趋势 [J]. 河北学刊, 2018（2）：163-168.

## 三、构建功能分区的绩效考核制度体系

要加强对区域绩效考核制度的供给，构建基于功能分区的多维新型政绩评价制度，科学地设定政府官员的考核内容。在地方政府绩效考核与评价体系中，其指标和依据不仅包括地方经济发展的程度、规模和水平，而且包括与其毗邻地区经济合作的程度。[①] 在区域政府发展战略方面不再以 GDP 为核心指标，更加关注社会公平和公共服务均等化等方面。各级政府在招商引资、产业布局、生态治理、人文交流方面都要树立通盘发展而非独赢发展、互利合作而非恶性竞争的跨域协同治理的先进理念与思维。对于区域发展而言，基于功能分区的绩效考核评价制度具有绝对的优势：有利于打破地方利益至上的理念，可以促进整个区域的协同发展和错位发展；有利于促进区域内部的和谐发展和互动发展；有利于促进各区域创新发展和转型发展；有利于调动区域内各级政府积极性和创造性。一个区域的协作水平的测量，需要从集体性收益和选择性收益两个维度进行，集体性收益代表的是政策绩效，是整个区域的治理成效，对参与方来说属于公共品；选择性收益代表的是协同绩效，既是行动者参与网络的动力来源之一，也是实现协同治理的真正绩效所在。[②] 为了避免 GDP 赛跑、政治晋升博弈等带来的非竞争性的行为，应改革传统的绩效考核制度，建立差异化的基于功能分区的区域绩效考核体制，重视对以选择性收益为主的协同绩效的考核。对于京津冀而言，应根据区域内两市一省不同的资源禀赋条件，比较优势和劣势，以及三地现有的发展基础，实施分类化的考核。依据《协同发展规划纲要》对北京、天津、河北的不同定位，制定不同的绩效评估体系，破解无序竞争的困局。将京津冀区域的整体发展情况与三地政府行政首长考核结构相挂钩，把区域内各合作主体的合作态度和行为纳入考核体系，建立适应一体化需要和符合国家制度要求相结

---

[①] 魏向前. 跨域协同治理：破解区域发展碎片化难题的有效路径 [J]. 天津行政学院学报，2016，18（2）：34-40.
[②] 锁利铭，阚艳秋，涂易梅. 从"府际合作"走向"制度性集体行动"协作性区域治理的研究述评 [J]. 公共管理与政策评论，2018，7（3）：83-96.

合的政府官员评价体系,建立一种"双挂钩考核机制",使三地成为政绩考核共同体,形成"一荣俱荣、一损俱损"的政绩考核模式。① 通过绩效制度的引导改变京津冀的竞争格局,让协同与合作成为区域发展的主旋律。

## 四、打造城市群整体性信息共享平台

政务信息系统的共建共享是京津冀城市群实现治理协同的关键策略。整体性治理强调信息技术的整合、网络化和一站式服务。整体政府的信息互通平台就是"跨越多个组织和信息技术系统,以一种统一有效的方式转换和使用信息的能力"。② 竺乾威认为,信息技术的发展使政府管理体制由碎片走向整体,实现整体性治理理论与数字治理理论的衔接。③ 信息技术是整合功能发挥的必要手段,通过引用大数据、云计算等信息技术,促使区域内资源整合,拓展多元主体协作互动的平台,促进组织间的协作互动,改善沟通效果,优化组织决策。希克斯强调,整体治理包括搜索和提供互动信息、基于客户的组织重建、一站式服务、数据库、重塑结构导向的服务、灵活的政府流程和可持续性。④

在整体性治理理论视角下,京津冀区域一体化过程也应将信息技术和网络技术作为治理手段,实现区域内资源和信息共享。具体来说,可分三步来进行。第一,建立京津冀区域政府信息资源管理委员会,负责协调和指导各区域政府部门之间进行信息共享,破解"信息孤岛"和"信息寻租",并对信息共享过程进行监督和评估。从西方发达国家区域整体性治理的经验来看,大多数国家都建立了专门负责信息整合与共享的机构,因此要实现京津冀的信息一体化,就必须要建立相应的领导体制。第二,集成运用物联网、云计

---

① 韩兆柱,董震. 基于整体性治理的京津冀交通一体化研究[J]. 河北大学学报(哲学社会科学版),2019,44(1):90-96.
② Australian Government Information Interoperability Framework [EB/OL]. Australian Government Department of Finance,2021.
③ 竺乾威. 从新公共管理到整体性治理[J]. 中国行政管理,2008(10):52-58.
④ Perri 6. Towards Holistic Government:The New Reform Agenda [M]. New York:Palgrave. 2002:237.

算、大数据、移动互联网等新一代信息技术,加快建立区域一体化的政府公共信息共享平台。实施共同的信息政策、标准和协议,以统一的标准来收集和录入信息。积极推动人口、资源和空间等基础数据库的建设与应用,将整合完备的数据库纳入一个三方共同管理的集成管理平台,向政府内部各部门及社会公开,各市级政务信息资源共享交换平台为京津冀信息协同发展提供基础数据的共享交换服务,推动业务数据相关部门共同建设可提供多个部门共享的业务基础数据库,实现与信息主体的互联互通,推进政务协同。[①] 第三,建立信息资源整合与共享的安全保障体系。通过法律及信息技术手段如防火墙技术、数据加密技术等提高信息在保存、整合、传输与共享过程中的安全,为京津冀区域信息共享提供一个安全稳定的环境。

---

[①] 陈兰杰,刘彦麟. 京津冀区域政府信息资源共享推进机制研究 [J]. 情报科学,2015,33(6):109-114.

# 结论与展望

## 第一节　主要结论

京津冀协同发展战略开启了三地功能互补、错位发展、协同发展的新征程。在《京津冀协同发展规划纲要》的指导下,京津冀协同发展取得了显著的成果。重点地区协同发展取得实质性突破,重点领域协同发展取得显著进展,其中北京非首都功能疏解转移取得显著成效,产业转移与协作多点开花,交通基础设施一体化协同发展不断加强,生态环境联防联控取得阶段性成效,公共服务协同发展初见成效,以京津冀协同发展领导小组为代表的协同治理体制及各类合作对接机制亦不断完善。

但是我们也应该看到,京津冀协同发展是一个长期工程、系统工程和复杂工程,不可能一蹴而就。当前京津冀协同治理水平距 2030 年京津冀区域一体化格局基本形成还存在着较大的差距。研究结果显示,京津冀一体化协作网络密度只有 0.458,处于中等水平,调研中有过半受访者认为协同治理"成效一般"未达公众心理预期。目前的京津冀协同,仍存在重宏观轻微观、重规划轻落实、重投入轻结果、协同实践分散化、各领域推进不均衡、体制机制障碍难破除等问题。具体表现为:第一,区域治理目标粗犷、针对性不足。区域宏观规划与各类分项规划虽渐成体系,但缺少相应的微观落实对接机制和明确的实现路径;政策体系"微循环"不畅的状况仍较为普遍。第二,区域治理的主体逐渐多样化,但多元主体参与治理的网络格局尚未形成。京津冀区域内主要的治理主体仍然是政府,民间投资和社会组织参与较少;政府方面，缺少对民间主体参与协同的政策鼓励和支持。就政府内部而言，推进主体仍以发改系统为主，其他政府部门参与相对较少，政府间协同不足。第三，各领域协同推进不均衡，交通、产业对接进展相对明显，公共服务、要素资源一体化和创新发展等方面推进相对缓慢。第四，区域协同治理机制零散而不健全，未建成体系化的协调机制，纵向上由于高级别领导小组运作非常态化，实行的是"一事一议制"，导致协调效果难以保证；横向协同机制不健全，特别是缺少三地高层领导持续参与推动的协调机制，导致一些深层问题难以突破解决。现有的"合作协议式"的协作行为又经常因为领导人变动，缺乏约束监督机制等原因而落空。

从整体性治理的角度看，京津冀协同发展受到行政区划下的利益分立、目标发展不一致、资源要素流动不均衡等显性因素影响，同时亦受限于区域社会资本不足、协同发展的信任基础薄弱及竞争性文化盛行等隐性因素的掣肘；还在很大程度上受困于"分灶吃饭"的财税体制、GDP 考核与官员晋升制度等共享性因素的制约。为推动京津冀协同发展的深化，本书提出三个方面的改进路径。第一，激发显性因素表达，优化网络关系结构。较为紧迫的，主要有三点。首先建立有效的利益协调与保障机制，将京津冀政府维系在一个共同逐利、平等享受利益的空间中；其次统筹区域发展规划，制定清晰平衡的目标体系，引导利益相关者的行为为实现共同的目标努力；最后，建立公平有效的跨区域协调的资源分配机制，将资源分配与合作行为挂钩。第二，注重隐性因素培育，深化协作互动机制建设。面对社会力量薄弱的现状，首要任务就是要培育社会力量，并积极保障参与机制的畅通；发挥市场机制的作用，大力培育市场主体，发挥非公有制经济的冲击力，激发市场活力；塑造基于平等、信任和互惠的合作文化。第三，加大共享因素供给，促进结构和功能的整合。在宏观架构上，既要促进多元主体之间横纵向互动制度的衔接、配套，又要通过制度保障主体之间的正式互动机制与非正式互动机制的互补以发挥协同作用；在具体内容上，政府应营造有利于激发多元主体协同治理的外部环境，借助现代信息技术构建区域信息共享平台，建立与区域协同发展相适应的体制和机制，如建立跨区域的协同治理机构、构建基于功能分区的绩效考核制度、建立京津冀区域协同治理的法律法规机制等。

## 第二节 未来展望

当今世界面临百年未有之大变局,国际秩序变革加速推进,世界新一轮科技革命和产业变革同我国经济优化升级交汇融合,为京津冀协同发展提供了新的机遇与挑战。作为区域整体协同发展改革引领区,京津冀区域承载着在更高起点上率先谋划和推进改革、服务新发展格局的历史重任。《中共中央关于制定国民经济和社会发展第十四个五年规划和二零三五年远景目标》将"深入实施区域重大战略"作为一项重要内容,提出"聚焦实现战略目标和提升引领带动能力,推动区域重大战略取得新的突破性进展,促进区域间融合互动、融通补充"。

京津冀协同发展作为"十四五"时期国家的重大战略,在现有发展成效的基础上向纵深推进,需要把握几个重要的发展方向。

一是要立足国际国内的新发展格局,以系统观念优化升级京津冀区域发展定位,着力打造世界级城市群。京津冀区域要依托大国经济和首都优势聚集国际国内高端生产要素,积极探索培育和形成世界级产业集群,推进经济增长和区域均衡发展。

二是要全面升级和完善区域协同治理体系,争取在发展模式、治理机制、文化建设、开放程度等方面都要体现大国首都的担当和表率,并在全球事务中发挥重要的影响力。"十四五"京津冀协同发展体制建设的任务是,加强区域协同发展体制创新的顶层设计,建立高标准的区域协同发展体制,促进干部跨地交流任职、挂职成为常态化、机制性的制度安排,[①] 建立健全区域协调机制和利益补偿机制等。

三是要加快北京城市副中心、雄安新区和天津滨海新区三个区域增长极的培育。继续抓住疏解北京非首都功能这个"牛鼻子",持续增强京津两市对河北省特别是雄安新区的全方位、多层次的辐射和带动作用,努力形成高质

---

[①] 叶振宇,张万春,张天华,等."十四五"京津冀协同发展的形势与思路[J].发展研究,2020(11):40-44.

量的区域整体协同发展新格局；创新产业模式、业态，立足于京津冀三地各自的资源优势，培育形成各具特色的现代化经济体系。

四是提高中心城市和城市群的综合承载和资源优化配置能力，推动城市间公共服务、基础设施、环境治理、对外开放的协调联动。更加聚焦于公共服务均等化，通过深化改革减少京津冀三地在教育、医疗、社会保障、科技创新等领域的差异。调整完善国家和区域中心城市积分落户政策，消除劳动力和人才社会性流动路径障碍。实现区域基础设施共建共享，按照网络化布局、一体化服务的原则，推动轨道、公路、航空、港口等多种交通方式无缝对接。强化地方法规、政策的沟通融合，适时推动出台适应市场一体化发展的区域性政策法规。

五是，"十四五"时期还应细化区域政策指导空间单元，实施分区、分类指导，不断增强政策的精准性和有效性，加强区域政策与其他宏观政策的协调配合，增强推动区域协调发展的政策合力。争取早日实现统筹有力、竞争有序、绿色协调、共享共赢的区域协同发展新格局。

# 附录

# 调查问卷

**京津冀协同发展战略的实施进展与阶段成效调查问卷**

您好,中国社会科学院大学"京津冀协同发展"调查小组正在开展"京津冀协同发展战略的实施进展与阶段成效"的调查活动,希望您能根据您所了解的实际情况填写问卷,您的意见对推进京津冀协同发展研究、提升区域治理现代化水平非常重要。本项调查按照相关法律规定,严格采取匿名原则,我们保证在任何时间、任何情况下对您的回答保密。感谢您的参与和支持!

课题组<br>2020 年 8 月

1. 请问您的年龄是?
    ○18 岁以下
    ○18-25 岁
    ○26-35 岁
    ○36-50 岁
    ○50 岁以上
2. 您生活的城市?
    ○北京
    ○天津
    ○河北

○其他城市

3. 请问您的最高学历是什么？[单选题] *

　　○初中及以下

　　○高中/职高/中专

　　○大专

　　○大学本科

　　○硕士研究生

　　○博士研究生

4. 您的政治面貌？

　　○中共党员

　　○共青团员

　　○其他党派

　　○群众

5. 您所在单位性质是？

　　○党政机关

　　○国有企业

　　○国有事业单位

　　○外企或跨国公司

　　○民营或私营企业

　　○自由职业者

　　○现在无业

　　其他（请说明）_____

6. 您了解《京津冀协同发展规划纲要》（以下简称《规划纲要》）的相关内容吗？

　　○非常了解　○比较了解　○一般　○了解一些　○完全未听说过

7. 您认为《规划纲要》实施五年来京津冀协同发展总体成效如何？

　　○非常显著　○比较显著　○一般　○有点成效　○无成效

8. 您认为京津冀协同在以下哪些领域进展明显？（优选三项）

　　○交通一体化

○生态环境治理

○产业发展与疏解转移

○医疗卫生

○教育与就业

○科技创新

○人才流动

○社会保障

○文化与旅游

○扶贫开发

○信息化建设

○民政（养老、救助、防灾减灾）

○行政管理体制机制（如政府部门机构设置、行政审批制度、税收制度、信息公开制度等）

9. 您认为京津冀协同在以下哪些领域进展最为缓慢？（优选三项）

○交通一体化

○生态环境治理

○产业发展与疏解转移

○医疗卫生

○教育与就业

○科技创新

○人才流动

○社会保障

○文化与旅游

○扶贫开发

○信息化建设

○民政（养老、救助、防灾减灾等）

○行政管理体制机制（如政府部门机构设置、行政审批制度、税收制度、信息公开制度等）

10. 您在多大程度上认为京津冀协同发展有序疏解了北京"非首都功能"？

○非首都功能疏解全面展开，成效显著

○非首都功能疏解全面展开，成效显现

○非首都功能疏解全面展开，但成效不足

○非首都功能疏解没有进展

11. 您认为自《规划纲要》实施以来北京市中心城区人口疏解情况如何？

   ○人口大幅减少

   ○人口略有减少

   ○人口无变化

   ○人口略有增长

   ○人口大幅增长

12. 您认为北京市中心的交通拥堵状况有明显改观吗？

   ○有明显缓解　○有一定缓解　○没有变化　○没有得到明显改善

   ○交通拥堵状况恶化　○不清楚

13. 您认为京津冀环境污染协同治理情况如何？

   ○成效非常显著　○成效比较显著　○成效一般

   ○没有成效　○有退步

14. 您认为京津冀交通一体化进展如何？

   ○京津冀交通出行环境更加便利

   ○交通出行环境略有改善

   ○交通出行环境无明显变化

   ○交通出行环境进一步恶化

15. 您认为京津冀产业转移协同发展如何？

   ○京津冀产业转移合作项目多，已取得实质性进展

   ○产业转移合作项目多，但落地困难

   ○产业转移合作项目不多，推进困难

   ○产业转移合作项目少

16. 您认为京津冀三地医疗卫生协同合作进展如何？

   ○合作紧密，领域较多，效果较好

   ○合作紧密，领域较多，效果一般

○合作紧密，领域较少，效果一般

○合作不紧密，领域较少，效果不好

○无实质性合作

17. 您认为京津冀教育合作情况推进程度如何？

○各层次教育合作较多，水平高

○教育合作数量多，但水平一般

○教育合作数量少，水平一般

○在教育领域几乎没有合作

18. 您认为京津冀区域社会保障统筹程度如何？

○区域社会保障完全实现了统筹

○区域社会保障实现了部分统筹

○区域社会保障尚未实现统筹

19. 您认为京津冀区域社会保障在哪些方面协同推进比较明显？（多选）

○工伤保险政策

○跨省异地住院费用直接结算

○养老保险跨区域转移接续

○医保目录内容的统一

○生育保险政策

○失业保险政策

○住房公积金政策

20. 您认为京津冀协同创新在多大程度上取得预期进展？

○创新协作明显加强，出现了一批合作平台、科研成果转化基地和创新联盟

○有所加强，已出现一些合作平台或科研成果转化基地

○有所加强，但实质性合作不多

○没有明显加强

○不清楚

21. 您认为北京流向津、冀的金融资本与过去相比情况如何？

○明显增长

○略有增长

○基本持平

○略有减少

○大大减少

22. 您认为京津冀三地劳动力流动相比过去有何变化?

○明显增长

○略有增长

○基本持平

○略有减少

○大大减少

23. 您认为京津冀基础设施互联互通情况相比过去有何进展?

○明显进展　○较大进展　○进展一般　○进展较小　○没有进展

24. 您认为京津冀协同治理过程中企业的参与程度如何?

○参与程度很高

○参与程度较高

○参与程度一般

○参与程度较低

○几乎无参与

25. 您认为京津冀协同治理过程中社会组织的参与程度如何?

○参与程度很高

○参与程度较高

○参与程度一般

○参与程度较低

○几乎无参与

26. 您认为京津冀三地区域合作协议发展如何?

○数量增多且落实良好

○数量增多,但未很好落实

○数量无明显变化

○数量减少

○不清楚

27. 您认为京津冀证件的城市间认同度是否一致？

○所有证件都互认

○大部分证件互认

○小部分证件互认

○无证件互认

28. 您认为京津冀协同发展进度如何？

○进度和预期一致

○高于预期

○低于预期

29. 您认为阻碍京津冀协同发展的主要因素是什么？（优选前三项）

○行政区划限制

○京津冀三地地位不平等，北京协同发展意愿不足

○京津存在竞争关系，目标发展不一致，存在同质化竞争

○区域不平衡发展历史抑制合作产生

○缺乏必要区域风险承担、利益协调与补偿机制

○缺乏区域性协作激励机制与监督考核机制

○缺乏信息共享与沟通机制

○中央主导介入不足

# 参考文献

## 中文文献

### 著作类

[1] 卡蓝默. 破碎的民主：试论治理的革命 [M]. 高凌瀚, 译. 北京：生活·读书·新知三联书店, 2005.

[2] 奥斯特罗姆. 美国地方政府 [M]. 井敏, 陈幽泓, 译. 北京：北京大学出版社, 2004.

[3] 奥斯特罗姆. 公共事务的治理之道 [M]. 余逊达, 陈旭东, 译. 上海：三联书店出版社, 2000.

[4] 唐斯. 官僚制内幕 [M]. 郭小聪, 等译. 北京：中国人民大学出版社, 2006.

[5] 哈肯. 协同学——大自然构成的奥秘 [M]. 凌复华, 译. 上海：上海译文出版社 2013.

[6] 戈德史密斯, 埃格斯. 网络化治理：公共部门的新形态 [M]. 孙迎春, 译. 北京：北京大学出版社, 2008.

[7] 奥尔森. 集体行动的逻辑 [M]. 陈郁, 等译. 上海：格致出版社, 2014.

[8] 缪勒. 公共选择理论 [M]. 杨春学, 等译. 北京：中国社会科学出版社, 1999.

[9] 白易彬. 京津冀区域政府协作治理模式研究 [M]. 北京：中国经济出版社, 2017.

[10] 陈瑞莲, 刘亚平等. 区域治理研究：国际比较视角 [M], 北京：

中央编译出版社，2013．

［11］崔晶．都市圈地方政府协作治理［M］．北京：中国人民大学出版社，2015．

［12］程卫东，李靖堃．欧洲联盟基础条约［M］．北京：社会科学文献出版社，2010．

［13］冯奎，郑明媚．中外都市圈与中小城市发展［M］．北京：中国发展出版社．2013．

［14］蒋敏娟．中国政府跨部门协同机制研究［M］．北京：北京大学出版社，2016．

［15］李国平，陈红霞等．协调发展与区域治理——京津冀地区的实践［M］．北京：北京大学出版社，2012．

［16］李国平等．2019京津冀协同发展报告［R］．北京：科学出版社，2019．

［17］林水吉．跨域治理：理论与个案研析［M］．台北：五南图书出版股份有限公司，2009．

［18］马海龙．京津冀区域治理：协调机制与模式［M］．南京：东南大学出版社，2014．

［19］孙柏瑛．当代地方治理—面向21世纪的挑战［M］．北京：中国人民大学出版社，2004．

［20］孙迎春．发达国家整体政府跨部门协同机制研究［M］．北京：国家行政学院出版社，2014．

［21］武建奇，母爱英等．世界大都市圈协同发展模式与京津冀协同发展路径研究［M］．北京：中国社会科学出版社，2018．

［22］王勇．政府间横向协调机制研究—跨省流域治理的公共管理视界［M］，北京：中国社会科学出版社，2010．

［23］张紧跟．当代中国地方政府间横向关系协调研究［M］．北京：中国社会科学出版社，2010：36-39．

［24］张荐华．欧洲一体化与欧盟的经济社会政策［M］．昆明：云南人民出版社，2011．

[25] 祝宝良，张峰．欧盟地区政策［M］．北京：中国经济出版社，2005.

[26] 祝合良，叶堂林，张贵祥．京津冀发展报告（2017）——协同发展的新形势与新进展［R］．北京：社会科学文献出版社，2017.

[27] 俞可平．治理与善治．北京：社会科学文献出版社，2000.

[28] 中国社会科学院京津冀协同发展智库京津冀协同发展指数课题组．京津冀协同发展指数报告［R］．北京：中国社会科学出版社，2017.

[29] 周黎安．转型中的地方政府：官员激励与治理（第二版）［M］，上海：格致出版社 2017.

**论文类：**

[1] 安树伟，王瑞娟．京津冀协同发展的三个难点问题［J］．前线，2019（6）.

[2] 薄文广，屈建成，张宏洲．新冠肺炎疫情对京津冀协同发展的影响及应对［J］．理论与现代化，2020（4）.

[3] 薄文广，陈飞．京津冀协同发展：挑战与困境［J］．南开学报：哲学社会科学版，2015（1）.

[4] 程栋，周洪勤，郝寿义．中国区域治理的现代化：理论与实践［J］．贵州社会科学，2018（3）.

[5] 曹海军．新区域主义视野下京津冀协同治理及其制度创新［J］．天津社会科学，2015（2）.

[6] 曹海军，刘少博．京津冀城市群治理中的协调机制与服务体系构建的关系研究［J］．中国行政管理，2015（9）.

[7] 陈兰杰，刘彦麟．京津冀区域政府信息资源共享推进机制研究［J］．情报科学，2015（6）.

[8] 崔晶．区域地方政府跨界公共事务整体性治理模式研究：以京津冀都市圈为例［M］．政治学研究，2012（2）.

[9] 崔晶．京津冀一体化发展中的地方政府整体性协作治理［J］．北京交通大学学报（社会科学版），2019，18（4）.

[10] 崔晶．京津冀都市圈地方政府协作治理的社会网络分析［J］．公共管理与政策评论，2015（3）.

[11] 陈瑞莲. 欧盟国家的区域协调发展：经验与启示 [J]. 政治学研究, 2006 (3).

[12] 陈瑞莲, 刘亚平. 泛珠三角区域政府的合作与创新 [J]. 学术研究, 2007 (1).

[13] 陈瑞莲, 杨爱平. 从区域公共管理到区域治理研究：历史的转型 [J]. 南开学报（哲学社会科学版）, 2012 (2).

[14] 陈剩勇, 马斌. 区域间政府合作：区域经济一体化的路径选择 [J]. 政治学研究, 2007 (1).

[15] 杜德斌, 智瑞芝. 日本首都圈的建设及其经验 [J]. 世界地理研究, 2004 (4).

[16] 丁煌. 论跨域治理多元主体间伙伴关系的构建 [J]. 南京社会科学, 2014 (1).

[17] 傅钧文. 日本跨区域行政协调制度安排及其启示 [J]. 日本学刊, 2015 (5).

[18] 冯怡康, 马树强, 金浩. 国际都市圈建设对京津冀协同发展的启示 [J]. 天津师范大学学报（社会科学版）, 2014 (6).

[19] 仝广顺, 贾凯旋, 任晓雅. 京津冀一体化养老服务业协同发展研究 [J]. 经济研究参考, 2018 (7).

[20] 公丕明, 公丕宏, 张汉飞. 京津冀协同发展战略的演化与改革方向 [J]. 区域经济评论, 2020 (6).

[21] 何精华. 府际合作治理：生成逻辑、理论涵义与政策工具 [J]. 上海师范大学学报（哲学社会科学版）, 2011 (6).

[22] 胡象明, 唐波勇. 整体性治理：公共管理的新方式 [J]. 华中师范大学学报（人文社会科学版）, 2010 (1).

[23] 何渊. 美国的区域法制协调——从州际协定到行政协议的制度变迁 [J]. 环球法律评论, 2009 (6).

[24] 韩兆柱. 京津冀生态治理的府际合作路径研究：以网络化治理为视角 [J]. 人民论坛·学术前沿, 2018 (18).

[25] 韩兆柱, 董震. 基于整体性治理的京津冀交通一体化研究 [J]. 河

北大学报（哲学社会科学版），2019（1）.

［26］韩兆柱，单婷婷．基于整体性治理的京津冀府际关系协调模式研究［J］．行政论坛，2014（4）.

［27］鞠立新．由国外经验看我国城市群一体化协调机制的创建——以长三角城市群跨区域一体化协调机制建设为视角［J］．经济研究参考，2010（52）.

［28］蒋敏娟．新时代京津冀协同发展及影响因素研究——基于整体性治理关键变量的分析框架［J］．行政论坛，2019，29（6）.

［29］蒋敏娟．城市群协同治理的国际经验比较——以体制机制为视角［J］．国外社会科学，2017（6）.

［30］陆大道．京津冀城市群功能定位及协同发展［J］．地理科学进展，2015（3）.

［31］李峰．雄安新区与京津冀协同创新的路径选择［J］．河北大学学报（哲学社会科学版），2017，42（6）.

［32］连玉明．试论京津冀协同发展的顶层设计［J］．中国特色社会主义研究，2014（4）.

［33］马海龙．历史、现状与未来谈京津冀区域合作［J］．经济师，2009（5）.

［34］马捷，锁利铭，陈斌．从合作区到区域合作网络：结构、路径与演进——来自"9＋2"合作区191项府际协议的网络分析［J］．中国软科学，2014（12）.

［35］彭锦鹏．全观型治理：理论与制度化策略［J］．政治科学论丛（台湾），2005（23）.

［36］孙久文，李坚未．京津冀协同发展的影响因素与未来展望［J］．河北学刊，2015（4）.

［37］锁利铭，阚艳秋，涂易梅．从"府际合作"走向"制度性集体行动"协作性区域治理的研究述评［J］．公共管理与政策评论，2018（3）.

［38］锁利铭，廖臻．京津冀协同发展中的府际联席会机制研究［J］．行政论坛，2019（3）.

[39] 锁利铭,马捷,陈斌.区域环境治理中的双边合作与多边协调——基于2003—2015年泛珠三角协议的分析[J].复旦公共行政评论,2017(1).

[40] 田学斌,柳天恩.京津冀协同创新的重要进展、现实困境与突破路径[J].区域经济评论,2020(4).

[41] 吴春梅,庄永琪.协同治理:关键变量、影响因素及实现路径[J].理论探索,2013(3).

[42] 魏娜,赵成根.跨区域大气污染协同治理研究:以京津冀地区为例[J].河北学刊,2016(1).

[43] 魏向前.跨域协同治理:破解区域发展碎片化难题的有效路径[J].天津行政学院学报,2016(2).

[44] 魏进平,刘鑫洋,魏娜.京津冀协同发展的历程回顾、现实困境与突破路径[J].河北工业大学学报(社会科学版),2014(2).

[45] 王凯,周密.日本首都圈协同发展及对京津冀都市圈发展的启示[J].现代日本经济,2015(1).

[46] 魏巍."高位推动"模式下区域协同治理政策的时空演进——以2014—2019年京津冀协同发展的政策文本分析为例[J].长白学刊,2021(1).

[47] 王伟进.跨区域发展与治理:欧盟经验及启示[J].学习与实践,2020(4).

[48] 吴晓林."小组政治"研究:内涵、功能与研究展望[J].求实,2009(3).

[49] 王喆,周凌一.京津冀生态环境协同治理研究:基于体制机制视角探讨[J].经济与管理研究,2015(7).

[50] 谢庆奎.中国政府的府际关系研究[J].北京大学学报(哲学社会科学版),2000(1).

[51] 杨爱平.论区域一体化下的区域间政府合作——动因、模式及展望[J].政治学研究,2007(3).

[52] 喻锋.欧盟区域协调发展的治理转型及其结构特征[J].国家行政学院学报,2008(4).

[53] 杨宏山,石晋昕.从一体化走向协同治理:京津冀区域发展的政策变迁[J].上海行政学院学报,2018(1).

[54] 杨开忠.京津冀大战略与首都未来构想——调整疏解北京城市功能的几个问题[J].人民论坛·学术前沿,2015(1).

[55] 叶林.新区域主义的兴起与发展:一个综述[J].公共行政评论,2010(3).

[56] 杨龙,胡世文.大都市区治理背景下的京津冀协同发展[J].中国行政管理,2015(9).

[57] 杨龙,彭彦强.理解中国地方政府合作——行政管辖权让渡的视角[J].政治学研究,2009(4).

[58] 杨明.京津冀一体化过程中政府合作机制研究[J].中国国情国力,2014(8).

[59] 原青青,叶堂林.我国三大城市群发展质量评价研究[J].前线,2018(7).

[60] 叶堂林,李璐.京津冀公共服务协同治理问题及对策研究[J].理论与现代化,2020(3).

[61] 张成福,李昊城,边晓慧.跨域治理:模式、机制与困境[J].中国行政管理,2012(3).

[62] 曾凡军,王宝成.西方政府治理图式差异较析[J].湖北社会科学,2010(10).

[63] 张国华.合力推动京津冀公共服务一体化[J].前线,2020(5).

[64] 张杰,郑若愚.京津冀产业协同发展中的多重困局与改革取向[J].中共中央党校学报,2017(4).

[65] 卓凯,殷存毅.区域合作的制度基础:跨界治理理论与欧盟经验[J].财经研究,2007(1).

[66] 张可云.欧盟区域政策的制度基础与中国区域政策未来方向[J].湖湘论坛,2010(3).

[67] 张可云,蔡之兵.京津冀协同发展历程、制约因素及未来方向[J].河北学刊,2014(6).

[68] 周黎安. 中国地方官员的晋升锦标赛模式研究 [J]. 经济研究, 2007 (7).

[69] 曾令良. 欧洲联盟治理结构的多元性及其对中国和平发展的影响 [J]. 欧洲研究, 2008 (3).

[70] 张立荣, 陈勇. 整体性治理视角下区域地方政府合作困境分析与出路探索 [J]. 宁夏社会科学, 2021 (1).

[71] 竺乾威. 从新公共管理到整体性治理 [J]. 中国行政管理, 2008 (10).

[72] 赵新峰, 袁宗威. 京津冀区域政府间大气污染治理政策协调问题研究 [J]. 中国行政管理, 2014 (11).

[73] 张杨, 王德起. 基于复合系统协同度的京津冀协同发展定量测度 [J]. 经济与管理研究, 2017 (38).

[74] 周志忍, 蒋敏娟. 中国政府跨部门协同机制探析——一个叙事与诊断框架 [J]. 公共行政评论, 2013 (1).

**报纸类：**

[1] 刘建刚. 京津冀一体化磨合中跨越前行 [N]. 中国改革报, 2010-11-10.

[2] 李博. 河北正因为靠着京津才发展落后 [N]. 21世纪经济报道, 2011-11-28.

[3] 习近平强调京津冀一体化协同发展, 打破自家"一亩三分地"思维定式 [N]. 人民日报海外版, 2014-02-28.

[4] 孙宁松. 京津冀签环保合作框架协议 [N]. 中国工业报, 2015-12-09.

[5] 刘清波. 京津冀靠改革创新发力公共服务均等化水平逐步提高 [N]. 河北日报, 2017-02-24.

[6] 习近平在京津冀三省市考察并主持召开京津冀协同发展座谈会时强调：稳扎稳打勇于担当敢于创新善作善成 推动京津冀协同发展取得新的更大进展 [N]. 人民日报, 2019-01-19.

[7] 倪鹏飞. 崛起的中国城市群：发展瓶颈在哪里？ [N]. 财经, 2019-

03-18.

[8] 共同书写京津冀协同发展的"历史答卷"——京津冀政协主席联席会议第五次会议综述[N].人民政协报,2019-09-27.

[9] 京津冀区域发展指数持续提升[N].经济日报.2019-11-06.

[10] 魏敏.京津冀生态环保率先突破PM2.5年均浓度五年降46%[N].经济日报,2020-02-25.

[11] 陈忠权,陈璠.京津冀三地卫健委建立五大合作机制[N].天津日报.2020-02-27.

[12] 日本统计省."经济指数"基础调查[EB/OL].总务省统计局网,2014-02-26.

[13] 京津冀"十三五"规划印发三地一盘棋妙招有哪些[EB/OL].中国市场调查网,2016-02-16.

[14] 京津冀协同发展新步伐.[R/OL].中国共产党新闻网,2017-02-22.

[15] 城市战争.北上广深全部净流出?大数据显示人都去这了[EB/OL].搜狐网.2019-12-11.

[16] 2019年京津冀地区生产总值合计约8.5万亿元 同比增长6.1%[EB/OL].中国新闻网.2020-3-14.

[17] 2019年各省市常住人口城镇化率排行榜:沪、京、津领先全国[EB/OL].中商情报网,2020-04-25.

[18] 京津冀协同发展中那些群众看得见的"成效"[EB/OL].搜狐网.2021-10-11.

## 英文文献

[1] Anne Mette Kjaer. Governance[M]. UK:Polity Press,2004:109.

[2] Cooper P J. The Transformation of Governance:Public Administration for the Twenty-first Century[M]. JHU Press,2015:84-86.

[3] Dodge W. Regional Excellence:Governing Together to Compete Globally and Flourish Locally[M]. Washington:National League of Cities,1996:47-49.

[4] Halpert, Burton P. Antecedents Interorganizational Coordination: Theory, Research, and Implementation [M]. Iowa: Iowa State University Press, 1982: 54-72.

[5] Henry N. Public Administration and Public Affairs [M]. New York: Routledge, 2017: 163-167.

[6] William Anderson. Progress in International Relations Theory: Appraising the Field [M] Cambridge. MIT Press, 2009: 114-118.

[7] William Anderson. Progress in International Relations Theory: Appraising the Field [M]. MIT Press, 2009: 114-118.

[8] Hu, De and Hailong Ma. Government power and itsimpact on pan-pearl river delta regional cooperation: cooperative networks and regional governance [M]. Hong Kong: Hong Kong University Press, 2011: 181-190.

[9] Michelle Cini. European Union Politics [M]. Oxford University Press, 2007: 288.

[10] Norman D Palmer. The New Regionalism in Asia and the Pacific [M]. Lexington: Lexington Books, 1991: 1-19.

[11] Ostrom V., Bish R & Ostrom E. Local government in the United States [M]. San Francisco, Calif: Ics Press, 2008: 68-72.

[12] Perri 6. Towards Holistic Governance: The New Reform Agenda [M]. New York: Palgrave, 2002: 12-38.

[13] Perri 6, Diana Leat, Kinbery Selter, Gerry Stoker. Towards Holistic Governance: The New Reform Agenda [M]. New York: Palgrave, 2002.

[14] Rosenau, J. N, Czempiel, E. O. Governance Without Government: Order and Change in World Politics [M]. Cambridge, UK: Cambridge University Press, 1992: 51-67.

[15] Rosenbloom D H. Public administration: Understanding management, politics, and law in the public sector [M]. New York: Mc Graw-Hill, 2002: 231-233.

[16] Ahrend R, Kim S J, Lembcke A C, Schumann A. Why Metropolitan

Governance Matters and How to Achieve It [M] //David Gómez-Álvarez, Robin Rajack, Eduardo López-Moreno, Gabriel LanfranchI: Steering the Metropolis: Metropolitan Governance for Sustainable Urban Development, 2017: 225-238.

[17], Phil. Mutual aid: Multi-jurisdictional Partnerships for Meeting Regional Threats. US Department of Justice, Office of Justice Programs, Bureau of Justice Assistance [R]. Washington, DC, 2005: 9-11.

[18] Alice Walker. Intergovernmental Cooperation, Metropolitan Equity, and the New Regionalism [J]. Wash. L. Rev, 2000, (09): 93.

[19] Amirkhanyan A. Collaborative Performance Measurement: Examining and Explaining the Prevalence of Collaboration in State and Local Government Contracts [J]. Journal of Public Administration Research and Theory, 2008, 19 (03): 523-544.

[20] Ansell C & Gash A. Collaborative Governance in Theory and Practice [J]. Journal of Public Administration Research and Theory, 2008, 18 (04): 543-571.

[21] Bellush J. Government in Metropolitan Regions: A Reappraisal of Fractional Political Organization [J]. National Civic Review, 1967, 56 (2): 119.

[22] Bryson J M, Crosby B C, Stone M M. The Design and Implementation of Cross-Sector Collaborations: Propositions from the Literature [J]. Public Administration Review, 2006, 66 (S1): 44-55.

[23] Cameron D. The Structures of Intergovernmental Relations [J]. International Social Science Journal, 2005, (06): 121-127.

[24] Chris Taylor. Intergovernmental Cooperation: An Analysis of Cities and Counties in Georgia [J]. Public Administration Quarterly, 2009: 119-141.

[25] Chris Huxham, Siv Vangen. University of Strathclyde Leadership in the Shaping and Implementation of Collaboration Agendas: How Things Happen in a Joined-up World [J]. Academy of Management Journal, 2000, 43 (06): 1159-1175.

[26] Christensen. Collaborative Mechanisms in Interlocal Cooperation A Longitudinal Examination [J]. State and Local Government Review, 1999, (08):

25-28.

[27] Cole A. Decentralization in France: Central Steering, Capacity Building and Identity Construction [J]. French Politics, 2006 (04): 31-57.

[28] Doney P M, Cannon J P. An Examination of the Nature of Trust in Buyer-seller Relationship [J]. the Journal of Marketing, 1997, 61 (02): 35-51.

[29] Feiock, Richard C. Rational choice and regionalgovernance [J]. Journal of Urban Affairs, 2007, 29 (01): 47-63.

[30] Flinders A. Differential Game Between Government and Firms: a Non-cooperative Approach [J]. Journal of Economics, 2011 (03): 36-39.

[31] Frances Frisken, Donld F. Norris. Regionalism Reconsidered [J]. Urban Afais, 2002, 23 (05): 467-468.

[32] F Merrien. Governance and modern welfare states [J]. International Social Science Journal, 1998, 50 (155): 57-67.

[33] Gupta A K, Lad L J. Industry Self - Regulation: An Economic, Organizational, and Political Analysis [J]. Academy of Management Review, 1983, 8 (03): 416-425.

[34] Hamilton D. Developing Regional Regimes: A Comparison of Two Metropolitan Areas [J]. Journal of Urban Affairs, 2004, 26 (4): 455-477.

[35] Hans Joachim. Cultural Clusters and the Post-industrial City: Towards the Remapping of Urban Cultural Policy [J]. Urban Studies, 2013 (03): 507-532.

[36] Hawkins B, Ward K J. Becker M P. Governmental Consolidation as a Strategy for Metropolitan Development [J]. Public Administration Quarterly, 1991, 15 (2): 255-267.

[37] Hicks P. Toward Holistie Governance: The New Reform Agenda [J]. Public Productivity & Management Review, 2002 (04): 76-78.

[38] Jeremy M, Wilson. From New Public Management to Holistic Governance [J]. Public Administration, 2013, (10): 52-58.

[39] Joanne Scott, David M Trubek. Mind the Gap: Law and New Approaches to Governance in the European Union [J]. European Law Journal, 2002, 8 (01):

1-18.

[40] Kotsogiannis, Schwager. Fiscal Equalization and Accountability [J]. Journal of Public Economics, 2008, 92 (12): 2336-2349.

[41] Lefevre C. Metropolitan Government and Governance in Western Countries: A Critical Review [J]. International Journal of Urban and Regional Research, 1998, 22 (1): 9-25.

[42] Merrill Sands D, Sheridan B. Developing and Managing Collaborative Alliances: Lessons from a Review of the Literature [J]. The Organizational Change Program, 1996 (03): 1-28.

[43] O'Leary, R, Gerard, C., Birmingham, L. B. Introduction to the Syposium on Collaborative Public Management [J]. Public Administration Review, 2006: 16-23.

[44] Provan K G, Milward H B. A Preliminary Theory of Interorganizational Network Effectiveness: A Comparative Study of Four Community Mental Health Systems [J]. Administrative Science Quarterly, 1995, 40 (01): 1-33.

[45] Pollitt. The United Government [J]. Public Management Review, 2003 (05): 641-658.

[46] Rhodes R A W. The New Governance: Governing Without Government [J]. PoliticalStudies, 1996, 44 (4): 652-667.

[47] Rhodes R A W. Understanding Governance: Ten Years On [J]. Organization Studies, 2007, 28 (08): 1243-1264.

[48] Richardson. Achieving Cooperation Under Anarchy: Strategies and Institutions [J]. World Politics, 2010, (01): 226-254.

[49] Robert D, Putnam. Turning in, Turning out : The Strange Disappearance of Social Capital in America [J]. Political Science and Politics, 1995 (04): 664-683.

[50] Ryan, Claire. Leadership in Collaborative Policy-Making: An Analysis of Agency Roles in Regulatory Negotiations [J]. Policy Science, 2001, 34 (03): 221-245.

[51] Schermerhorn, John R. Jr. Determinants of Interorganizational Cooperation [J]. Academy of Management Journal, 1975 (18): 846-856.

[52] Savitch H. V. Territory and Power: Rescaling for a Global Era. Paper Presented at " The International Conference on Urban and Regional Development in the 21st Century" [R]. Sun Yat-sen University, 2011: 17-18.

[53] Savitch H. V, Vogel R. Paths to New Regionalism [J]. State and Local Government Review, 2000, 32 (01): 158-168.

[54] Schermerhorn, John R. Jr. Determinants of Interorganizational Cooperation [J]. Academy of Management Journal, 1975 (18): 108.

[55] Shaefman M, Gray B, Yan A. The Context of Inter-Organizational Collaboration in the Garment Industry: An institutional Perspective [J]. Journal of Applied Behavioral Science, 1991, 27 (02): 181-208.

[56] Stephenson, Poxon. Varieties of City Regionalism and the Quest for Political Cooperation: a Comparative Perspective [J]. Urban Research & Practice, 2007, (02): 111-129.

[57] Stone Sweet, Alec-Wayne Sandholtz. European Integration and Supranational Governance [J]. Journal of European Public Policy, 1997, 4 (03): 297.

[58] Allan D. Wallis. The Third Wave: Current Trends in Regional Governance [J]. National Civic Review, 1994, 83 (03): 290-310.

[59] Stoker, G. Governance as Theory: Five Propositions [J]. International Social Science Journal, 1998, 50 (155): 17-28.

[60] Thurmaier, K. & Wood, C. Interlocal Agreements as Overlapping Social Networks: Picket-Fence Regionalism in Metropolitan Kansas City [J]. Public Administration Review, 2004, 62 (05): 585.

[61] Tom Christensen, Per Lægreid. The Whole-of-Government Approach to Public Sector Reform [J]. Public Administration Review, 2007, 67 (06): 1059-1066.

[62] Tom Lin. A holistic Model of Corporate Governance: a New Research Framework [J]. Corporate Governance: The International Journal of Business in

Society, 2009 (01): 94-108.

[63] Weiss, Janet A. Pathways to Cooperation among Public Agencies [J]. Journal of Policy Analysis and Management, 1987, 7 (01): 94-117.

[64] Australian Government Information Management Office. Australian Government Information Interoperability Framework [R]. Sharing Information Across Boundaries, 2006.

[65] Committee of Regions. The Committee of the Regions and the Implementation and monitoring of the principles of subsidiarity and proportionality in the light of the Constitution for Europe. Luxembourg [R]. Office for Official Publications of the European communities, 2006.